引入文本语义信息的上市公司风险智能识别

谭明亮 ◎著

·北京·

图书在版编目（CIP）数据

引入文本语义信息的上市公司风险智能识别 / 谭明亮著. —北京：科学技术文献出版社，2022.12
 ISBN 978-7-5189-9967-5

Ⅰ.①引⋯ Ⅱ.①谭⋯ Ⅲ.①智能技术—应用—上市公司—风险管理—研究 Ⅳ.① F276.6-39

中国版本图书馆 CIP 数据核字（2022）第 240269 号

引入文本语义信息的上市公司风险智能识别

策划编辑：梅 玲 责任编辑：王 培 责任校对：王瑞瑞 责任出版：张志平

出 版 者	科学技术文献出版社
地　　址	北京市复兴路15号　邮编　100038
编 务 部	（010）58882938，58882087（传真）
发 行 部	（010）58882868，58882870（传真）
邮 购 部	（010）58882873
官方网址	www.stdp.com.cn
发 行 者	科学技术文献出版社发行　全国各地新华书店经销
印 刷 者	北京虎彩文化传播有限公司
版　　次	2022年12月第1版　2022年12月第1次印刷
开　　本	710×1000　1/16
字　　数	207千
印　　张	12.75
书　　号	ISBN 978-7-5189-9967-5
定　　价	48.00元

版权所有　违法必究

购买本社图书，凡字迹不清、缺页、倒页、脱页者，本社发行部负责调换

前　言

随着互联网、物联网、电子商务、数据库、传感器、多媒体、云计算、信息通信、搜索引擎等技术的飞速发展和广泛应用，各行各业的数据规模呈现出爆炸式增长的趋势，人类已经进入大数据时代。据统计，全世界每天产生的数据有2.5艾字节（EB）以上，当前世界上90%的数据都是在过去两年里产生的。作为一种新兴的基础性战略资源，大数据蕴含巨大的价值与潜能，对于重塑国家竞争优势、提升国家治理能力、推动经济发展、引领科技创新有着十分重要的作用。

上市公司风险识别是证券投资分析、资产风险管理、证券市场监管等金融管理决策的重要内容，同时对于防范化解系统性金融风险和保障金融安全有着重要的意义。大数据环境下存在的海量多源异构的金融数据资源为上市公司风险识别带来了新的契机，但这也为数据的分析、挖掘、整合与利用带来了巨大的挑战。自然语言处理与文本语义分析、机器学习与数据挖掘、人工智能与决策支持系统等技术的快速发展，为上市公司风险识别提供了强有力的技术支撑。

本书的研究旨在改进上市公司风险识别过程，提升上市公司风险识别效果，提高上市公司风险识别的智能化水平。本书将多种类型的非结构化文本数据应用于上市公司风险智能识别中，扩展上市公司风险智能识别的数据源的多维性；利用数据挖掘、机器学习、自然语言处理、语义网、深度学习、信息抽取、知识工程等多种智能化的手段，综合运用多个学科和领域的方法、技术和工具来实现上市公司风险识别。

本书是理论、方法和应用的综合研究，共包括6章。第1章阐述了本书的研究背景、研究意义，并对国内外研究现状进行总结和评述，介绍了本书的研究内容、方法、思路与创新；第 2 章对相关重要概念进行了分析，阐述了与本书研究相关的理论与方法，构建了包含任务维、逻辑维和资源维的上市公司风险智能识别模型框架；第 3 章研究上市公司风险因素智能感知；第 4 章研究上市公司风险事件智能监测；第 5 章研究上市公司风险事件智能预测；第 6 章对本书的主要研究内容进行了总结，分析了本研究存在的不足之处，并指出了未来的研究方向。

谭明亮
2022 年 3 月 19 日于川北医学院

目 录

1 引 言 ·· 1

   1.1 研究背景及意义 ··· 1

   1.2 国内外研究现状分析 ··· 5

   1.3 研究内容、方法、思路与创新 ···································· 20

2 理论基础与模型框架 ·· 26

   2.1 上市公司风险与上市公司风险识别 ······························ 26

   2.2 知识工程与机器学习 ··· 34

   2.3 文本语义信息及其挖掘方法 ······································· 48

   2.4 数据驱动的管理决策与数据资源的特征分析 ················ 54

   2.5 系统工程方法论与霍尔三维结构 ································ 57

   2.6 上市公司风险智能识别模型框架的构建 ······················ 59

3 上市公司风险因素智能感知 ··· 67

   3.1 研究问题的分析与描述 ··· 67

   3.2 基于短语挖掘的上市公司风险因素智能感知模型 ········ 68

   3.3 上市公司风险因素数据与实验数据采集 ····················· 70

   3.4 上市公司风险因素短语的抽取 ·································· 73

   3.5 基于上市公司风险因素短语的知识利用 ····················· 79

4 上市公司风险事件智能监测 ··· 89

   4.1 研究问题的分析与描述 ··· 89

4.2　基于主题摘要的上市公司风险事件智能监测模型 …………… 90
　　4.3　上市公司风险事件监测数据与实验数据采集 ………………… 92
　　4.4　金融情感词典的构建与上市公司风险事件文本数据的提取 … 94
　　4.5　上市公司风险事件主题摘要的生成与自动推送 ……………… 108

5　上市公司风险事件智能预测 ………………………………………… 120

　　5.1　研究问题的分析与描述 ………………………………………… 120
　　5.2　基于本体推理的上市公司风险事件智能预测模型 …………… 121
　　5.3　上市公司风险事件预测数据与实验数据采集 ………………… 123
　　5.4　上市公司风险事件预测本体知识库的构建 …………………… 130
　　5.5　基于本体知识推理的上市公司风险事件预测 ………………… 145

6　总结与展望 …………………………………………………………… 153

　　6.1　研究总结 ………………………………………………………… 153
　　6.2　研究展望 ………………………………………………………… 155

参考文献 ………………………………………………………………… 157

附录　本书形成的可复用的知识资源 ………………………………… 177

1 引 言

1.1 研究背景及意义

1.1.1 研究背景

①上市公司风险识别是证券投资分析、资产风险管理、证券市场监管等金融管理决策过程中的重要内容，同时对于防范化解系统性金融风险和保障金融安全有着重要的意义。

上市公司在现代经济发展中扮演着十分重要的角色，是证券市场的基石及推动经济发展的核心动力。目前，中国 A 股市场上已有 4000 多家上市公司，股市总市值仅次于美国，达到了 60 万亿元以上，占国内生产总值的 60%以上；在美国、英国和加拿大等证券市场发达的国家，股市总市值往往会超过该国的国内生产总值。与此同时，上市公司一旦发生破产、强制退市、财务危机和信用违约等风险状况，会导致巨大的社会成本和经济成本。一方面，这会让投资者、债权人等利益相关主体蒙受巨大的经济损失，沉重打击人们对上市公司和证券市场的信心；另一方面，这也对证券市场的正常运行秩序和稳定健康发展造成一定的冲击，甚至会引发连锁反应，从而影响整个金融市场的稳定性，使得发生系统性金融风险的概率增加。例如，美国上市公司雷曼兄弟（Lehman Brothers）的破产不仅使得美国股票市场指数大幅下跌，投资者和债权人等利益主体遭受了惨重的经济损失，引致市场信心崩溃；同时还导致了次贷危机的升级，加剧了全球金融危机的爆发和世界经济的衰退。防范化解金融风险，维护金融安全是党和国家的重大战略需求，统筹和处理好稳增长和防风险之间的关系是维护经济金融大局稳定与促进经济持续健康发展的必然要求。习近平总书记和李克强总理等党和国家领导人多次在重要的会议和场合上强调，金融安全在国家安全中有着重要的战略地位，防控金融风险对于打赢防范化解重大风险攻坚战有着极其重要的作用，指出要及时有效地识别、发现、处置和化解系统性金融风险。

②大数据环境下的海量多源异构的金融数据资源为上市公司风险识别带来了新的契机，但这也为数据的分析、挖掘、整合与利用带来了巨大的挑战。

作为一种新兴的基础性战略资源，大数据对于重塑国家竞争优势、提升国家治理能力、推动经济发展、引领科技创新有着十分重要的作用。各国政府高度重视金融、医疗、交通、能源、生物等领域大数据的分析与利用，自2012年以来，美国、英国、日本和中国等国家纷纷将大数据上升为国家战略的高度。美国政府将大数据资源看作国家的重要核心资产和战略性资源，认为大数据及其挖掘利用的能力事关国家安全、综合国力及国际竞争力，并启动了大数据研究和发展计划以支持针对海量复杂数据资源的收集、挖掘、组织和利用。紧随美国之后，英国、日本等国家也从国家战略层面积极部署大数据战略以提升生物医学、空间信息、政府服务等领域的大数据资源的采集、分析和利用能力。中国也将大数据上升为国家战略，以此来推动经济发展、完善社会治理、优化政府服务和健全监管体系，并于2015年发布了《促进大数据发展行动纲要》，对大数据的发展及应用进行了顶层设计规划和统筹部署。金融业与医疗业、电信业、互联网行业、零售业、制造业和交通业等一同走在了大数据浪潮的前沿。金融业是大数据重要的生产者之一，海量多源异构的金融数据随着现代金融体系的运行而不断地产生和积累。与此同时，作为典型的数据驱动和信息密集型行业，金融业也是大数据重要的消费者之一，数据、信息、知识和情报是科学、有效的金融管理决策的前提与基础，从海量多源异构的金融数据资源中提取知识与情报的速度和能力在很大程度上决定了金融管理决策的效果和效率。作为新型的生产要素和重要的基础性战略资源，蕴含巨大价值的金融大数据为上市公司风险识别带来了新的机遇和广阔的空间，同时也为数据资源的分析、挖掘、整合和利用带来了严峻的挑战。

③大数据与云计算、自然语言处理与文本语义分析、机器学习与数据挖掘、人工智能与决策支持系统等技术的快速发展，为上市公司风险识别提供了强有力的技术支撑。

大数据、云计算、数据挖掘、机器学习、语义分析、深度学习和人工智能等现代化信息技术手段应用于金融领域，对于驱动金融创新发展、推动金融转型升级、化解系统性金融风险、创新金融产品和服务、优化业务流程有着非常重要的意义，融入前沿科技手段的金融科技（Fintech）和监管科技

（RegTech）已成为当前学术界和产业界共同关注的热点。当前，国内外的研究者们将支持向量机、人工神经网络、自组织映射网络和随机森林等多种机器学习与人工智能技术运用于上市公司的破产预测、财务危机预测、信用风险预测等风险识别场景中，并在算法模型的准确率上取得了不错的效果。近年来，自然语言处理和文本分析技术的快速发展也为非结构化的金融文本数据的语义理解和挖掘创造了条件。HDFS、MapReduce、Spark和Hadoop等大数据的存储、计算、管理技术，以及分布式计算技术、虚拟化技术、集群技术和云平台管理等云计算技术的基本成熟，也为海量金融数据的分析和处理奠定了基础。决策支持系统技术逐步走向成熟，并被成功地应用于医疗辅助诊断、机器故障检测及突发事件应急管理等领域。作为新一轮产业变革和科技革命核心驱动力的机器学习、数据挖掘与人工智能技术的研究也取得了巨大进展，有着非常广阔的应用前景，推动着经济社会各领域向智能化加速跃升，这也为大数据环境下的多源异构的金融数据资源的分析和挖掘提供了坚实的技术基础。在大数据时代，如何运用数据挖掘、机器学习、深度学习、自然语言处理、文本分析、知识组织、决策支持系统和人工智能等技术来对海量多源异构的金融数据资源进行分析挖掘，及时有效地识别上市公司的风险，并以多种知识服务形式为投资者、债权人、银行、基金管理公司、证券公司和政府监管部门等主体的管理决策提供智能化的决策支持，成为计算机科学、管理科学与工程、金融学、情报学等学科的研究者所共同面临的重要问题。

1.1.2 研究意义

1）理论意义

①丰富和发展了上市公司风险识别理论，拓展了上市公司风险识别的研究视角。

本书将多种类型的非结构化文本数据及多种智能化的手段运用于上市公司风险识别研究中，以上市公司风险识别、人工智能、决策支持系统、知识组织和情报分析等领域的相关理论和方法为基础，基于霍尔三维结构的系统思想构建了上市公司风险智能识别模型框架。本书对框架中涉及的上市公司风险识别的核心任务和目标进行了分析，阐述了完成和实现上市公司风险识别任务所应当遵循的逻辑步骤和思维程序，以及整个过程中所需要的各种资源和支撑。本书利用国内外上市公司的真实数据来对构建的模型的可行性和有效性进行了验证。本书在上市公司风险识别的数据选取、模型构建、方法研发和实证分析等多个方面的研究与探索对于丰富和发展上市公司风险识别理论,以及拓展上市公司风险识别的研究视角具有一定的意义。

②促进了多种方法和技术的集成与融合,扩展了上市公司风险识别的方法论。

本书采用综合集成的思路,将多个领域的多种方法和技术进行集成和融合,以更好地解决实际的研究问题。本书综合运用计算机科学、管理科学与工程、金融学、情报学、人工智能、决策支持系统、系统工程和软件工程等多个学科与领域的多种方法、技术来识别上市公司的风险,为决策者提供智能化的决策支持。本书的研究对于促进管理科学与工程学科和计算机科学、金融学、情报学等学科的交叉融合和丰富学科内涵有着积极的作用。本书还将多种数据分析方法进行有机结合以有效地提升上市公司风险识别的效果和决策支持水平,如将结构化数据分析与非结构化数据分析相结合,将基于规则的方法和基于统计机器学习的方法相结合,将定量分析和定性分析相结合,将计算机自动分析与领域专家手工分析相结合。本书的研究对于丰富和扩展上市公司风险识别的方法论具有一定的理论意义。

2)现实意义

①改进了上市公司风险识别过程,提升了决策支持的自动化和智能化水平。

传统的上市公司风险识别主要通过领域专家和情报分析人员运用专家分析法、财务比率分析法、SWOT分析法、KMV模型、CPV模型、PEST分析法、CreditRisk+模型等方法来识别上市公司的风险,并通过手工撰写简报、专报等形式来为决策者的上市公司风险识别提供决策支持和情报服务。在整个过程中,数据源的选取缺乏全面性和多维性,数据分析过程的自动化和智能化水平较低;从数据采集到数据分析,再到撰写各种报告来提供情报服务的周期较长、及时性较差,并且数据分析结果还具有一定的主观性。本书针对大数据环境下存在的多源异构数据,综合应用数据挖掘、机器学习、自然语言处理、知识工程、深度学习、语义网和信息抽取等多种方法和技术对其进行智能化的分析和挖掘,为智能决策支持的实现提供了方法和技术支撑,改进了上市公司风险识别过程。

②提高了投资者、债权人和政府监管部门等主体的上市公司风险识别水平。

上市公司风险识别对于投资者、债权人、供应商、银行、基金管理公司、证券公司、证券交易所和政府监管部门等主体的管理决策具有十分重要的意义。本书基于多源异构的数据资源和多个学科的方法技术来实现上市公司识别，并以知识浏览、知识检索、知识推送、知识推理和知识可视化等多种知识服务形式为决策者提供智能化的决策支持，提高了投资者、债权人、供应商、金融机构和政府监管部门等主体的上市公司风险识别的智能化水平。与此同时，本书构建的上市公司风险智能识别模型框架及研发知识检索原型系统、知识推送原型系统和知识推理原型系统等也可以为金融信息服务提供商、银行、证券公司、证券交易所和政府监管部门等设计和开发智能化的上市公司风险识别软件与决策支持系统提供借鉴参考。

③为上市公司风险智能识别后续研究和其他金融智能决策支持研究提供了证据支持。

本书在开展研究的过程中，利用了国内外上市公司真实的多源异构数据来对本书构建的模型的可行性和有效性进行了验证，并形成了相应的数据集、知识库、模型文件等多种可复用的基础资源，如面向金融文本中文分词的用户词典、医药制造业上市公司短语知识库、面向金融领域的语料库、面向金融领域的 Word2Vec 词向量模型、面向金融领域的中文情感词典、长生生物疫苗事件文本数据集、美国上市公司破产预测数据集、上市公司破产预测领域本体、上市公司破产预测规则库等。这些基础资源可以为后续开展上市公司风险智能识别研究及股票价格预测、证券投资组合推荐、上市公司财务欺诈检测等其他金融智能决策支持研究提供基础资源，实现面向科研人员、金融信息服务提供商、银行、证券公司、基金管理公司、证券交易所、政府监管部门等主体的知识共享。

1.2 国内外研究现状分析

1.2.1 基于结构化数据的上市公司风险识别

当前，用于上市公司风险识别的数据源主要是根据上市公司的资产负债表、利润表和现金流量表计算所得的财务指标数据，研究者们主要关注各类财务指标的选取。美国芝加哥大学的教授 Beaver（1966）研究发现，上市公司的财务指标数据中包含了破产预测所需要的有价值的信息，其中净收入/

总负债这一项财务指标的预测能力最高。纽约大学著名的财务专家 Altman（1968）通过对美国破产的上市公司的财务报表数据进行研究，对 22 个财务比率进行数理统计筛选，最终共保留了 5 个常用的财务指标作为破产预测因子，构建了用于破产预测的 5 变量 Z-Score 模型；该模型通过对上市公司的 5 个财务指标数据进行一定的加权求和，得到上市公司的 Z 分数，上市公司发生破产的可能性与模型计算所得的 Z 分数成反比关系，即 Z 分数越小则意味着上市公司破产的可能性越大。在美国、英国、法国和日本等多个国家，Z-Score 模型得到了广泛的应用。Altman 等（1977）后续又在破产公司样本数据的收集和分析的基础上对 Z-Score 模型进行了优化和扩展，建立了包含 7 个财务指标的 Zeta 模型；相较于 Z-Score 模型，Zeta 模型具有更全的财务比率覆盖面、更大的适用围及更高的预测准确率；如今，Zeta 模型已经被美国、意大利等国的商业银行广泛地应用于上市公司的破产预测、财务危机预测和信用评级等场景中，创造了巨大的经济效益，但是 Zeta 模型中的 7 个变量的权重系数由于涉及商业秘密，因此并未公开。

自 Beaver 和 Altman 的研究之后，国内外的研究者们将财务指标数据广泛地应用于上市公司的破产预测、财务危机预测、信用风险预测等场景中。Fedorova 等（2013）对俄罗斯制造业企业破产预测问题进行研究时发现两项俄罗斯立法所推荐的用于破产分析的 13 个财务指标中，如今只有 1 个财务指标在破产预测中具有统计意义。Lin 等（2014）选取了涵盖企业偿债能力、增长能力、流动性、周转能力、盈利能力、现金流、资本结构和公司规模等 8 个方面的 44 个财务指标，用于上市公司的财务危机预测。Kim 等（2015）选取了涵盖企业债务清偿、资本结构、盈利能力、营运能力、财务杠杆、流动性和公司规模等 7 个方面的 30 个财务指标，用于韩国上市公司的破产预测。Zięba 等（2016）选取了 64 个财务指标应用于波兰的制造业公司的破产预测中。Zhang 等（2016）选取了反映企业抗风险能力、运营效率、盈利能力和增长能力等 4 个方面的 20 个财务指标来识别上市公司的信用风险。Du Jardin（2018）选取了反映企业流动能力、周转能力、盈利能力、营运能力、偿付能力和财务结构等 6 个方面的 30 个财务指标应用于法国上市公司的破产预测。Huang 等（2019）利用以往的研究文献所推荐的预测效果较好的 16 个财务指标来实现中国台湾地区上市公司的财务危机预测。

聂丽洁等（2011）认为，上市公司过去和现在的现金流量能够较好地反映公司的财务状况和破产概率，构建了基于现金流的财务危机预测指标体系，并与传统财务指标体系在制造业上市公司的财务危机预测上进行对比分析，发现文章构建的现金流指标体系能够取得更高的预测精度及更低的总体错判率和第一类错判率。李菲雅等（2013）以穆迪（Moody）、标准普尔（Standard&Poor）等公司的资信评级指标体系为基础，构建了包含20个财务指标的上市公司信用风险预测指标体系。黄志敏（2014）指出，上市公司的财务危机预测模型需要考虑上市公司的行业特征，而不是使用同一个预测模型来对所有行业的上市公司的财务危机进行预测，并在详细分析旅游类上市公司的行业特征的基础上，构建了涵盖偿债能力、盈利能力、运营能力、发展能力、资本结构和投资收益等6个方面的旅游上市公司财务危机预测指标体系。李雪（2015）从盈利能力、成长能力、营运能力、偿债能力等4个方面选取了12个财务指标来衡量创业板上市公司的退市风险。方匡南等（2016）在已有的相关研究文献的基础上，选取了反映企业的偿债能力、盈利能力、营运能力、成长能力、资产结构和每股指标等6个方面的48个指标来实现上市公司的信用风险预测。

与此同时，国内外的研究者们还发现，在上市公司财务指标数据的基础上加入宏观经济数据、证券市场交易数据、公司运营与管理效率数据、公司治理结构数据等多个方面和多个维度的非财务数据，能够提升上市公司风险识别的效果。这是因为上市公司的财务指标数据有时候并不能完全反映上市公司出现破产、强制退市、特殊处理、财务危机和信用违约等风险状况的所有原因，而其他多个方面和多个维度的数据在一定程度上能够为上市公司风险识别提供增量的信息（Du Jardin，2017）。纳入能够提供增量信息的因子对于上市公司风险识别效果的提升有着巨大的潜力（Volkov et al.，2017）。上市公司风险识别的效果不仅取决于数据挖掘与机器学习相关的算法、模型和技术，还在很大程度上取决于相关领域知识的纳入（Du Jardin，2018）。例如，上市公司陷入财务危机的一个重要原因是经营管理不善，而经营效率数据可以很好地反映一个上市公司的经营管理水平，将经营效率数据作为上市公司财务危机预测的因子，则可以更好地识别上市公司的财务风险（Xu et al.，2009）。

Campbell等（2008）将证券市场交易数据应用于上市公司的破产预测和财务危机预测中，研究发现破产风险和财务危机风险高的上市公司通常具有低股票收益率及高股票波动率。Yeh等（2010）利用数据包络分析（DEA）来评价上市公司的管理效率，DEA模型的输入变量为研发费用、研发设计人员数量、专利数量和商标数量，产出变量包括毛利润和市场份额；并将DEA模型得到的管理效率数据应用于中国台湾地区上市公司的破产预测中，发现能够提高破产预测的准确性。Yeh等（2012）利用KMV模型来对市场信息进行评估和度量，研究发现市场信息能够为上市公司的信用风险预测提供有价值的信息。Tinoco等（2013）研究发现，将宏观经济数据、市场数据和财务指标数据相结合能够更好地实现上市公司的财务危机预测。Zelenkov等（2017）将消费者价格指数、GDP增长率、工业品价格指数、失业率、MICEX指数和RTS指数等反映商业环境因素的指标引入破产预测中，提高了破产预测模型的预测能力。Ninh等（2018）研究发现，使用财务指标数据和宏观经济数据的组合在越南上市公司的财务危机和破产预测上要优于市场数据和宏观经济数据的组合。刘文琦（2012）将公司内部治理变量引入中国上市公司的财务危机预测中，提高了预测模型的准确度。崔天媛（2012）将宏观经济数据、公司治理数据和公司信用记录数据等多方面的数据应用于上市公司信用风险预测中，提高了预测模型的预测精度和拟合优度。岑慧（2018）将反映公司研发创新能力、股权结构、治理结构、审计意见和高管特征的数据引入创业板上市公司的财务危机预测中。孙琦（2019）将反映企业发展前景、企业基本素质、创新能力和履约状况等4个方面的多维数据运用于沪深中小企业板块的上市公司信用风险预测中。

1.2.2　引入非结构化文本数据的上市公司风险识别

上市公司的财务指标数据由于具有容易获取、便于计算及分析结果易于决策者理解等优点，因此被广泛应用于上市公司风险识别的学术研究和应用实践中。以上市公司风险识别研究中广受关注的破产预测研究为例，Kirkos（2015）在因撰写破产预测综述而进行的文献调研中发现，所选取的42篇文献中有34篇文献用的都是财务指标数据。然而，财务指标数据也有诸多的缺陷：首先，财务指标数据只能反映上市公司过去的经营业绩，而不能反映上市公司的经营计划、外部竞争环境、未来发展战略及潜在风险等其他多个方面的重要信息（Wang et al., 2018）；其次，披露上市公司财务指标数据的年报、半年报、季报等文件的更新频率较低，因此财务指标数据很难及时地反映上市公司出现的风险（Rönnqvist et al., 2017）；再次，财务指标数据表示的上市公司资产账面价值可能与资产真正的价值存在差异，且存在被操纵的风险（Mihalovic, 2016）；最后，财务指标数据往往建立在上市公司可持续经营的基础上，并且在给定的监管框架内以相同的方式进行计算，即使具有同一财务指标数据的上市公司所面临的内外部风险及未来的收益往往并不相同（Du Jardin，2016；Myšková et al.，2017）。

金融领域多源异构数据中的绝大部分是非结构化的文本数据，如上市公司的年报文本、招股说明书文本、半年报文本、临时公告文本、公司研报文本、新闻报道文本和股吧评论等。以上市公司披露的年报文件为例，据前人的研究和统计结果表明，定量财务信息仅占上市公司年报中所有信息的20%左右，而其余80%左右的信息则以定性文本的形式存在（Beattie et al.，2004；Lo et al.，2017）。近年来，国内外的研究者们在开展金融数据分析与挖掘相关的研究时发现，与只关注过去经营业绩的结构化的财务数据不同，上市公司的年报文本、新闻报道文本等非结构化文本数据不仅反映了上市公司过去的经营成果和当前的财务状况，还包含了公司发展前景、未来战略规划和所面临的内外部风险等多个方面的重要补充信息（Chung，2014；Hájek，2018）。非结构化文本数据不仅具有结构化的财务数据所难以体现的丰富价值和内涵，而且还有助于提高对定量会计信息的理解（Chung，2014；肖浩 等，2016）。也有少部分研究者探究了视频和音频等多媒体数据在金融决策支持中的应用，如 Hobson 等（2012）利用一种可以根据人的语音来感知情绪变动以实现谎言的辨别和欺诈的识别的音频情感分析软件系统——LVA 来分析上市公司 CEO 在业绩电话会议（Earnings Conference Calls）上的讲话语音，并在此基础上实现上市公司财务错报的检测。随着互联网的广泛普及和以证监会为代表的政府监管机构对上市公司信息披露的要求日趋严格，上市公司的年报文本、招股说明书文本、季报文本、临时公告文本、新闻报道文本和股吧评论等非结构化文本信息有着较高的可获得性（Cecchini et al.，2010）。

金融学、计算机科学和管理科学等学科的国内外研究者们在多源金融文本信息的挖掘和利用上进行了积极有效的探索。Kloptchenko 等（2004）研究发现，上市公司季度报告文本中的语调往往在实际财务状况发生变化的前一段时间就已经改变，定性文本中包含了与公司未来业绩相关的有价值的信息。Tetlock 等（2008）研究发现，上市公司的新闻报道中表达的情感对于公司未来的会计盈余和市场回报具有一定的预测能力，能够为上市公司的价值判断提供一定的决策支持；上市公司的新闻报道中表达的情感越是消极负面，公司的股票收益率和未来盈余就越低。Li 等（2008）研究发现，绩效较差的上市公司的年报文本较难阅读，而年报文本更容易阅读的上市公司则有着更加持续的正收益。Loughran 等（2009）发现，年报文本中较多地使用与伦理道德相关的词汇的上市公司更有可能陷入法律诉讼，并在公司治理指标上得分较低。Chen 等（2014）发现，美国投资者社交网站 Seeking Alpha 中的分析文章和评论信息能够有效预测股票的未来走势和收益。Huang 等（2014）研究发现，上市公司在年度盈余公告文本中所表达的异常积极的情感往往预示着公司在未来有着较低的盈余和现金流。Hájek 等（2014）研究发现，上市公司年报文本中表达的情感和财务业绩之间存在着非线性关系，这些情感信息是实现上市公司财务业绩预测的重要来源，可以为企业利益相关者的决策提供支持。Minhas 等（2016）发现，有意伪造公司业绩的上市公司年报文本相较于正常年报文本在语言特征上存在着明显的差异。Han 等（2018）通过实证研究发现，上市公司的财经新闻文本在股票收益分析和行业趋势分析等多个方面有着重要的应用价值。

游家兴等（2012）在 1493 家 A 股上市公司数据的基础上开展实证分析，研究发现上市公司的相关媒体报道文本内容中所表达的过度乐观情绪容易导致股价泡沫（股价向上偏离基本面）的产生。边海容等（2013a）从中证网上获取上市公司的新闻报道文本数据，并在此基础上开展实证研究，发现上市公司的新闻报道的数量及文本内容中所表达的情感倾向与上市公司的速动比率、总资产负债率、每股收益和净资产收益率等多个财务指标呈显著相关关系，并且新闻报道文本中的情感信息可以为上市公司的财务状况分析提供增量的信息（重要信息补充）。谢德仁等（2015）研究发现，我国上市公司年度业绩说明会的文本信息中的管理层语调具有较好的可信度，能够提供关于公司未来业绩的增量信息。孟庆斌等（2017）在大量 A 股上市公司的样本数据上开展实证分析，研究发现上市公司年报中管理层讨论与分析（MD&A）文本中展望部分（更多地体现为前瞻性信息）的信息含量能够有助于预测上市公司在未来的股价崩盘风险。曾庆生等（2018）通过对中国 A 股非金融类上市公司的年报文本进行分析发现，年报文本中表达的情感越积极，上市公司的董事、监事和高管人员及其亲属卖出股票的规模则越大。吴卓然（2018）分析了中国上市公司的 4000 多份年报管理层讨论与分析文本，研究发现 MD&A 文本中表达的消极负面情感与公司当年的绩效呈显著负相关；并且 MD&A 文本中表达的消极负面情感具有丰富的信息含量，在一定程度上还能够预测上市公司在下一年度的业绩。

国内外的研究者们在将各种非结构化的金融文本数据应用于上市公司风

险识别的研究上也进行了积极的尝试。Cecchini 等（2010）将上市公司年报中 MD&A 部分的文本用于破产预测，发现 MD&A 文本能够为上市公司的破产预测提供增量的信息，从而帮助决策者更加有效地筛选出有破产风险的公司。Mayew 等（2015）研究发现，在上市公司破产的前 3 年，MD&A 披露的文本信息在预测破产方面比财务指标信息更加有用。Gupta 等（2016）对全球金融危机期间破产倒闭的 52 家美国上市银行年报文本信息进行了分析，发现年报中表达的积极情感比消极情感具有更强的预测能力。Wang 等（2018）将上市公司年报文本中的情感特征和文本特征提取为非财务特征，并与传统财务特征进一步融合，提高了上市公司财务危机预测的准确率。Wei 等（2019）基于 840 家美国能源上市公司的 3707 份 10-K 年报中披露的风险因素文本信息，确定了能源企业的 66 种风险因素。

宋彪等（2015）从互联网上爬取了新闻媒体、博客、论坛等发布的 7000 余万条网络数据，并将这些网络数据应用于制造业上市公司的财务危机预测中，发现能够提升短期和长期的财务危机预测效果。刘逸爽等（2018）将上市公司年报中的董事会报告部分的文本用于上市公司信用风险预测，发现董事会报告文本提供了定量财务数据所不能反映的增量信息，其中的管理层语调信息提高了上市公司信用风险预测模型的效力。马旭辉（2019）将上市公司年报文本数据应用于上市公司的财务风险预测中，发现能够提高风险预测的效能。李秉成等（2019）发现，上市公司年报 MD&A 中的前瞻性信息对于上市公司的财务危机预测能力有着显著的提升作用。苗霞等（2019）研究发现，上市公司年报 MD&A 中前瞻性文本信息所具有的净积极情感值能够在上市公司的财务危机预测中发挥有效的作用，并且上市公司的网络新闻报道能够进一步提升 MD&A 中前瞻性文本中的情感信息在财务危机预测方面的价值和有用性。

1.2.3　上市公司风险识别的传统经典方法

传统的上市公司风险识别主要通过领域专家和情报分析人员运用专家分析法、财务比率分析法、SWOT 分析法、KMV 模型等来识别和分析上市公司的风险。专家分析法主要根据专家的智慧和个人经验来识别上市公司的风险，如 5C 专家分析法通过对目标对象的道德品质（Character）、偿付能力（Capacity）、资本实力（Capital）、担保抵押（Collateral）和经营环境条件（Condition）等 5 个方面进行综合分析来识别其信用风险。当前，专家分析法依然是标普、穆迪等国际信用评级机构所使用的主流方法之一（王利娜，2012）。财务比率分析法主要根据上市公司财务报表（资产负债表、利润表和现金流量表等）中的财务数据来计算相应的财务比值，从而从财务角度实现上市公司风险识别，典型的财务比率分析法包括杜邦财务分析体系（DuPont Analysis）和沃尔比重评分法（Wall Proportion Score）。SWOT 分析法通过对上市公司的优势、劣势、机会和威胁进行综合分析，做出系统的评估从而识别其风险。KMV 模型将 Black-Scholes 期权定价理论和 Merton 的公司债务定价理论作为模型的理论依据，基于上市公司的财务数据和股票价格数据来度量和识别公司的信用风险。除此之外，传统的上市公司风险识别方法还包括 PEST 分析法、CPV 模型、CreditRisk+ 模型、波特五力模型、流程图法、头脑风暴法、因果分析图法、模糊层次分析法、德尔菲法、情景分析法、文献调查法、访谈法、故障树分析法、现场调查法、事件树法、案例分析法和问卷调查法等。

随着企业所面临的市场竞争日益加剧及经营环境更加不稳定，风险识别对于决策者的作用愈加重要。Dinu 等（2012）指出，不同行业和领域的风险识别方法有所不同，常用的风险识别方法包括头脑风暴法、SWOT 分析法、流程图法和问卷调查法。Baumann 等（2016）分析了头脑风暴法、访谈法和 SWOT 分析法等风险识别方法的优缺点，并指出需要将多种方法进行有机结合以更好地识别企业的风险。瞿翔（2010）利用德尔菲法、分解分析法和实地调查法等多种方法识别农业上市公司的投资风险。张友棠等（2011）采用指标计算、专家咨询、专家打分和模糊综合评价等方法来测度上市公司的行业环境风险，并利用系统动力学原理和工具将上市公司行业环境风险与财务风险的互动关系集成在一张风险地图中。胡爱荣等（2012）对创业板上市公司的特点进行了分析，并总结了创业板上市公司所面临的风险。蒋或等（2015）修正了 KMV 模型中的参数计算（估计）与设定方法以更好地适用于中国的市场环境，并将修正后的 KMV 模型应用于识别中国上市公司的信用风险。吴骁远等（2017）运用文献调查法和案例分析等方法对上市光伏企业的风险进行识别。赵鑫（2019）运用 PEST 分析法、SWOT 分析法、波特五力模型和财务比率分析等方法来识别其选取的一家发动机制造行业的上市公司的风险。

国内外的研究者们还将统计方法引入上市公司风险识别中，使用的统计方法主要包括单变量判别分析法（UDA）、多元线性判别分析法（MDA）、多元逻辑回归分析法（Logit）和多元概率比回归分析法（Probit）等。单变量判别分析法是指通过单一的财务指标来识别上市公司的风险。多元线性判别分析法则是通过在多个财务指标的基础上构造多元线性判别函数来实现上市公司风险的识别。多元逻辑回归分析法与多元概率比回归分析法非常相似,都是将因变量(上市公司是否发生破产、财务危机等)和自变量(上市公司的财务指标等)之间的关系转化为概率求解问题;不同的是,前者通过线性回归的方法求解,而后者则是通过极大似然函数的方法求解。此外,多元概率比回归分析法对于样本数据的分布要求严格,要求样本数据服从高斯分布假设,且模型计算过程相对复杂。Beaver(1966)最早利用单变量判别分析法来实现上市公司的破产预测。Z-Score模型(Altman,1968)、Zeta模型(Altman et al., 1977)及我国学者周首华等在Z-Score模型的基础上提出的F-Score模型(周首华 等,1996)均是利用多元线性判别分析法来进行破产预测。高小雪(2015)利用多元概率比回归模型来实现上市公司的财务危机预测。刘鹭(2019)将因子分析法与Logistic回归模型相结合来预测房地产上市公司的信用风险。

1.2.4 上市公司风险识别的人工智能方法

利用统计方法来实现上市公司风险识别提高了数据分析的效率,并且在很大程度上能够克服专家分析法和SWOT分析法等方法的主观性,统计方法与统计模型成为标普、穆迪和惠誉等著名国际评级机构最流行的工具之一(Chen et al., 2016)。但是统计方法与统计模型存在着诸多的限制性假设,如变量的线性假设(Linearity)、正态性假设(Normality)和独立性假设(Independence)等;由于上市公司的财务数据等经常会违背这些假设,因此统计假设的固有缺陷在一定程度上限制了统计方法与统计模型在上市公司风险识别中的应用和效果(Chen et al., 2011; Chuang, 2013)。人工智能方法相较于传统的统计方法和统计模型,不需要对数据的分布进行假设,并且能够识别和表示数据集上的非线性(Non-linear)和非参数(Non-parametric)关系(Gordini, 2014)。自20世纪90年代以来,国内外的研究者们已经成功地将人工神经网络、支持向量机、随机森林、朴素贝叶斯、基于案例的推理、粗糙集和遗传算法等多种人工智能方法应用于上市公司的破产预测、财务危机预测、信用风险预测和退市风险预测等上市公司风险识别场景中。

Olson等(2012)将逻辑回归、神经网络、支持向量机和决策树等方法应用于上市公司的破产预测中,并分析和比较了这些方法存在的优缺点。

Lee等（2013）将反向传播神经网络模型应用于韩国的建筑业、零售业和制造业上市公司的破产预测中，发现反向传播神经网络能够更好地识别变量与破产之间的非线性关系，在破产预测上的准确性要优于多元判别分析方法；与此同时，实验结果还表明针对特定行业建立的破产预测模型的预测精度要高于通用的破产预测模型。Serrano-Cinca等（2013）将偏最小二乘判别分析法（PLS-DA）应用于美国银行的破产预测中，并将其与线性判别分析、逻辑回归、多层感知器、K最近邻算法、朴素贝叶斯、支持向量机和集成学习等破产预测中广泛使用的方法进行了对比分析。Barboza等（2017）将支持向量机、集成学习和随机森林等机器学习方法与判别分析、逻辑回归等传统的统计模型在破产预测上进行了对比，发现机器学习模型的破产预测准确率要比传统的统计模型平均高出10%左右。Huang等（2019）比较了支持向量机（SVM）、混合联想记忆神经网络模型（HACT）、混合遗传模糊聚类（Hybrid GA-fuzzy clustering）和极限梯度提升树（XGBoost）等有监督机器学习方法及深度信念网络（DBN）与混合DBN-SVM模型在上市公司财务危机预测上的性能，发现在4种有监督机器学习方法中，XGBoost具有最高的预测准确率；与单独的SVM或DBN相比，混合DBN-SVM模型具有更优的预测能力。梁明江等（2012）将集成学习方法应用于预测A股制造业上市公司的财务危机，发现该方法比单个的基分类器有更高的预测准确率。熊涛（2013）利用贝叶斯网络算法来实现上市公司的信用风险预测。陈潇澜（2018）将BP神经网络、支持向量机和随机森林用于预测上市公司的信用风险，发现随机森林有着最高的分类准确率。

  国内外的研究者们对现有的人工智能算法和模型进行改进和优化，以及在新的人工智能算法和模型上开展了大量的研究，以更好地识别上市公司的风险。Kim等（2012）利用遗传算法来解决集成算法存在的多重共线性问题，从而增强集成学习在破产预测中的稳定性。Cleofas-Sánchez等（2016）提出了一种用于财务危机预测的混合联想记忆神经网络模型（HACT），该模型在多个数据集上的表现都优于传统的神经网络模型、支持向量机和逻辑回归模型。Sartori等（2016）利用总体相似度和局部相似度对基于案例的推理方法进行了优化，以更好地应用于破产预测。Volkov等（2017）将上市公司多个时间段的财务数据序列纳入破产预测中，并将马尔科夫判别模型的输出作为支持向量机、随机森林等算法的输入以更好地实现破产预测。Uthayakumar等（2020）提出了一种基于蚁群算法的财务危机预测模型，该模型包含基于蚁群算法的特征选择和基于蚁群算法的数据分类两个阶段。吴冲等（2018）对粒子群优化算法（PSO）进行了改进，并将改进后的算法应用于构建更优的上市公司财务危机预测模型。周颖等（2019）引入等截距变换（Equal Intercept Transformation）来改进现有的雷达图评价模型，并结合灰色 GM 模型来实现上市公司的退市风险预测。

国内外的研究者们还将多种人工智能算法模型进行融合和集成以更好地识别上市公司的风险。Yang 等（2011）将基于偏最小二乘（PLS）的特征选择方法与支持向量机相结合来预测上市公司的财务危机，实验结果表明该方法具有较强的预测能力。Wu 等（2012）提出了将相关向量机（RVM）与决策树相结合的改进决策支持模型（EDSM）来实现台湾地区上市公司信用风险的识别。Xiao 等（2012）将粗糙集、D-S 证据理论和多种单一分类方法相结合来实现财务危机预测，基于粗糙集来确定每种预测方法的权重，并利用 D-S 证据理论方法对单一分类方法的输出进行融合。针对基于案例的推理（CBR）在处理过多的属性时准确性和有效性会下降的问题，Chuang（2013）将粗糙集理论、灰色关联分析和 CART 决策树等方法与基于案例的推理相结合来提高破产预测的准确性。Chen 等（2013）将人工蜂群算法与支持向量机算法进行集成来识别上市公司的信用风险。Iturriaga 等（2015）将多层感知器网络（MLP）和自组织映射网络（SOM）相结合，建立了一个混合神经网络模型来预测美国银行的破产。赵智繁等（2016）将数据包络分析（DEA）和关联规则、决策树等数据挖掘技术相结合，以实现上市公司财务危机程度的预测。王鲁等（2017）将模糊集与自组织映射网络相结合，提升了财务危机预测模型的预测性能。刘玉敏等（2017）综合运用主成分分析、粒子群优化算法和支持向量机等方法来提高上市公司财务危机预测的准确率。郑立（2019）将粗糙集与最小二乘支持向量机方法进行融合，并将其应用于制造业上市公司的财务危机预测中，提高了预测的准确率。

近年来，深度学习技术发展迅速，目前已经被成功应用于机器翻译、图像识别、自动驾驶、语音识别、文本生成、智能机器人、计算机视觉、问答系统和商品推荐等领域中。国内外的研究者们也尝试将深度学习技术应用于上市公司的风险识别中。Hosaka（2019）将日本上市公司的财务指标数据以图像的形式进行表示，并利用卷积神经网络（CNN）对其进行分类来实现破产预测，发现该方法要优于传统的 CART 决策树、线性判别分析（LDA）、支持向量机（SVM）、AdaBoost 集成学习算法和多层感知器（MLP）等方法。刘雪林（2018）将堆栈式去噪自编码器（SDAE）深度学习网络应用于上市公司的财务危机预测中，发现其预测准确率要优于 Logistic 回归模型。孙琦（2019）运用卷积神经网络来对上市公司的信用风险进行预测，并将其与多变量线性模型、Logistic 回归模型和 BP 神经网络模型的预测效果进行了对比，发现卷积神经网络模型的预测准确率最高。

国内外的研究者们还针对上市公司风险识别中数据的特征选择问题进行了研究。Zhou 等（2012）探究了 6 种特征选择方法，从而有助于上市公司财务危机预测模型在不损失性能的前提下降低复杂度。Fedorova 等（2013）利用多元判别分析、逻辑回归和 CART 决策树算法来对财务指标进行特征选择，然后将多种方法选择的特征进行一定的组合来作为人工神经网络（ANN）的输入以实现破产预测。Lin 等（2014）提出了一种融合专家知识与 Wrapper 模式的财务危机预测特征选择方法。Wang 等（2014）将特征选择策略引入集成学习模型中，提高了集成学习算法在破产预测上的准确性。Liang 等（2015）研究了 Filter 模式和 Wrapper 模式的特征选择方法在财务危机预测中的影响和作用，发现特征选择并不总是能够提高预测模型的性能。Zhou 等（2015）发现，将基于领域知识与基于遗传算法的特征选择方法相结合，在财务危机预测上的性能要优于只基于领域知识和只基于数据挖掘领域常用的特征选择方法。李菲雅等（2013）将等距特征映射算法应用于上市公司信用风险预测的特征选择中，从而实现财务指标的属性约简。张亚男等（2019）利用粒子群优化算法（PSO）来对核极限学习机（KELM）的参数进行优化和实现特征选择，从而提高财务危机预测模型的预测精度和预测速度。

除此之外，国内外的研究者们还对上市公司风险识别中的数据不平衡、数据缺失及风险动态预测等问题进行了探索。Kim 等（2015）针对数据不平衡（分类和预测等任务中各个类别实例的数量差异很大）导致预测模型性能下降的问题，提出了基于几何平均的增强算法（GMBoost），在数据集上的实验结果表明，GMBoost 算法在不均衡数据和均衡数据上都有着较好的预测能力和鲁棒学习能力。Du Jardin（2017）将判别分析、逻辑回归、决策树、Cox 回归生存分析模型、神经网络、极限学习机和支持向量机等分类方法及 Bagging、Boosting、Random Subspace、Rotation Forest 等多种集成学习方法运用于破产预测，并将时间因素纳入破产预测模型中，从而有效地提高了模型的动态预测能力。Cheng 等（2019）提出了一种基于纯度的 K 近邻算法来处理财务危机预测中的数据缺失问题。Sun 等（2020）提出了两种基于类不平衡

1 引 言

数据流的动态财务危机预测模型,并在2628家中国A股上市公司的样本数据的基础上进行了实证研究。

1.2.5 上市公司风险识别的文本分析方法

近年来,越来越多的研究者关注于挖掘金融文本数据中的潜在价值,从而为决策者提供更优的决策支持(Gupta et al.,2016)。但总体而言,将文本分析方法应用于会计和经济金融领域的研究尚处于起步阶段(Purda et al.,2014;Fisher et al.,2016)。国内外的研究者们积极探索了词频分析、可读性分析、情感分析、相似性分析、文本分类、文本聚类和主题模型等文本分析方法在会计和经济金融领域的应用。Tetlock(2007)利用GI词典来分析新闻报道中的情感。Li等(2008)运用迷雾指数(FOG Index)和文档的长度来衡量上市公司年报的可读性。Loughran等(2009)利用词频分析法来对美国上市公司年报文本中与伦理道德相关的术语进行了分析。Hoberg等(2010)利用余弦相似度公式来计算上市公司年报文本中产品描述内容的相似性。Loughran等(2011)构建了一个适用于金融领域文本情感分析的情感词典。Qian等(2019)综合利用词嵌入、聚类、分类等技术,从财经新闻中识别和抽取企业的商业事件。朱江(2012)将向量空间模型(VSM)与WordNet语义知识库相结合以更好地实现金融新闻文本的聚类。万常选等(2013)将依存句法分析和词性标注相结合来更好地计算股评信息和新闻报道的情感值。张纯等(2015)运用LDA模型来度量上市公司的媒体跟踪报道的信息挖掘和信息解释程度。罗明等(2018)运用词汇-语义规则模式来抽取文本特征,并使用机器学习算法来实现金融文本的分类。周佰成等(2020)设计了4个指标来衡量上市公司披露的招股说明书的文本内容的可读性。

国内外的研究者们在将文本分析方法应用于上市公司风险识别上进行了积极的尝试和探索。Cecchini等(2010)将向量空间模型(VSM)与WordNet语义词典相结合来对上市公司年报中管理层讨论与分析文本进行处理和挖掘,以提高上市公司破产预测的准确率。Huang等(2011)提出了一种多标签文本分类算法来处理上市公司年报中披露的风险因素信息,从而自动地为上市公司加上相应的风险标签。Mayew等(2015)利用LIWC软件和英文金融情感词典来挖掘上市公司年报中管理层讨论与分析文本中所表达的情感信息,并将其应用于预测上市公司的持续经营能力。Zhu等(2016)运用LDA模型来推断上市公司年报中披露的风险因素文本信息所具体描述的风险类型。

Pröllochs 等（2020）将 SWOT 分析模型、LDA 模型及情感分析技术进行有机结合，以实现从美国上市公司披露重大事件的 8-K 文件文本中获取上市公司的内外部环境状况信息，以及识别出上市公司所面临的机遇与风险。

周双文（2013）将基于规则的信息抽取方法与领域本体相结合，来抽取创业板上市公司年报中披露的风险因素信息。边海容等（2013b）提出了一种基于语素的金融文本情感值计算方法，并将其应用于上市公司的财务危机预测中。赵一鸣等（2014）将文本主题可视化技术应用于揭示上市公司招股说明书中披露的风险因素文本信息的语义内容。宋彪等（2015）利用文本情感分析技术对海量的网络信息进行分析和处理，以更好地实现上市公司的财务危机预测。胡小荣等（2017）利用信息抽取技术来获取环保上市公司年报文本中不同风险主题下的知识单元。林钟高等（2017）利用文本内容挖掘软件 ROSTCM 来对上市公司年报中披露的与风险相关的非财务信息进行分析与量化。梁娜等（2019）提出了三重维度的风险因素信息抽取方法来抽取上市公司半年报中披露的风险因素信息。董礼（2019）将情感词典和依存句法分析相结合来对上市公司的新闻报道文本进行挖掘，以更好地识别制造业上市公司的信用风险。

1.2.6　国内外研究现状评述

通过对国内外相关研究文献进行系统的分析和梳理，可以发现大数据环境下存在的海量多源异构金融数据为上市公司风险识别提供了丰富的数据资源；与此同时，大数据、人工智能等技术在上市公司风险识别中已经展现出了巨大的潜力，为金融大数据的分析挖掘和价值发现奠定了技术基础。运用统计分析、数据挖掘、机器学习、自然语言处理、深度学习等技术对多源异构的数据资源进行分析挖掘，从而有效地识别上市公司的风险，已成为管理科学与工程、计算机科学、情报学、金融学和会计学等学科的研究热点之一。但该领域的研究才刚刚兴起，仍存在许多亟待解决的问题。

（1）上市公司风险智能识别的研究仍处于起步阶段，系统性的体系和方法尚未形成

海量多源异构的数据资源中蕴含着巨大的价值，为上市公司风险识别带来了契机的同时也带来了巨大的挑战。针对传统的专家分析法、财务比率分析法、SWOT 分析法、KMV 模型等方法在上市公司风险识别中所存在的不足和局限，国内外的研究者们在将统计分析、数据挖掘、机器学习、文本分析

和深度学习等技术应用于上市公司风险识别的研究上进行了积极的探索和尝试。目前,绝大多数研究仍然停留在运用统计方法、数据挖掘和机器学习等技术来实现上市公司的破产预测、财务危机预测和信用违约预测等风险事件预测研究上;然而,上市公司风险识别的内容和内涵丰富,上市公司的风险事件预测只是其中一个重要的方面。当前的研究缺乏针对上市公司风险智能识别的整体和系统的架构设计,系统性的体系和方法尚未形成,突破性的成果仍然很少。

(2)将多种类型的非结构化文本数据应用于上市公司风险智能识别的研究仍然缺乏

目前,用于上市公司风险智能识别的数据源主要是上市公司的财务指标数据、公司治理数据、证券交易数据和宏观经济数据等结构化的数据。而非结构化的金融文本数据资源中包含了大量有关上市公司的过去经营成果、当前财务状况、未来发展前景及所面临的内外部风险等多个方面的重要信息。非结构化的金融文本数据不仅具有财务指标数据、证券交易数据等结构化的数据难以体现的丰富价值和内涵,而且还有助于提高对定量财务数据的理解。从国内外的相关研究发展现状来看,越来越多的研究者开始关注将上市公司的年报文本、新闻报道文本和股吧评论等非结构化文本数据应用于股票价格预测、公司业绩预测等任务中。也有少部分的研究者尝试将文本数据资源应用于上市公司风险智能识别研究中,但总体而言,这些研究还处于起步阶段,将多种类型的非结构化文本数据应用于上市公司风险智能识别的研究仍然缺乏。

(3)将机器学习和人工智能技术应用于上市公司风险智能识别仍然面临着重要的挑战

当前,上市公司风险智能识别研究主要关注于如何运用新兴的机器学习和人工智能技术或者改进现有技术来构建具有更高准确率和更低错误率的上市公司风险智能识别模型,而对于模型的实用性、透明性和可解释性的重视程度则明显不够。这导致了当前研究文献提出的上市公司风险智能识别模型大多是缺乏可解释性和透明性的黑箱模型,这些黑箱模型对于模型的输入数据和输出结果之间的交互和关系难以给出投资者、债权人和政府监管者等决策者所易于理解的解释,不能为管理决策提供模型透明化的分析过程及直观解释;这不仅使得上市公司风险智能识别模型的实用性降低,而且可能会导致决策者对模型的不信任。具有较高透明性和可解释性的模型不仅能够为决策者的上市公司风险智能识别提供直观可靠的决策依据,提高管理决策的效果并有效降低管理决策的风险;同时还可以抽取和发现与上市公司风险智能识别相关的领域知识,从而有助于丰富上市公司风险智能识别理论。

1.3 研究内容、方法、思路与创新

1.3.1 研究内容

本书将多源异构的数据资源应用于上市公司风险智能识别中,扩展上市公司风险智能识别的数据源的多维性;利用数据挖掘、机器学习、自然语言处理、语义网、深度学习、信息抽取、知识工程等多种智能化的手段,综合运用多个学科和领域的多种方法、技术与工具来实现上市公司风险因素智能感知、上市公司风险事件智能监测和上市公司风险事件智能预测。本书的主要研究内容如下。

(1)构建上市公司风险智能识别模型框架

本书对数据驱动的管理决策和科学研究的第四范式的基本思想进行阐述,对大数据环境下上市公司风险识别的数据资源及其特征进行分析,论述上市公司风险智能识别模型框架的构建原则。上市公司风险智能识别是一个典型的复杂系统工程,需要一系列的系统化过程和多种类型的资源相互协调、共同运转以完成和实现上市公司风险识别的任务,并以多种知识服务形式为决策者提供智能化的决策支持。本书以上市公司风险识别、人工智能、决策支持系统、知识组织和情报分析等领域的相关理论和方法为基础,基于霍尔三维结构的系统思想构建上市公司风险智能识别模型框架,并对模型框架中涉及的核心任务和目标、关键过程和步骤、重要资源和支撑进行详细的分析。

(2)上市公司风险因素智能感知

本书通过构建基于短语挖掘的上市公司风险因素智能感知模型,以帮助决策者清晰、直观、便捷地感受和认识上市公司的风险因素,提高决策者对上市公司风险因素的认识和理解。本书首先利用 N-Gram 算法从上市公司披露风险因素的文本信息中抽取和挖掘出候选短语,然后基于预先设定的语言学规则,以及互信息、左右信息熵和 C-value 公式等统计方法对候选短语进行筛选和过滤,构建可复用的短语知识库。以知识库中的短语为基础,利用

K-Means 聚类算法、共现分析和知识检索技术来实现文本数据的聚类挖掘、可视化分析和集成检索。使用中国 A 股医药制造类上市公司年报中披露的风险因素信息来验证本书构建的基于短语挖掘的上市公司风险因素智能感知模型，并基于 Lucene 全文检索引擎工具包和软件工程技术开发一个知识检索原型系统。

（3）上市公司风险事件智能监测

本书通过构建基于主题摘要的上市公司风险事件智能监测模型，以帮助决策者及时、动态、持续地跟踪和掌握上市公司风险事件的相关情况。本书首先基于种子情感词、Word2Vec 词向量模型和外部知识库，半自动构建面向金融领域的情感词典，然后利用构建的情感词典将与上市公司风险事件相关的临时公告和新闻报道提取出来；利用 LDA 模型和 BERT 模型来捕获和表示文本集合中各个句子的语义特征，并将获取到的句子语义特征进行融合；利用凝聚层次聚类算法对句子进行聚类，综合考虑文本的情感特征和事件特征来对句子的重要度进行计算，选取一定数量的句子形成上市公司风险事件的文本主题摘要。使用与长生生物疫苗事件相关的临时公告和新闻报道数据来验证本书构建的基于主题摘要的上市公司风险事件智能监测模型，并基于 JavaMail 应用程序接口和软件工程技术开发一个知识推送原型系统。

（4）上市公司风险事件智能预测

本书通过构建基于本体推理的上市公司风险事件智能预测模型，以帮助决策者预测上市公司未来是否会出现破产、财务危机和信用违约等重大风险事件。本书通过知识工程师从领域专家处和相关研究文献中获取领域知识来构建上市公司风险事件预测领域本体，利用文本分析技术实现非结构化文本数据的量化，并利用 CART 决策树算法从数据资源中抽取可解释的上市公司风险事件预测 IF-THEN 规则，并将抽取的规则与专家的领域知识进行有机融合，实现上市公司风险事件预测本体知识库的半自动构建；利用 Drools 规则推理引擎在本体知识库之上执行知识推理，从而实现上市公司风险事件的预测，并获得与预测结果相对应的解释。使用美国破产上市公司数据来验证本书构建的基于本体推理的上市公司风险事件智能预测模型，并基于 Jena 语义 Web 工具包和软件工程技术开发一个知识推理原型系统。

本书遵循上市公司风险智能识别模型框架中逻辑维所描述的思维程序和逻辑步骤，构建包含数据采集与数据预处理模块、知识获取与知识组织模块、知识利用与知识服务模块的基于短语挖掘的上市公司风险因素智能感知模型、基于主题摘要的上市公司风险事件智能监测模型和基于本体推理的上市公司风险事件智能预测模型。虽然3个模型均包含了3个相同的模块，但是各个模块各自有着自己的任务和特色，如基于短语挖掘的上市公司风险因素智能感知模型中，知识获取与知识组织模块的任务是抽取短语知识单元，而基于本体推理的上市公司风险事件智能预测模型中，知识获取与知识组织模块的任务则是构建本体知识库。

1.3.2 研究方法

根据研究目标与研究内容，本书采用的研究方法主要包括文献调研法与综合分析法、系统分析法与系统建模法、实验研究法与软件工程法。

①文献调研法与综合分析法。通过阅读大量国内外与上市公司风险智能识别相关的文献资料，密切跟踪该领域的研究动态和研究趋势，全面系统地对上市公司风险智能识别的相关文献资料进行归纳总结和综合分析。梳理和总结国内外该领域的研究成果与研究进展，明确本书要解决的研究问题，探寻上市公司风险智能识别研究可能的创新路径。

②系统分析法与系统建模法。本研究采用系统分析法来对大数据环境下，上市公司风险识别的数据资源及其特征，上市公司风险智能识别模型框架的构建原则及模型框架中涉及的功能要素和信息活动进行综合分析。利用系统建模法对上市公司风险智能识别中的核心任务和目标、关键过程和步骤、重要资源和支撑等进行抽象化和模型化，基于霍尔三维结构的系统思想构建上市公司风险智能识别模型框架。

③实验研究法与软件工程法。本书通过对国内外上市公司真实的多源异构数据的采集、分析和利用来验证本研究构建的模型的可行性与有效性，并对模型的输出结果进行分析和评价。本书还应用软件工程的方法，采用快速原型法开发知识检索原型系统、知识推送原型系统和知识推理原型系统，以多种知识服务形式为决策者提供多元化、智能化和便捷化的决策支持。

1.3.3 研究思路

本书按照提出问题—分析问题—解决问题的思路展开，总体的研究思路如图1.1所示。

1 引　言

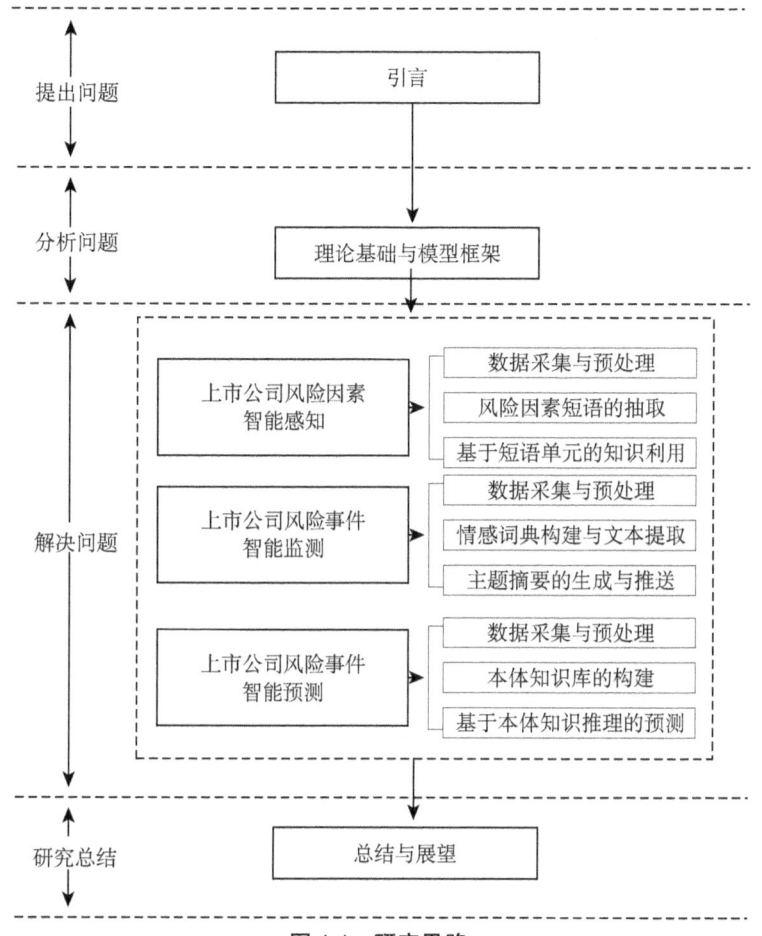

图 1.1　研究思路

在提出问题部分，本书对课题的研究意义和价值进行阐述，分析和梳理国内外的相关研究现状，探寻上市公司风险智能识别研究可能的创新路径；在分析问题部分，本研究根据相关文献和理论基础，借鉴霍尔三维结构的系统思想，构建上市公司风险智能识别模型框架；在解决问题部分，以上市公司风险智能识别模型框架为基础，实现基于短语挖掘的上市公司风险因素智能感知、基于主题摘要的上市公司风险事件智能监测及基于本体推理的上市公司风险事件智能预测。

本书利用国内外上市公司的真实数据来验证本书构建的模型的可行性和有效性，所用的数据主要包括上市公司年报中的风险因素文本，上市公司的临时公告文本、新闻报道文本，上市公司年报中的管理层讨论与分析文本、独立注册会计师事务所的报告文本、上市公司的财务指标数据和部分结构化的审计师意见指标数据。

1.3.4 研究创新

本研究的创新之处主要体现在以下 4 个方面。

①构建了上市公司风险智能识别模型框架。本书借鉴系统工程方法论中霍尔三维结构的思想，构建了包含任务维、逻辑维和资源维的上市公司风险智能识别模型框架，并利用国内外上市公司的真实数据对模型框架进行了验证。该模型框架聚焦于上市公司风险因素智能感知、上市公司风险事件智能监测和上市公司风险事件智能预测，以数据资源与知识资源、方法资源与模型资源、工具资源与平台资源为支撑，通过数据采集与预处理、知识获取与知识组织、知识利用与知识服务来识别上市公司的风险。为大数据和人工智能环境下的上市公司风险识别提供了整体系统的架构设计和切实可行的解决路径，丰富和发展了上市公司风险识别理论，拓展了上市公司风险识别的研究视角。

②提出了基于短语粒度的文本语义分析方法。为了帮助决策者清晰、直观地感受和认识上市公司的风险因素，本书将短语作为分析上市公司风险因素文本的语义粒度。相较于词而言，短语具有更为完整的语法和语义结构，可读性和可理解性更强，并且包含的语义语境信息也比词更加清晰、丰富和明确。本书将基于规则的方法和基于统计的方法相结合，从非结构化文本中挖掘出短语知识单元，然后以短语为基础，利用聚类分析、共现分析和知识检索等技术来实现文本数据的聚类、可视化和集成检索。

③提出了基于主题摘要的上市公司风险事件智能监测方法。本书通过抽取与上市公司风险事件相关的重要句子来生成风险事件各个内容主题下的文本自动摘要，从而实现上市公司风险事件的智能监测。本书构建并利用领域情感词典来提取与上市公司风险事件相关的文本数据，将通过多种语义分析模型获取的句子的语义特征进行融合，并在生成风险事件主题摘要的过程中综合考虑句子的情感特征和事件特征来计算句子的重要度。

④提出了融合专家领域知识的智能预测方法。为了增强智能预测方法分析过程的透明性和预测结果的可解释性，本书利用文本分析和机器学习技术从数据资源中挖掘 IF–THEN 规则，并将领域专家对规则的解释与 IF–THEN

规则进行有机融合，构建本体知识库；利用推理引擎对本体知识库进行知识推理，从而实现上市公司风险事件的智能预测，并获得与预测结果相对应的解释。本书揭示了上市公司破产预测所需的关键指标，共包含5个财务指标，1个管理层讨论与分析文本情感指标和1个审计师意见指标；发现管理层讨论与分析文本情感指标和独立注册会计师事务所的报告文本能够为上市公司破产预测提供增量的信息，从而提升破产预测的效果。

2 理论基础与模型框架

2.1 上市公司风险与上市公司风险识别

2.1.1 风险的定义与特征

1）风险的定义

政府文件、研究文献和日常生活中经常会使用风险一词,如在党的十九大报告中,风险一词一共出现了9次。风险(Risk)一词来源于意大利语中的Risco和法语中的Risque,产生于早期的航海贸易和保险业中,最初主要用于形容在海上航行的船舶可能遭遇暗礁或礁石的危险(薛晓源 等,2005)。《牛津词典》、《韦伯词典》、《新华词典》、《辞海》和《现代汉语词典》等国内外著名的词典对于风险一词的解释如表2.1所示。

表2.1 国内外著名的词典对于风险一词的解释

词典名称	对风险一词的解释
《牛津词典》	The possibility of loss, injury, or other adverse or unwelcome circumstance（发生损失、伤害、损害及其他不利情形的可能性）
《韦伯词典》	Possibility of loss or injury（遭到伤害、损害或损失的可能性）
《新华词典》	可能发生的危险或灾祸,在经济生活中特指投资和利润可能收不回来
《辞海》	人们在生产建设和日常生活中遭遇能导致人身伤亡、财产受损及其他经济损失的自然灾害、意外事故和其他不测事件的可能性
《现代汉语词典》	可能发生的危险

风险这一概念最初主要被用来描述自然风险,如今这一概念已经被广泛应用于政治、军事、经济、文化和社会等领域。尽管风险这一概念在各种

2 理论基础与模型框架

场合和情境下被广泛使用，但是学术界对于风险的概念还没有一个统一的定义。美国学者 Haynes 于 1895 年在其著作 *Risk as an Economic Factor* 中最早对风险这一概念进行了定义，他指出风险意味着发生损害或损失的可能性（Haynes，1895）。在此之后，保险学、金融学、经济学、精算学、社会学、统计学、审计学和管理科学等学科的研究者们对风险的概念进行了相应的研究和界定，出现了很多的理解和表述，其中具有代表性的观点如表 2.2 所示。

表 2.2 对于风险概念的代表性观点

作者和年份	对风险这一概念的观点
Willett（1901）	风险是不愿意发生的事件的不确定性
Knight（1921）	风险是可测定的不确定性
武井勋（1983）	风险是特定环境中和特定期间内自然存在的导致经济损失的变化
Cooper 等（1987）	风险是指从事某项特定活动过程中，由于不确定性而产生经济或财务损失、自然破坏或损伤的可能性
Williams 等（1989）	风险是在一定的条件下和一定的时期内可能产生结果的变动
Yates 等（1992）	风险是由潜在的损失、损失的大小及潜在损失发生的不确定性 3 个因素构成
Harrington 等（1998）	风险是相对于某个期望结果可能发生的变动情况
Crichton（1999）	风险是损失的概率
郭晓亭等（2004）	风险是风险构成要素（风险因素、风险事件和风险损失等）相互作用的结果
Campbell（2005）	风险是预期的负效用
Willis（2007）	风险是损失的期望值
Aven（2010）	风险是不利事件后果与对应不确定性的综合

也可以从一些政府部门和相关组织机构发布的文件中获取风险概念的定义。世界上第一个国家风险管理标准《澳大利亚—新西兰风险管理标准》（AS/NZS4360：2004）将风险定义为事项发生的可能性和对目标的影响。巴塞尔委员会（BCBS）于 2004 年颁布的《巴塞尔新资本协议》（Basel Ⅱ）将风险定义

为，由于可能的损失而导致预期收益的不确定性。美国反虚假财务报告委员会下属的发起人委员会（COSO）于 2004 年颁布的《企业风险管理—整合框架》，将风险定义为对目标产生负面影响的事项。国际标准化组织（ISO）于 2009 年颁布的风险管理标准《ISO/FDIS 31000 风险管理——原则和指引》，将风险定义为不确定性对目标的影响。2009 年颁布的中国国家标准《风险管理术语》（GB/T 23694—2009）将风险定义为某一事件发生的概率和其后果的组合。2013 年修订颁布的中国国家标准《风险管理术语》（GB/T 23694—2013）则将风险定义为不确定性对目标的影响。

总体而言，国内外的专家学者们主要从损失或者损害的可能性、损失的不确定性、实际结果与预期结果的离差、为目标实现带来负面影响的可能性及风险构成要素相互作用的结果这几个方面来对风险的概念进行定义。根据不同的标准与原则，可以从不同的角度来对风险进行分类，常见的风险分类如表 2.3 所示。

表 2.3 常见的风险分类

分类标准	风险类型
风险的性质	纯粹风险、投机风险
风险的程度	轻度风险、中度风险、高度风险
风险承受能力	可接受风险、不可接受风险
损失产生的原因	自然风险、法律风险、社会风险、政治风险、经济风险和技术风险等
风险发生的范围	局部风险、全局风险
风险作用的对象	人身风险、财产风险、责任风险和信用风险等
风险产生的环境	静态风险、动态风险
风险形成的原因	主观风险、客观风险
风险的存在方式	潜在风险、延缓风险、突发风险
风险控制的程度	可控风险、不可控风险
风险能否被分散	系统风险、非系统风险
风险责任的承担	国家风险、组织风险、个人风险

2）风险的特征

风险的特征主要包括客观性、普遍性、损失性、不确定性、可测定性和可变性（沈开涛，2015）。

①风险具有客观性。自然界的地震、台风、洪水等灾害及人类社会中的瘟疫、意外事故等风险是不以人的主观意志、愿望和偏好为转移的客观存在，而非人类头脑中的主观想象；无论人们是否认识或察觉，风险随时都可能会发生。风险存在于客观事物发展变化的整个过程中，任何事物都具有一定的风险性。风险的客观性要求人们应充分识别风险、分析风险、评估风险和管理风险，探索其发生的原理及规律。随着科学技术的进步和管理水平的提高，管理和控制风险的能力逐步增强，从而可在一定的时间和空间内改变风险存在和发生的条件，降低风险发生的频率和损失程度，使风险得到一定程度的控制。但完全避免风险和完全消除风险是不可能的，风险的客观存在决定了开展风险管理理论、方法和实践研究的重要性和必要性。

②风险具有普遍性。风险在任何时间、任何地点和任何条件下都存在。人类自出现开始，就面临着各种各样的风险。早在数千年前的原始社会时期，人类就面临着地震、洪水、海啸和台风等各种各样的自然风险的威胁。进入现代社会，科学技术水平和生产力的提高尽管在应对自然风险对于人类的威胁上发挥了十分重要的作用，但是也使得人类面临着更多前所未有的新风险，且风险事故造成的后果越来越严重及造成的损失也越来越大。例如，飞机在为人类生活带来交通便利的同时也给人类带来了因航空事故造成的财产损失和人身伤亡的风险；核能在缓解人类能源危机的同时，也为人类带来了核泄漏、核辐射和核污染等巨大的风险，1986年的切尔诺贝利核电站的核子反应堆事故导致900万人受到了不同程度的危害。无论是个人、组织还是国家都面临着各种各样的风险，风险的普遍性要求我们增强风险意识、注重防范风险。

③风险具有损失性。风险的发生不仅会对个人、组织和国家等主体造成威胁及导致潜在的利益损失，还可能会导致主体行动选择的非理性和资源配置的低效性。损失是风险发生的后果，这也是我们需要对风险进行研究的重要原因；若风险的发生并不会造成损失，对于风险识别、风险管理和风险控制等问题的研究则没有太大的实际意义。只要存在风险，就必然存在因风险而导致损失的可能性。人员的伤亡、社会生产力的破坏、经济价值的减少和社会财富的流失等都是风险可能导致的后果。风险造成的损失有的可以用货

币来衡量，如持有的股票由于价格下跌而导致的亏损；有的损失却无法用货币进行衡量，如地震的发生对人的精神所造成的创伤。与此同时，风险造成的损失有时是有形的，如机器的损坏、桥梁的坍塌和飞机的坠毁等；有的损失则是无形的，如名誉的受损、政府公信力的降低、国家政治权威的受损等。

④风险具有不确定性。风险的客观性决定了风险的发生及其造成的后果不以人的主观意志、愿望和偏好为转移。对于风险主体而言，风险是否会发生、风险在何时会发生、风险在何地会发生、风险以何种形式发生、风险所导致的损害程度及风险所造成的影响范围等都具有一定的不确定性。任何一种风险的发生，都是事物发展变化的过程中许多条件和不确定因素相互作用的结果，风险的影响因素较多而且关系错综复杂。风险的各种影响因素的复杂性、随机性、动态性、偶然性和模糊性决定了是否会发生风险、风险发生的时间、风险发生的位置、风险发生的形式、风险的影响范围和风险的损害程度。尽管科学技术的进步和管理水平的提高有效地提升了风险识别、管理和控制的能力，但是由于人类的认知能力有限，加之风险处在动态变化之中，对于风险因素及其关系并不能完全理解和全面掌握，一些看似无关紧要的因素也很可能会导致风险的发生。

⑤风险具有可测定性。虽然个别风险的发生具有偶然性与不可预知性，但是通过收集大量以往相关风险事故的数据，并对其进行观察研究、统计分析和数据挖掘，我们可以发现，总体而言，风险事故的发生往往呈现出一定的规律性，即随机现象大多也服从于某种概率分布。例如，某一个上市公司的破产看似是偶发和不可预知的，但是如果我们对大量破产上市公司的真实数据进行收集，并加以分析和挖掘，我们就能够发现一定的规律，如破产的上市公司往往存在资不抵债且长期亏损、现金流不足、财务造假、长期违法违规经营等情形。因此，我们可以根据以往大量的数据资料，利用概率论与数理统计、数据挖掘、机器学习和人工智能等技术来构建模型，从而为风险识别、风险评估等提供更加科学的决策依据。例如，保险公司通过对各个类别的人群的大量死亡记录数据进行统计分析，并根据精算原理等构建相应的模型来确定寿险的保险费率。

⑥风险具有可变性。世界上的任何事物都处于变动、变化和发展之中，事物之间及事物内部诸要素之间存在着相互影响、相互作用、相互依存和相互制约的关系。风险也会随着事物的变动而产生变化，在一定的条件下，风险会发生相应的转换。当决定风险的因素发生变化时，风险的性质、风险的

影响范围、风险的损害程度及风险的种类等都可能会发生相应的变化，同时还可能会出现新的风险。例如，新型冠状病毒肺炎疫情从发生到逐渐蔓延，其风险性质、影响范围和损害程度都在发生着巨大的变化。由于环境和条件的变化可能会改变风险原来的性质或者产生新的风险，因此风险的可变性这一重要特征决定了风险识别和风险分析工作是一项持续性、系统性和制度性的工作，要求情报分析人员和风险管理者需要持续不断地识别事物的风险，并密切关注原有风险的变化及可能出现的新的潜在风险。

2.1.2 上市公司风险

根据《中华人民共和国公司法》(2018年修正)，上市公司(Listed Company)是指股票在证券交易所上市交易的股份有限公司。由于上市公司通过证券市场向社会公众发行股票来筹集资金，其财产来自全社会，其投资者由成千上万的社会公众所构成，同时受到广泛的社会监督，因此上市公司在国际上也被称为公众公司(Public Company)。在中国，股份有限公司申请其股票上市必须在注册资金、股本总额、财务状况和公司治理等多个方面满足严格的要求；在美国，纽约证券交易所(NYSE)、纳斯达克证券交易所(NASDAQ)等对于申请股票上市的公司也有着各自的要求，具体包括市值、净资产、税前收入、公众持股数和股东人数等多个方面。上市公司是一类特殊的企业，有着企业的一般共性，也存在自身的特殊性。因此，我们首先需要对企业风险进行研究。

国内外的专家学者和有关组织机构基于风险的定义，对企业风险做出了较多的定义，其中比较典型的定义如下：Fiegenbaum 等（2004）认为，企业风险是指收入、利润和市场份额等企业经营业绩变量所发生的意外波动与意外变化；谢科范等（2004）提出的企业风险的三维说认为，企业风险是指由于企业外部环境的不确定性、业务活动的复杂性及实力与能力的有限性而导致企业生产经营失败的可能性；国际内部审计师协会（IIA）组织会计学、审计学领域多位著名的专家编撰的著作 *Research Opportunities in Internal Auditing* 中，将企业风险定义为有碍于实现组织目标的威胁因素；国有资产监督管理委员会（SASAC）于2006年印发的《中央企业全面风险管理指引》文件将企业风险定义为，未来的不确定性对企业实现其经营目标的影响。

综合国内外的专家学者、政府部门和相关组织机构对风险、企业风险的相关定义，本书将上市公司风险定义为：上市公司在生产经营的过程中，由于各种不确定因素和不利事件，从而有遭受损失的可能性。作为一个特殊的企业群体，上市公司除了面临着一般企业所面临的破产风险、信用风险、财务风险、政策风险、运营风险、管理风险、市场风险、人力资源风险、技术风险和战略风险等共性风险以外，还面临着强制退市风险、信息披露违规风险和股价暴跌风险等上市公司所特有的风险。与此同时，不同行业、不同规模、不同商业模式、不同业务性质、不同发展阶段、不同股权结构、不同财务状况和不同经营管理水平的上市公司所面临的风险也不尽相同。

2.1.3　上市公司风险识别

风险识别是风险管理过程中十分重要和关键的步骤，是对风险进行有效评估、控制和处理的前提和基础（Kasap et al., 2007；陈辰，2011）。美国、英国、澳大利亚、加拿大和日本等多个国家普遍认可和广泛采用的国际风险管理标准 ISO 31000：2009，将风险管理过程分为 5 个部分：沟通与协商、明确状况、风险评估（包括风险识别、风险分析和风险评价）、风险处理、监控与评审，如图 2.1 所示。

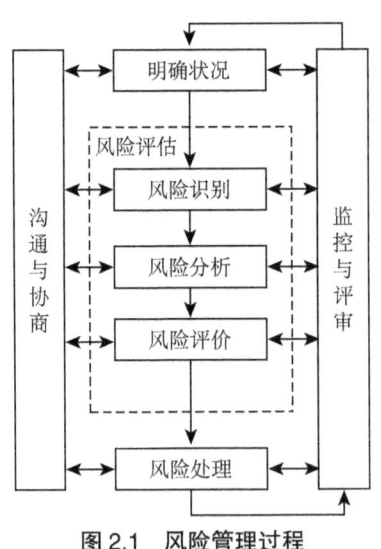

图 2.1　风险管理过程

虽然风险识别受到国内外多个领域的专家学者的广泛关注和重点研究，但是学术界对于风险识别这一概念尚未形成统一的定义。被各类文献材料所广泛引用的是国家风险管理标准《澳大利亚—新西兰风险管理标准》（AS/

NZS 4360：1999）和《国际风险管理标准》(ISO 31000：2009）这两个标准文件中对风险识别概念的定义。AS/NZS 4360：1999 文件将风险识别定义为确定会发生什么风险、为什么会发生风险及如何发生风险的过程。ISO 31000：2009 文件则将风险识别定义为发现、认识和描述风险的过程（Process of finding, recognizing, and describing risks）。

除此之外，国内外还有很多研究者对风险识别这一概念进行了定义，具有代表性的观点如下。Charette（1997）指出，风险识别可以被称作风险发现和风险说明（Risk Discovery and Elucidation），其主要目标是找出并确定可能存在的所有风险。Garvey（2008）认为，风险识别是风险管理过程中至关重要的一步，其目的是尽早并持续地识别工程系统项目内部风险和外部风险。Farahani 等（2011）认为，风险识别是找出公司所面临的风险的方法。Smith 等（2013）认为，风险识别是风险评估过程中的第一步，其重点是识别风险的来源和可能影响组织目标的潜在事件。Watson 等（2013）认为，风险识别旨在识别、分类和列出所有的风险、漏洞或威胁。Katsikas（2013）认为，风险识别的目的是确定什么事情会导致潜在的损失，并深入了解损失如何发生、在哪里发生及为什么会发生。为美国政府提供工程和技术指导的非营利性公司 MITRE，在其官网（www.mitre.org）上将风险识别定义为：确定可能阻止规划、企业或投资实现其目标的风险的过程。

邵辉等（2010）认为，风险识别是指运用有关的知识和方法，系统、全面地识别、预测经济单位面临的各种风险。吴同性（2012）认为，风险识别是对现实和潜在的风险进行鉴别的过程。谢非（2013）认为，风险识别是指运用有关的知识和方法，系统、全面和连续地发现风险管理单位面临的财产、责任和人身损失风险。王婧（2013）认为，风险识别是指及时发现各种风险信息，在风险刚出现或出现之前就提前识别的过程。李雯（2014）认为，风险识别是指风险因素和风险事件的认识和确立过程。武艳等（2016）认为，风险识别是指系统地、连续地发现企业所面临的风险类别、形成原因及其影响的行为。王清刚等（2016）认为，风险识别是发现、辨识和表述风险的过程。罗茜（2019）认为，风险识别是指发现和找出影响目标实现的风险因素和风险事件的过程。

我们可以从以下几个方面对风险识别的概念进行更加深入的理解（邵辉等，2010；谢非，2013）：首先，风险识别的目的是为了有效地发现风险、控制风险、处理风险和规避风险；其次，风险识别不仅是一项复杂的系统工程，同时也是一个长期、连续和反复作业的过程；再次，风险识别需要对目标对象的现实风险和潜在风险进行识别；最后，风险识别的原则主要包括科学性原则、全面性原则、实时性原则、系统性原则、重要性原则和经济性原则等。常用的风险识别方法主要包括问卷调查法、SWOT分析法、头脑风暴法、访谈法、现场调查法、流程图法、案例分析法等。风险识别的关键在于识别和找出各种风险因素与风险事件（梁展凡，2010；朱彤，2020）。同时，国内外的研究者们还指出大数据分析、机器学习、知识发现、文本挖掘和人工智能等技术是风险识别的重要手段（Alhawari et al.，2012；季闯，2016；Kou et al.，2019；王新浩，2019）。

基于国内外专家学者和相关风险管理标准文件对于风险识别概念的定义和理解，本书认为上市公司风险识别是指发现、认识和描述上市公司风险的过程，其核心和关键在于发现和找出上市公司风险因素和上市公司风险事件。其中，上市公司风险因素是指影响上市公司损失发生的可能性、频率和严重程度的不确定因素；上市公司风险事件是指直接导致上市公司损失发生的不利事件。

2.2 知识工程与机器学习

2.2.1 智能与人工智能

1956年，Minsky、McCarthy、Shannon和Rochester在达特茅斯（Dartmouth）大学组织了一场长达两个月的学术研讨会，与会人员包括计算机科学、神经学、信息学、心理学、数学和电气工程等多个领域的专家学者，如Solomonoff、Newell、Samuel和Simon等。在该学术研讨会上，正式采用了由McCarthy提议的"Artificial Intelligence"这一术语，并探讨了用机器来模拟人类智能的多个问题。达特茅斯会议标志着人工智能的正式诞生，在达特茅斯会议后的几十年间，人工智能的研究和应用飞速发展，政府机构也在人工智能技术的研发上投入了大量的资金。但是人工智能技术的发展也并非是一帆风顺的，例如，在20世纪70年代，人们对人工智能的过高期望与实际实施结果的不匹配导致了人工智能进入了寒冬期，Minsky对感知机缺陷的批评也导致连接主义领域的研究几乎中断了10年。近年来，计算能力的提高、机器学习技术的突破和大数据时代的到来使得人工智能技术取得了巨大的进步，

2 理论基础与模型框架

人工智能进入了爆发式发展阶段。谷歌公司研发的人工智能程序 AlphaGo 在人机对弈中成功击败围棋高手李世石和柯洁，体现了人工智能技术强大的学习能力与计算能力。

1）智能的定义

人工智能（Artificial Intelligence，AI）的目标是用人工的方法在机器（计算机）上实现人类的部分智能（张仰森 等，2008；王万良，2017）。因此，要研究人工智能的概念，我们首先需要对智能（Intelligence）这一概念进行探究。智能的本质、智能的产生、智能的内在机制、智能的模拟等问题一直都是哲学、神经科学、脑科学、信息科学等领域的研究者们所努力探索的问题，智能的产生被列为自然界的四大奥秘之一。近年来，脑科学、认知科学、神经心理学和神经生物学等领域的研究者们在各种高科技仪器和新兴技术手段的支持下，对大脑的结构和功能、大脑的网络属性、大脑与行为等问题开展了大量的研究，并有了初步的认识，但是对于神经系统的内部结构、神经系统的作用机制、大脑的功能原理等诸多的问题尚未研究清楚，还有待进一步的探索。因此，对智能这一概念很难做出确切的定义。

认知科学、脑科学、计算机科学和心理学等领域的专家学者们针对智能开展了大量的研究，并从各自的领域和视角对智能这一概念进行了定义，当前存在 70 种以上的智能的定义，常见的智能的定义和描述主要有（Legg et al.，2007）：①智能是获取和应用知识的能力；②智能是运用记忆、知识、经验、理解、推理、想象和判断来解决问题和适应新情况的能力；③智能是从巨大的搜索空间中快速地找到合适的解决方案的能力；④智能是学习、理解和推理的能力；⑤智能是理解复杂思想、有效适应环境、从经验中学习、进行各种形式的推理、通过思考克服障碍的能力；⑥智能是有效地适应环境的能力；⑦智能是解决复杂问题的能力；⑧智能是包括计算、推理、类比、分类、概括、抽象思考、流利使用语言、快速学习、理解复杂思想、储存和检索信息、解决问题的心智能力；⑨智能是最优地利用有限资源来实现目标的能力。对于智能的研究还形成了多种观点流派，影响较大的观点主要包括：认为智能源于大脑思维活动的思维理论；认为智能行为取决于知识的数量及其搜索和运用的知识阈值理论；认为智能是由系统总的行为及行为与环境的联系所决定的进化理论。当前，国内外的研究者们主要从计算能力、判断能力、理解能力、推理能力、逻辑能力、学习能力、记忆能力、思考能力、思维活动、创造能力、知识获取和运用能力、情感能力、问题解决能力、自我意识、环境适应能力等多个方面来对智能进行研究。

2）人工智能的概念和研究学派

目前对于人工智能的概念有着较多的定义，常见的经典定义主要有两个：第一个定义是人工智能先驱 Minsky 提出的，他将人工智能定义为一门让机器完成那些人需要智能才能做的事情的科学；第二个定义是人工智能领域领军人物 Nilsson 提出的，他认为人工智能是关于知识的表示、知识的获取及知识的运用的科学。前一个定义中涉及智能这个关键的概念，但是何为智能这个问题到目前为止还依旧很难回答；而知识的概念相较于智能这个概念其研究较为清楚和彻底，同时，智能的定义也与知识紧密相关，且知识是智能的基础，因此专业人士往往更加倾向于采用斯坦福大学人工智能研究中心 Nilsson 教授对人工智能的定义（李德毅 等，2018）。从实用的观点看，人工智能是一门知识工程学，主要研究以知识为核心的知识获取、知识表示和知识利用（张仰森 等，2008）。人工智能对人类社会产生了重大的影响，并且随着人工智能技术的发展，其影响将不断扩大。目前，国内外的研究者们已经将人工智能技术广泛地应用于机器人、机器翻译、机器视觉、信息检索、图像识别、自动问答、语音识别、无人驾驶、人工生命等诸多的领域。

目前，人工智能的研究主要包括符号主义（Symbolism）、连接主义（Connectionism）和行为主义（Actionism）三大学派。符号主义人工智能的主要原理是 Newell 和 Simon 提出的物理符号系统假说（Physical Symbol System Hypothesis，PSSH），该假说认为智能的许多方面都可以通过符号操作来实现。符号主义人工智能将人类的知识转化为使用符号和规则进行操作的显性形式，并在此基础上进行运算、搜索和推理，从而实现问题的求解。符号主义学派的主要代表人物有 Simon、McCarthy、Newell、Feigenbaum、Minsky 等，知识工程、专家系统是该学派的代表性研究成果。连接主义人工智能的主要原理是通过人工神经网络来模拟大脑在神经层面的工作机制和思维过程从而实现智能。连接主义人工智能主张将大量神经元进行连接，构建形成神经网络，并基于网络连接机制和学习算法以实现高层次的行为和认知系统。连接主义学派的主要代表人物有 Rumelhart、Pitts、McCulloch、Kohonen、Hopfield 等，BP 神经网络、MP 神经元模型、深度学习模型是该学派的代表性研究成果。与建立在人类思维模式基础之上的符号主义人工智能和连接主义人工智能不同，行为主义人工智能起源于控制论，主要从智能行为及其进化过程的视角来研究人工智能。行为主义人工智能主张在主体与外部环境相互作用的基础上，通过对环境反馈的自主感知和做出适当的行为来实现智能。行为主义学派的代表人物有 Brooks、Meyer、Wilson、Cliff 等，包容架构理论框架及在该理论指导下制造的六足智能机器人 Genghis 是该学派的代表性研究成果。

3）数据、信息、知识与智能之间的关系

数据、信息和知识是3个层次的概念（张仰森 等，2008）：有格式的数据经过处理、解释会形成信息，而把有关的信息关联到一起，经过处理就形成了知识。知识是用信息表达的，信息则是用数据表达的，这种层次结构不仅反映了数据、信息和知识的因果关系，也反映了它们不同的抽象程度。

人类智能是指人类所具有的智力和行为能力。智力是获取知识并运用知识去解决问题的能力，行为能力是对感知到的外界信息做出动作反应的能力（张仰森 等，2008）。人工智能是用人工的方法在机器上实现的智能，或者是使用机器模拟人类的智能。

2.2.2 知识工程与专家系统

1）知识工程的核心方法技术

知识工程（Knowledge Engineering，KE）是人工智能研究中的重要领域之一，由斯坦福大学的计算机科学家 Feigenbaum 在1977年的第五届国际人工智能联合会议（IJCAI）上提出。知识工程利用人工智能的原理和方法将知识集成到计算机系统中，并通过构建、利用和维护基于知识的系统来解决那些通常需要专家知识才能解决的复杂问题。知识工程在获取知识的基础上，以规范化和形式化的方式对知识进行组织，构建有效的知识库系统，从而使得计算机能够对知识进行理解、推理和利用，最终完成智能的实现和实际问题的解决。知识工程自 Feigenbaum 教授提出以来，引起了国内外研究者的广泛关注，被广泛应用于自动问答、智能推荐、语义检索等领域中。除此之外，知识工程还在人工智能技术的产业化应用中取得了一定的成功，例如，谷歌公司用于提升搜索引擎智能化水平和改善搜索质量的知识图谱（Knowledge Graph）的关键技术之一就是知识工程。

与知识工程相关的核心方法和技术主要包括：①知识获取。将领域专家头脑中存在的知识、文献资料中记载的知识及数据信息中隐含的知识移植到计算机中，知识获取的方法包括知识工程师通过专家咨询、问卷调查等方式手工获取领域知识，以及利用智能知识编辑程序、文本挖掘和机器学习等技术半自动或者自动获取领域知识。②知识表示。利用适当的知识表示方法对获取到的知识进行建模，将知识形式化编码为计算机能够理解和操作的数据结构；常用的知识表示方法包括一阶谓词逻辑、产生式规则、语义网络、本体、框架、脚本、状态空间、面向对象、人工神经网络和贝叶斯网络等。③知识应用。通过知识浏览、知识检索、知识推荐、知识推理等方式对计算机中存储的知识进行有效利用，为实际问题的解决提供知识支持和知识服务，并推动知识共享和知识创新。

2）专家系统的结构

专家系统（Expert System，ES）是运用领域专门知识和知识推理来模拟人类专家解决复杂应用问题的计算机智能程序。Feigenbaum 于 1965 年左右将专家系统引入斯坦福大学启发式编程项目中，并研发了世界上第一个专家系统 DENDRAL，用以辅助化学家识别和判断未知的有机分子结构。与过去集中于启发式计算方法和试图解决通用问题的人工智能研究不同，Feigenbaum 认为智能系统从知识当中获得解决问题的强大能力，而非具体特定的形式化理论（Formalisms）和推理模式（Inference Schemes）。Feigenbaum 对于专家系统的论断和研究为人工智能技术走向实际应用开辟了道路，因而 Feigenbaum 也被誉为"专家系统之父"。20 世纪 80 年代，专家系统技术迅速发展，成为人工智能领域研究的焦点和最成功的方向之一，并被广泛应用于产业化实践中，产生了巨大的社会效益和经济效益。据统计，当时有一半以上的世界 500 强企业将专家系统技术应用于日常商业活动中，卡内基梅隆大学为美国 DEC 公司研发的用于制定计算机配置方案的 XCON 专家系统，每年能够为公司节省 4000 万美元。国内外的研究者们还针对医疗、工业、农业和商业等具体的应用领域研发了相应的专家系统，例如，美国斯坦福大学研发的用于血液感染病诊断和药物选用的 MYCIN 系统、中国科学院研发的关幼波肝病诊断与治疗专家系统等。

典型的专家系统结构主要包括知识获取（Knowledge Acquisition）、知识库（Knowledge Base）、推理机（Inference Engine）和人机接口（User Interface）等 4 个基本模块（张文宇 等，2015；陈文伟 等，2016），如图 2.2 所示。其中，知识获取主要将专家的领域知识进行收集、整理和转换，并借助一定的知识表示方法将其输入到专家系统的知识库中。知识库中存储的知识的质量、完整性和准确性直接决定了专家系统的效果，因此知识获取模块在专家系统结构中有着十分重要的地位，该模块需要知识工程师综合利用专题面谈、案例分析、问卷调查、口语记录分析和文献资料研读等方法从领域专家处和文献资料中获取领域知识。知识库及其管理系统需要对知识获取模块得到的用于解决领域问题的各种知识进行有效的存储与管理，这些领域知识主要包括事实性知识及以 IF-THEN 形式表达的规则性知识。人机接口主要为用户与专家系统之间的交互提供通道，由于专家系统的用户可能并不是计算机科学和人工智能方面的专家，因此人机接口需要借助对话框、下拉列表、图形菜单和功能按钮等形式为用户提供友好的人机交互界面。推理机及其控制系统则根据用户的问题和需求对知识库中的知识进行搜索和推理，求解用户的领域问题并得出结论。

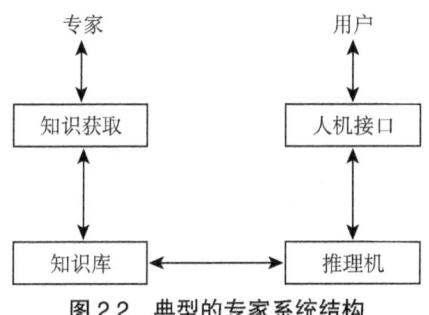

图 2.2　典型的专家系统结构

2.2.3　知识组织理论与方法

1）知识组织与知识服务

知识组织（Knowledge Organization）是图书馆与信息科学（LIS）学科中一个非常重要的研究领域，知识组织的概念最早是由书目分类法（Bibliographic Classification）的编制者、美国著名的图书馆及分类学家 Bliss 在其著作 *The Organization of Knowledge and the System of the Sciences*、*The Organization of Knowledge in Libraries* 中提出。知识组织有狭义和广义之分：狭义的知识组织主要停留在文献组织的层面上，是指图书馆、档案馆等机构的工作人员通过手工或者借助于计算机，对文献的描述、分类、标引、索引、编目和摘要等活动（Hjørland，2008）。而广义的知识组织则是指根据一定的原则与方法，对知识客体所进行的诸如整理、加工、揭示、控制等一系列组织化活动与过程，从而将无序、分散的知识变得有序、集中，以便于知识的提供、利用和传播。

知识服务（Knowledge Service）是指为用户提供解决问题所需知识的服务。传统的知识服务主要通过领域专业人员以手工的方式进行，例如，咨询公司提供的管理咨询、工程咨询、政策咨询和技术咨询等咨询服务，通过对客户问题领域的相关数据和信息进行广泛的收集、处理，并结合领域专家的知识、经验等，以行业调研报告、技术报告、项目建议书、规划设计、实施方案、对策建议、企业战略诊断报告等形式为用户提供服务。大数据和智能时代，知识服务的内涵、模式和方式发生着巨大的变化，国内外的研究者们开始尝试利用迅速发展的数据挖掘、机器学习、自然语言处理、人工智能等技术来对数据资源进行分析和挖掘，并利用与知识组织相关的方法、技术和工具来对知识资源进行组织，并以知识导航、知识推荐、知识推理、知识问答和知识检索等多种方式半自动或者自动地为用户提供知识。

知识组织与知识服务最初主要用于图书馆领域。例如，图书馆的工作人员使用中国图书馆分类法、汉语主题词表、中国分类主题词表等对文献资源进行加工和整理，从而使得读者能够快速、准确地找到所需的文献资料；图书馆的学科馆员和咨询馆员为教师、科研人员等用户提供的科技查新、论文查收查引和学科服务等。如今，国内外的专家学者们积极地将与知识组织和知识服务相关的理论、方法、技术和工具应用于金融、医疗、政府、农业和电子商务等领域，以应对大数据环境所带来的巨大挑战。Kozaki等（2017）利用本体和关联数据技术来实现医学知识资源的组织，并开发了一个疾病知识导航系统，该系统能够以知识导航、知识检索等方式为临床医生和医学专家等用户提供知识服务，辅助其快速、有效地掌握疾病的起因、疾病的进展和疾病的后果。

2）知识组织方法与工具

图书馆与信息科学领域存在着诸多的知识组织方法，多达数十种（常娥等，2016）。根据不同的标准和角度，知识组织方法有着不同的分类。蒋永福等（2001）对知识组织方法进行了系统的总结和归纳，认为知识组织方法主要有如下7种：对知识因子和知识关联进行表示的知识表示，如逻辑表示法、产生式规则表示法、分类标引法和主题标引法等；在结构上对知识因子和知识关联进行重新组合的知识重组，如主题索引、分类索引等；将知识按照学科、主题概念、时空等聚类标准进行类集和序化的知识聚类；对知识进行存贮和检索的知识存检；对知识进行搜集、整理、加工制作等编辑活动的知识编辑；对知识资源进行调配和布局的知识布局；按照思想、法律和标准等对知识主体进行限定和监督的知识监控。

常用的知识组织方法主要包括分类法、主题法、分类主题一体化法、聚类法、引用组织法、文摘组织法、知识表示法、知识重组法、元数据、本体、超文本、主题树、主题图、概念图、搜索引擎、语义网络、知识地图等。与此同时，随着计算机和信息技术的不断进步，以及具有不同形态和特征的各种知识资源的不断涌现，知识组织方法也在不断发展；近些年出现的知识组织方法主要包括社会网络分析（Social Network Analysis）、关联数据（Linked Data）、分众分类（Folksonomy）、知识图谱（Knowledge Graph）等。知识组织工具主要可以分为如下三类（谢靖 等，2013）：基础知识与知识架构类工具、知识关系建立类工具、知识处理及展现类工具。常用的知识组织工具主要有中国图书馆分类法、汉语主题词表、Protégé、Jena、CiteSpace、Ontopia、UMLS、Stanford Parser、ICTCLAS、Jieba、Gensim、Weka、Scikit-Learn、哈工大 LTP、Pajek、VOSViewer、Gephi 和 Ucinet 等。

2.2.4　机器学习与深度学习

1）机器学习的简单模型和算法

机器学习（Machine Learning，ML）是人工智能研究中一个十分重要的分支，是计算机科学、数据科学和统计学等的交叉领域，主要研究如何使无须显式化编程（Explicitly Programmed）的计算机能够像人类一样学习和行动。人类通过学习这一基本的智能活动来获取知识、发现规律、积累经验和增进智慧，从而能够更好地适应环境。计算机则通过学习过程来从数据中获得一定的模式、规律和知识，从而改善计算机系统自身的性能。机器学习具有广阔的发展前景，被国内外的许多研究者认为是能够让机器达到人类智能水平的最佳途径之一。自 20 世纪 80 年代以来，机器学习技术在理论研究和实际应用上都取得了巨大的进展和突破，如今已经被广泛应用于语音识别、图像分类、机器翻译、自动驾驶和网络搜索等领域。

机器学习的简单模型主要由环境、学习单元、知识库和执行单元等 4 个部分所组成（史忠植，2011），如图 2.3 所示。学习单元利用一定的学习算法对环境提供的外界信息进行处理，并根据学习算法的特点将学习的结果表示为 IF-THEN 规则、经过拟合的神经网络模型等适当的形式，形成知识库；执行单元则基于知识库来完成特定的任务，并将执行结果反馈至学习单元。

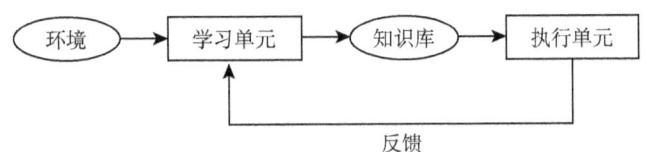

图2.3 机器学习的简单模型

机器学习领域的研究问题主要包括探究人类学习和认知机制、设计机器学习算法模型及根据实际需求研发机器学习应用系统。根据学习的范式和任务的不同，通常可以将机器学习算法分为有监督学习、无监督学习、半监督学习和强化学习4类。①有监督学习（Supervised Learning）指在已标注的数据集的基础上进行训练和拟合，最终得到一个输入特征与输出结果之间的映射模型。大部分机器学习算法都是有监督学习，常用的有监督学习算法包括人工神经网络算法、支持向量机算法、决策树算法、K最近邻算法和朴素贝叶斯算法等。②无监督学习（Unsupervised Learning）在未经标注的数据集上进行训练和拟合，从而挖掘出数据中隐含的结构和模式。无监督学习还可以用于探索性的数据分析，以发现对分类等有用的特征。常用的无监督学习算法包括PCA降维算法、K-Means算法、DBSCAN算法、SOM算法等。③半监督学习（Semi-Supervised Learning）介于有监督学习和无监督学习之间，将已标注数据和未标注数据相结合来训练机器学习模型。常用的半监督学习算法包括Self-Training算法、Co-Training算法、直推式支持向量机算法等。④强化学习（Reinforcement Learning）能让智能体在奖励最大化或风险最小化的目标下，以迭代的方式不断地从交互的环境中学习。强化学习常被用于寻找特定情况下应当采取的最佳行为或路径，常用的强化学习算法包括Q学习算法、时序差分算法、SARSA算法等。

2）深度学习技术

深度学习（Deep Learning，DL）是基于人工神经网络的机器学习的一个子领域，指具有多层非线性处理单元的神经网络。深度学习、机器学习和人工智能三者之间的关系如图2.4所示。深度学习受到人类大脑在没有外部专家介入情况下识别和记忆信息的过程与机制的启发，使用多个连接层来学习数据表示和提取数据中的复杂的层次结构特征，将输入数据转换成能够预测相应输出的更高层次和更加抽象的特征表达，并通过调节深度神经网络中各层的参数来自动学习从输入到输出的映射。常用的深度学习模型主要包括循环神经网络（RNN）、卷积神经网络（CNN）、深度信念网络（DBN）、长短时记忆网络（LSTM）、深度自编码器（DAE）等。深度学习代表了机器学习新的研究和发展方向，极大地推动了机器学习和人工智能技术的产业化应用。深度学习技术在语音识别、图像分类、机器翻译、无人驾驶、药物发现、生物信息学、医学图像分析、推荐系统和自然语言处理等领域的应用中表现出了卓越的性能，甚至在一些评测任务上取得了与人类专家相媲美甚至超越人类专家的优异成绩。

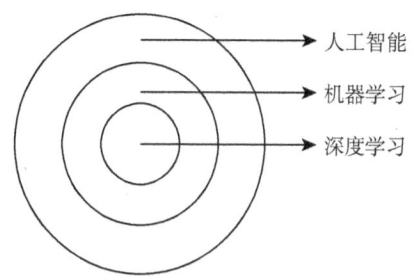

图2.4　深度学习、机器学习与人工智能之间的关系

2.2.5　智能决策支持

（1）决策支持系统的框架结构

决策支持系统领域的先驱Keen和Scott Morton于20世纪70年代提出将计算机技术、信息技术和仿真技术等引入管理与决策活动中，这优化了传统的管理和决策模式，计算机和信息技术手段支持下的决策研究也成为计算机科学、管理科学与工程、情报学等学科的热点研究领域。美国麻省理工学院的Keen和Scott Morton认为，决策支持是用计算机来达到以下目的（Keen et al., 1978）：帮助决策者在非结构化任务中做出决策；支持决策，而非代替决策者的判断力；改进决策的效能而不是提高它的效率。

美国麻省理工学院的Scott-Morton教授在1971年发表的著作 *Management Decision Systems: Computer-based Support for Decision Making* 中阐述了计算机对于决策的重要支持作用，并首次提出了决策支持系统（Decision Support System，DSS）的概念。Keen和Scott Morton于1978年发表了第一部有关决策支持系统的著作 *Decision Support Systems: An Organizational Perspective*。自20世纪70年代开始，计算机科学、管理科学和信息系统等领域的研究者们对决策支持系统开展了大量的研究，如今决策支持系统技术已经被广泛地应用于医疗、农业、工业、能源、环境、交通、水利和商务等领域中，产生了巨大的经济效益和社会效益。

研究者们对决策支持系统这一概念也有着诸多的定义，具有代表性的定义如下。Keen 等（1978）认为，决策支持系统是帮助决策者处理半结构化问题的基于计算机的支持系统（Computer-Based Support System），该系统能够实现个人的智力资源与计算机的能力的结合，从而提高决策的质量。Mann 等（1984）认为，决策支持系统是一个为用户提供方便的数据和模型，以支持半结构化和非结构化决策任务的交互系统（Interactive System）。Bidgoli（1989）认为，决策支持系统是由硬件、软件和人组成的用于帮助组织的决策者解决半结构化和非结构化任务的基于计算机的信息系统（Computer-Based Information System）。Sprague 等（1996）将决策支持系统定义为通过数据和分析模型（Data and Analysis Models）的直接交互来帮助决策者解决结构不良问题的基于计算机的系统（Computer-Based System）。Turban 等（2005）认为，决策支持系统是将模型和数据结合在一起，来解决具有广泛用户参与的半结构化和非结构化问题的基于计算机的信息系统。

总而言之，决策支持系统是以管理科学、计算机科学、统计学、运筹学和行为科学等学科为基础，以计算机和信息技术为手段，充分利用数据、方法、模型和知识等决策资源来支持决策活动的人机系统。决策支持系统领域的先驱、麻省理工学院的 Keen 和 Scott Morton 认为，决策支持系统（DSS）通过快速发展的计算机和信息技术来建立系统（System），不断扩展支持（Support）能力，从而达到更好地辅助决策（Decision）的目的。一般来讲，决策支持系统可以分为个体决策支持系统、群体决策支持系统、分布式决策支持系统、智能决策支持系统、决策支持中心等几类；按照决策支持的方式不同，决策支持系统也可分为数据驱动的决策支持系统、模型驱动的决策支持系统、知识驱动的决策支持系统、通信驱动的决策支持系统及基于 Web 的决策支持系统、基于仿真的决策支持系统、基于地理信息的决策支持系统等（谭跃进 等，2015）。

Sprague 提出的三部件结构和 Bonczek 等提出的三系统结构是对决策支持系统发展影响最大的两种结构形式（陈文伟，2017）。除此之外，四库系统结构也是当前决策支持系统的主流和经典的框架结构。

1）三部件结构

美国夏威夷大学的 Sprague 教授在管理信息系统领域的国际顶级期刊 MIS

Quarterly 上发表的文章"A Framework for the Development of Decision Support Systems"中提出了决策支持系统的三部件结构,如图 2.5 所示。

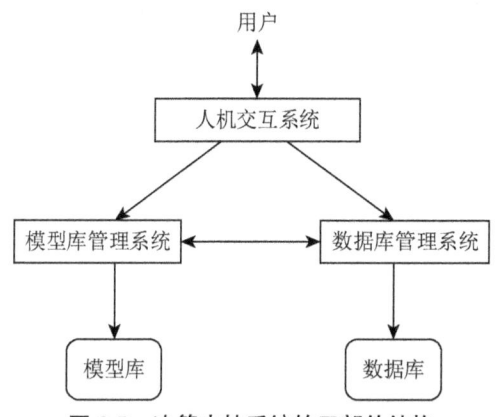

图 2.5　决策支持系统的三部件结构

三部件主要包括对话部件、数据部件和模型部件,分别为图 2.5 中的人机交互系统、数据库及数据库管理系统、模型库及模型库管理系统,这 3 个子系统有机结合形成了决策支持系统。三部件结构中的对话部件主要完成用户与决策支持系统之间的交互和输入输出转换,该子系统负责接收用户的请求,并控制决策支持系统的有效运行,将系统运行后产生的结果以一定的显示形式和对话形式提供给用户。数据部件负责决策支持系统中数据的存储、管理及不同数据源之间的相互转换,该子系统利用数据库来实现数据的存储,采用关系模式、层次模式、网络模式等来表示数据之间的联系和实现数据的有效组织;并通过添加、查询、删除、修改等数据库操作来对数据进行管理。模型部件负责存储和管理决策支持系统中以语句、程序等形式表示的模型,该子系统需要根据用户的问题和需求对模型进行选择、调用和组合,并通过添加、查询、删除、修改等操作实现对模型的有效管理。

2)三系统结构

美国普渡大学的 Bonczek 等在决策支持系统领域具有较大影响力的著作 *Foundations of Decision Support Systems* 中提出了决策支持系统的三系统结构,如图 2.6 所示。

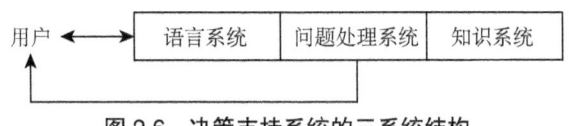

图 2.6　决策支持系统的三系统结构

三系统分别为图 2.6 中的语言系统（Language System）、知识系统（Knowledge System）和问题处理系统（Problem-Processing System）。三系统结构中的语言系统是决策支持系统提供给决策者所有语言能力（Linguistic Facilities）的总和，包含检索语言（Retrieval Languages）和计算机语言（Computational Languages）；该子系统是用户与决策支持系统对话及通信的工具，为用户提供了描述决策问题的可允许的语句、命令或表达式。知识系统需要对决策问题相关的领域知识进行系统化的建模、表示和组织，并以数据文件、数据库等形式来存储问题领域的事实性知识、过程性知识和产生式知识等多种类型知识。问题处理系统利用语言系统对用户的实际问题进行形式化描述，确定相应的问题解决方法、途径和过程，并基于知识系统中存储的领域知识来完成实际问题的求解以实现决策支持。

3）四库系统结构

在随后的决策支持系统的研究中，国内外的专家学者们在 Sprague 提出的三部件结构和 Bonczek 等提出的三系统结构的基础上，形成了决策支持系统的四库系统结构，以提高决策支持系统的效果和功能（陈文伟，2017）。决策支持系统的四库系统结构如图 2.7 所示，四库系统分别为数据库管理系统、模型库管理系统、方法库管理系统和知识库管理系统。当前，比较典型的提法是决策支持系统 = 四库系统 + 人机交互系统（邓苏 等，2009）。如今，四库系统结构已成为大多数决策支持系统所采用的经典和通用的框架结构（刘博元 等，2011；陈娟，2017）。

四库系统中的数据库管理系统主要完成数据的存储、处理、管理与维护，以及一系列复杂的数据转换操作以支持模型库、知识库和方法库的运行。模型库管理系统需要灵活地对模型进行存储、控制和管理，同时模型库管理系统还需要完成与人机交互系统、数据库管理系统、方法库管理系统和知识库管理系统的交互以协作完成决策支持系统的任务。方法库管理系统主要对决策支持系统中的预测方法、优化方法、评价方法和分析方法等常用的方法进行调用和维护，由于方法库和模型库在本质上是一致的，因此有的决策支持系统也将方法库并入模型库。知识库管理系统需要对与决策问题相关的事实性知识、过程性知识和产生式知识等多种类型的知识进行有效的获取、组织、存储与管理,从而为领域问题的解决提供充分的知识资源。人机交互系统则完成用户与决策支持系统之间的通信和交互,并将决策支持系统运行后产生的结果以多种形式提供给用户。

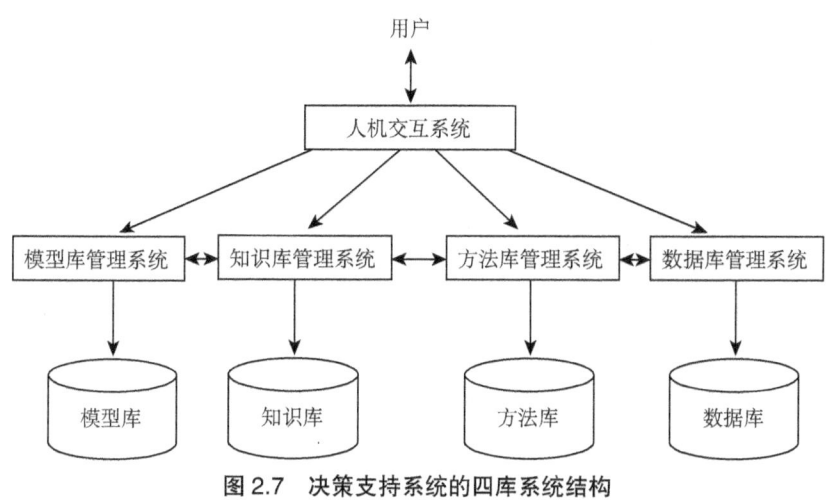

图2.7 决策支持系统的四库系统结构

（2）智能决策支持系统

智能决策支持系统（Intelligent Decision Support System，IDSS）指广泛使用人工智能技术的决策支持系统（Kaklauskas，2015）。智能决策支持系统将传统的决策支持系统与人工智能技术进行融合和集成,从而提高了辅助决策的能力（张文宇 等，2015）。数据挖掘、机器学习、自然语言处理、深度学习、Agent技术、模式识别、模糊逻辑、知识工程、强化学习、语义网、语义分析、粗糙集、进化计算和信息抽取等人工智能技术的快速发展为决策支持系统的研究和应用注入了新鲜的血液,能够极大地提升决策支持系统的智能化水平和决策支持能力,同时也为大数据环境下的决策支持系统实现多源异构数据的分析、挖掘与利用提供了有效的方法与技术手段。

近年来,随着大数据、云计算、人工智能和决策支持系统等技术的迅速发展,智能决策支持系统的相关研究取得了巨大的进展,并被成功地应用于疾病诊疗、机器故障检测、突发事件应急管理等领域中,提高了决策支持的智能化水平,并产生了显著的经济价值。例如,在医疗健康领域,各种智能决策支持系统已经被研发出来并走向了实际的应用，这些智能决策支持系统在疾病临床诊断、治疗方案评估、患者预后判断、个性化药物推荐、药物不良反应发现及患者再入院风险预测等多个方面发挥着十分重要的作用。广泛应用各种人工智能技术的智能决策支持系统是发展的重要趋势，同时也是决策支持系统发展的高级阶段。智能决策支持系统如今已成为计算机科学、管理科学与工程、医学信息学和情报学等学科的热点研究领域之一。

智能决策支持系统的主要特征如下（张文宇 等，2015）：①智能决策支持系统以大量的数据、信息和知识为基础，其核心是知识和知识处理；②能够综合运用数据挖掘、机器学习、知识工程和自然语言处理等多种人工智能技术来辅助决策；③能够将定量分析和定性分析相结合及实现数据、模型、知识和方法等的系统集成；④通过对数据资源进行分析和挖掘以辅助决策者做出更好的决策；⑤具有良好的集成性、灵活性、开放性和快速响应性；⑥具有友好的人机交互接口。智能决策支持系统的研究和发展趋势主要包括注重人机交互的友好性，加强多源异构数据资源的深度分析与挖掘，综合运用多种人工智能技术以提升系统的智能化水平，实现多种方法、技术和工具的综合集成应用，从而有效提高智能决策支持系统的实用性、智能性、交互性、集成性和可扩展性。

2.3 文本语义信息及其挖掘方法

2.3.1 语义信息与文本语义信息

按照哲学中的主客体范畴与认识论，可以将信息分为本体论信息和认识论信息两个层面（钟义信，2013）：事物的本体论信息是指事物所呈现的运动状态及其变化方式；主体关于事物的认识论信息是指主体所表述的事物运动状态及其变化方式，包括运动状态及其变化的外在形式、内在含义和效用价值。事物的本体论信息与认识主体的存在与否无关，而主体关于事物的认识论信息则与认识主体密切相关。很显然，人类通过各种符号、语言、声音、文字、图形、信号、图像和视频所表达的信息属于认识论信息。

信息科学领域把同时考虑事物运动状态及其变化方式的外在形式、内在含义和效用价值的认识论信息称为"全信息"（钟义信，2013）。全信息是语法信息、语义信息和语用信息的三位一体：其中，语法信息是指主体所表述的事物运动状态及其变化方式的外在形式,是全信息中考虑形式因素的信息;语义信息是指主体所表述的事物运动状态及其变化方式的内在含义,是全信息中考虑内容因素的信息;语用信息是指主体所表述的事物运动状态及其变化方式对主体目标而言的效用价值,是全信息中考虑效用因素的信息。这3个层次的信息具有递进的关系,即语法信息是语义信息的基础,而语义信息是语用信息的基础。

从全信息的3个层次进行分析,可以发现信息与通信工程、数据挖掘、信息经济学等领域研究的侧重点有所不同(王艳霞,2007):信息与通信工程、控制科学等领域侧重于研究信息运动的外在形式,即"语法信息";数据挖掘、情报检索、文本分析等领域侧重于研究分析、挖掘和理解信息内容及其内在的含义,即"语义信息";信息经济学领域则侧重于研究信息的经济现象及其运动变化特征,探究信息的效用和价值问题,以及分析信息存在与信息流运动有关的成本与收益,研究的是"语用信息"。

根据信息科学领域对认识论信息、全信息和语义信息的定义和研究,可以给文本语义信息下一个定义,即文本语义信息是指作为认识主体的人在文本中所表述的事物运动状态及其变化方式的内在含义,是考虑文本内容因素的信息。文本语义信息挖掘需要综合利用语言学、统计学、计算机科学和人工智能等领域的多种方法、技术和工具,来分析、挖掘和获取非结构化的文本数据中所包含的信息内容及其内在含义,文本语义信息挖掘的方法主要包括数据挖掘、自然语言处理和文本挖掘。

文本语义信息的挖掘和理解是自然语言处理、文本挖掘、人工智能等领域中一个极具挑战性的课题,即使对于具有高度智能的人而言,从出生到能够理解上市公司的年报、新闻报道等文本中的语义信息,也需要多年的学习。大规模文本语料库的构建及数据挖掘、自然语言处理、文本挖掘、深度学习和语义网等技术的快速发展使得计算机在一定程度上能够对文本语义信息进行分析和理解,当前很多科技公司研发的自动问答系统、自动翻译系统、资讯推荐系统等在产业实践中取得了较好的效果。

2.3.2 数据挖掘与知识发现

1)数据挖掘的过程、方法与工具

数据挖掘(Data Mining)主要应用统计分析、机器学习和模式识别等技术从数据中提取知识和规律。数据科学领域广泛应用的跨行业数据挖掘标准流程（CRISP-DM）模型将数据挖掘过程分为业务理解、数据理解、数据准备、建模、评估和部署等6个主要的阶段，如图2.8所示。

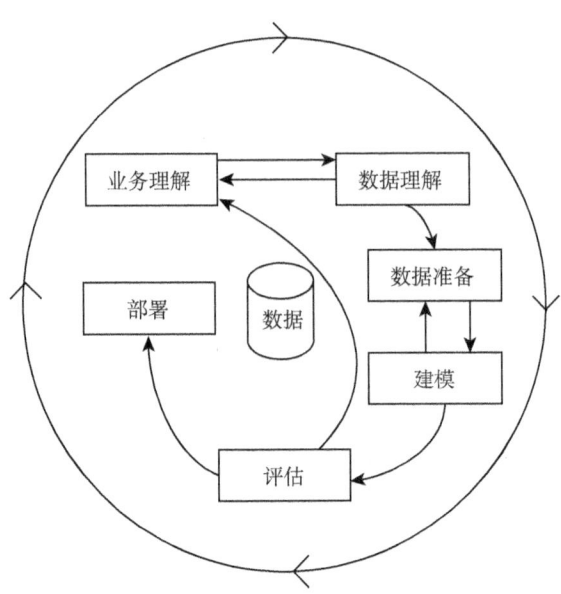

图2.8　CRISP-DM 数据挖掘模型

数据挖掘方法主要包括分类、聚类、关联规则挖掘、时间序列分析、回归分析等。常用的分类算法主要包括人工神经网络、支持向量机、决策树、朴素贝叶斯、随机森林、K最近邻算法等；常用的聚类算法主要包括K-Means算法、DBSCAN算法、OPTICS算法、谱聚类算法、AP聚类算法等；常用的关联规则挖掘算法主要包括Apriori算法、FP-Growth算法、Eclat算法等；常用的时间序列分析算法主要包括AR算法、ARMA算法、ARIMA算法、VAR算法、VARMA算法等；常用的回归分析算法主要包括逻辑回归算法、Lasso回归算法、ElasticNet回归算法、线性回归算法、岭回归算法等。常用的数据挖掘工具主要有R、SPSS、SAS、Stata、Weka、RapidMiner、Orange、Scikit-Learn等。

2）知识发现的基本步骤

知识发现（Knowledge Discovery）是从数据和信息中提取出新颖的、有效的、可理解的和潜在有用的知识的过程，同时也是一个集人工智能、机器学习、统计学、数据科学、模式识别和数据库等于一体的交叉研究领域。随着

2 理论基础与模型框架

移动互联网、社会化媒体、电子商务、数据库和物联网等的普及,以及各领域数据的不断积累,人类已经进入大数据时代。大数据环境下,各种类型的数据持续快速增长,但是对于管理决策有价值的知识依旧十分匮乏;因此,金融、医疗、交通、能源、零售和政府等领域对知识发现技术有着巨大的需求,知识发现技术对于各行业应对大数据所带来的冲击与挑战,以及寻找大数据环境下新的价值增长点有着非常重要的战略意义。

Fayyad等(1996)总结出了知识发现的5个基本步骤,如图2.9所示。第一个步骤是数据选择(Selection),根据任务和需求选择合适的目标数据。第二个步骤是数据预处理(Preprocessing),清洗目标数据中存在的重复数据、错误数据、噪声数据和残缺数据等脏数据。第三个步骤是数据转换(Transformation),将经过数据预处理后的数据转换为下一步数据挖掘所需要的格式,在本步骤中可能还需要对数据进行降维处理。第四个步骤是数据挖掘(Data Mining),运用一定的数据挖掘算法和模型提取出模式。第五个步骤是模式解释与评价(Interpretation/Evaluation),对数据挖掘步骤获得的模式进行解释和验证,并对模式的新颖性、时效性、有效性和可解释性等进行评估,根据实际评估的结果重新执行知识发现的整个过程。

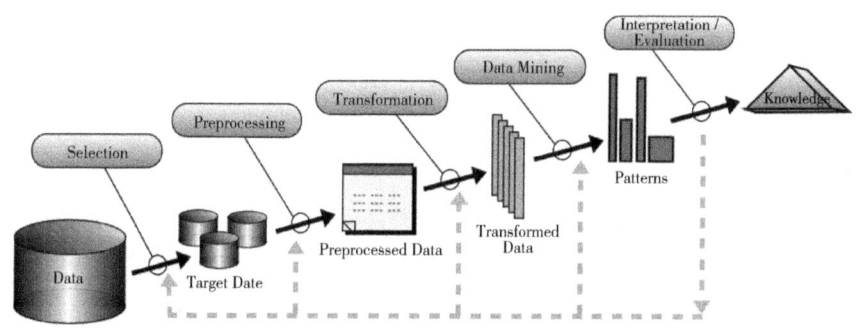

图 2.9　知识发现过程(Fayyad et al., 1996)

3)数据挖掘与知识发现的关系

数据挖掘与知识发现是统计学、机器学习、人工智能、数据分析和知识管理等领域的研究者所频繁使用的两个概念。美国数据科学家Fayyad等(1996)在被引量超过1万次的高被引文章"From Data Mining to Knowledge Discovery in Databases"中曾对数据挖掘和知识发现的关系进行了分析和阐述,认为知识发现过程的核心是应用特定的数据挖掘方法进行模式发现和提取

（Pattern Discovery and Extraction），数据挖掘算法的应用是知识发现过程中的一个步骤。在实际的文献资料中，研究者们往往会不加区分地使用这两个术语，统计学、数据分析和信息系统等领域的研究者常使用数据挖掘，而知识管理、机器学习和人工智能等领域的研究者则更青睐于使用知识发现。

2.3.3 自然语言处理与文本挖掘

1）自然语言处理方法技术

自然语言处理（Natural Language Processing，NLP）是人工智能研究中最为活跃和重要的研究领域之一，被誉为人工智能皇冠上的明珠，主要研究如何能够使计算机能够处理、理解和运用人类的自然语言（包括文字和语音），从而实现人与智能系统之间高效的交互和通信。自然语言处理是人工智能和计算机科学领域一个具有挑战性的课题，因为人类的自然语言具有较强的模糊性、复杂性、文化性和语境关联性，而计算机的运行需要的是清晰、明确的指令。作为一个典型的跨学科研究领域，自然语言处理会涉及语言学、计算机科学、统计学、心理学、逻辑学、认知科学等多个学科的理论、方法和技术，主要研究内容包括语料库构建、中文分词、词性标注、命名实体识别、实体关系抽取、依存句法分析和语义角色标注等。

自然语言处理的方法包括基于规则的理性主义方法和基于统计的经验主义方法。基于规则的自然语言处理方法利用符号系统、知识库和推理机制来分析自然语言，主要以短语结构语法、转换生成语法、格语法、扩充转移网络、功能合一语法、词汇功能语法等为代表，该方法的缺点是往往需要领域专家编写语言规则。而基于统计的自然语言处理方法则在大规模语料的基础上，利用概率统计、机器学习和模式识别等方法对复杂的语言结构进行学习和训练，获得语言的概率模型，以实现对自然语言的理解。大规模语料库的出现及计算机计算能力的不断提高赋予了基于统计的自然语言处理方法的强大能力，使之成为自然语言处理学术研究和产业应用中的主流方法。但是，完全使用基于统计的自然语言处理方法在解决实际的问题的过程中会遇到一些难以突破的瓶颈，如得到的结果难以解释、语料库的质量和规模都直接影响模型的训练和使用效果等，因此将基于规则和基于统计的自然语言处理方法相结合是当前自然语言处理领域研究的重要趋势之一。

2）文本挖掘的流程

文本挖掘（Text Mining）主要运用自然语言处理、统计分析、机器学习和模式识别等技术来从半结构化或非结构化文本数据中提取模式。大数据时代，互联网、社会化媒体和数据库中的大量数据都是以文本的形式存在，如 Web 网页、学术论文、研究报告、电子邮件和社交媒体帖子等；从这些文本型数据中挖掘和提取出对管理决策有价值的模式和知识具有十分重要的意义，因此文本挖掘是知识发现与数据挖掘领域中的热点研究课题，曾于 2011 年被国际性科学杂志 *New Scientist* 评为未来 10 年对人类生活产生重大影响的技术之一。文本挖掘的研究内容主要包括文本分类、文本聚类、信息抽取、自动摘要、主题分析和情感分析等，并在舆情监测、生物信息学、客户关系管理、数字图书馆、商务智能和市场预测等多个领域有着重要的应用。

文本挖掘过程主要包括文本预处理、文本特征表示、文本特征选择、文本挖掘分析及模式评价与服务等步骤，如图 2.10 所示。

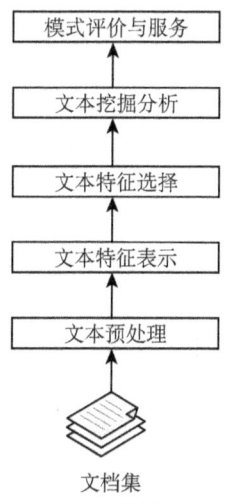

图 2.10　文本挖掘流程

文本预处理步骤主要完成文本集的中文分词、词性标注和去停用词等操作；文本特征表示步骤利用 N-Gram 模型、概率模型和向量空间模型等方法对文本的特征进行表示，并利用词频、词频 – 逆文档频率等方法计算特征的重要度；文本特征选择步骤运用卡方检验、信息增益和期望交叉熵等方法对文本特征向量进行降维处理，提取出文本的关键特征；文本挖掘分析步骤运用统计分析、机器学习和模式识别等技术进行文本分类、文本聚类和文本情感分析等，提取出文本数据中的模式；模式评价与服务步骤对挖掘到的模式进行评估,并通过检索、可视化等形式为用户提供服务。常用的文本挖掘工具有 NLTK、Jieba、ICTCLAS、FudanNLP、HanLP、Stanford Parser、Gensim 和哈工大 LTP 等。

2.4 数据驱动的管理决策与数据资源的特征分析

2.4.1 数据驱动的管理决策

数据是一种新兴的战略资源已成为当前学术界和产业界的普遍共识,国内外大量的组织机构将数据资源作为提升竞争力、增强可持续发展能力、辅助科学决策的核心资产(Etzion et al.,2016)。数据资源的有效分析、挖掘、组织和利用不仅可以产生巨大的经济价值和产业空间,同时对于提升科学决策水平、提高资源利用率、强化综合治理能力也有着十分重要的作用。例如,麻省理工学院斯隆管理学院的 Brynjolfsson 等(2011)对 179 家大型上市公司的相关数据进行了采集并开展了相应的实证分析,研究发现相较于其他公司,采用数据驱动的决策模式(Data-Driven Decision Making)的公司的产出和生产率要高出 5%~6%。全面充分的数据资源是实现科学管理决策的重要前提和基础,能够有效提升管理决策的信度与效度。如今,数据驱动的管理决策已成为管理科学与决策支持系统领域的重要研究趋势;国家自然科学基金委员会还启动了"大数据驱动的管理与决策研究"的重大研究计划,以此推动管理与决策大数据的价值分析与发现、分析方法与支撑技术,以及大数据驱动的管理与决策理论范式等多个方面的研究。

计算机科学家、数据库领域的先驱、图灵奖获得者 Gray 于 2007 年在加州举行的 NRC-CSTB 大会上提出了科学研究的第四范式:数据密集型科学发现(Data-Intensive Scientific Discovery)。Gray 博士认为,人类的科学研究前 3 种范式分别是实验范式、理论推演范式和计算仿真范式。而科学研究的第四范式(The Fourth Paradigm)将理论、实验和计算仿真相统一,基于数据采集、数据处理、数据存储、数据管理、数据分析和数据可视化等手段,利用密集型数据和强大的计算能力来推动科学发现(Hey et al.,2009)。第四范式强调以数据为中心,从数据中发现和提取出新规律、新知识和新见解。Gray 认为,第四范式可能是解决当前面临的一些最严峻的全球挑战的唯一系统性方法。第四范式不仅意味着科学研究范式的转变,同时也为大数据环境下的各个行业和领域解决实际应用问题提供了一种新的思路和思维方式（Jin et al.，2015）。

2.4.2 大数据环境下上市公司风险识别的数据资源及其特征分析

1）大数据环境下上市公司风险识别的数据资源

随着互联网、物联网、多媒体、社会化媒体、电子商务、数据库、传感器、云计算、信息通信和智能设备等技术的飞速发展和广泛应用，各行各业的数据规模呈现出爆炸性增长的趋势，人类已经进入大数据时代。根据国际数据公司（IDC）发布的 *Data Age 2025* 白皮书显示：到2025年，全球的数据量将达到175 ZB左右。据统计，全世界每天产生的数据大约有2.5万亿字节，当前世界上90%的数据都是在过去的两年里产生的（Dobre et al.，2014）。美国国家安全局（NSA）的报告显示，每天在互联网上收集的数据约为1.8 PB（Tariq et al.，2020）。Google公司每天要处理的数据量达几十PB以上，Facebook上每天产生的帖子、照片、视频和评论等信息的数据量达几百TB以上。大数据中蕴含着巨大的价值与潜能，是经济社会发展强劲的驱动力。美国麦肯锡全球研究院（MGI）在研究报告 *Big Data：the Next Frontier for Innovation，Competition，and Productivity* 中指出：作为一种与土地、劳动力和资本等相并列的重要生产要素，大数据是促进生产力增长、推动新一轮创新、提高竞争力、提升管理决策水平、催生新兴产品与服务、增加消费者剩余的关键因素。

大数据能够创造巨大的社会价值与经济价值（Günther et al.，2017）：社会价值主要体现在促进就业率、提高生产率、优化教育、提升医疗水平、改善国家安全、提高政府透明度、减少欺诈与犯罪发生率、增加公民公众事务参与度、创造消费者剩余、提升社会福利等多个方面；经济价值主要体现在业务增长、利润增长、提升运营效率、强化管理决策水平、提升竞争优势、创新产品与服务、改善客户关系、优化供应链流程、提高战略制定能力、发现商业机会、科学确定产品和服务最优价格、减少错误与质量问题等多个方面。IDC预计，2023年大数据与商业分析解决方案全球市场的总收益将超过3000亿美元。政府管理、医疗、交通、能源、金融、教育、零售、互联网、食品、电信、化工、电子商务等行业的专家学者们积极探索大数据的价值发现与利用，并取得了很多显著的成果；例如，英国政府通过高效使用公共大数据，每年可节省330亿英镑的行政开支，有效地降低了行政成本并提高了政府部门面向公众服务的效率。

上市公司在经营管理的过程中，需要按照政府监管部门的有关信息披露要求发布大量的公告文件，主要包括招股说明书、上市公告书、募集说明书、定期报告及临时报告。定期报告主要包括上市公司的年度报告、中期报告和季度报告等。临时报告主要披露对上市公司产生较大影响的重大事件，例如，公司发生重大亏损、公司涉及重大诉讼、公司受到刑事处罚或者重大行政处罚、公司涉嫌违法违规被立案调查、公司的董监高（董事、监事、高级管理人员）被采取强制措施、公司有重大投资行为、公司订立重要合同、公司的外部条件发生重大变化、公司的董事和高级管理人员发生重大变动、公司的董事长或者经理无法正常履职、公司申请破产或被责令关闭、公司的主要资产被冻结、查封和扣押等几十种情形。

除了上市公司披露的各种公告文件以外，上市公司的股票在股市交易时间内还会产生相应的股票交易数据；《中国证券报》《上海证券报》《证券日报》《第一财经日报》《中国经营报》等新闻媒体，以及东方财富网、新浪财经、网易财经等财经网站往往还会对上市公司的各个方面进行相应的报道；广大的网民还可以在东方财富网股吧、新浪股吧、金融界股吧等平台上发表帖子，对上市公司及其股价状况等进行评论；行业的领域专家和各大证券公司的证券分析师也会针对一些上市公司和行业发布相应的研究报告。除此之外，统计年鉴和统计网站还会公布相应的宏观经济数据及行业统计数据等。

上市公司的各类公告文本、财务指标数据、股票交易数据、新闻报道文本、股吧评论文本、运营与管理效率数据、公司治理数据、股权结构数据、分析师报告、宏观经济数据及行业统计数据等，都是大数据环境下上市公司风险识别的重要数据资源。金融信息服务提供商对上市公司的年度报告、中期报告等公告文件中很多以半结构化表格形式存在的数据进行解析、抽取与加工，形成结构化的数据存储于数据库中，可以根据上市公司的唯一标识便捷地导出与使用，如上市公司的财务指标数据、公司治理数据、股权结构数据等；除此之外，上市公司公告文件中的大量数据都以非结构化文本的形式存在于上市公司信息披露平台及各个财经网站上。上市公司每个交易日产生的股票交易数据主要以结构化的形式存储在金融信息服务提供商的数据库中。上市公司的新闻报道和股吧评论数据则是以非结构化文本的形式存在于各个财经网站和股吧论坛中。金融信息服务提供商往往会对统计年鉴或者统计网站中一些重要的宏观经济数据和行业统计数据等进行解析、抽取与加工,将其以结构化的形式存储在数据库中。

2)大数据环境下上市公司风险识别的数据资源的特征

本书基于大数据典型的 5V 特征,结合许伟等(2013)和侯敬文等(2015)关于金融大数据特征的阐述,将大数据环境下上市公司风险识别的数据资源的特征概括为海量性、多源性、多样性、价值性和动态性。

①海量性。证券市场上的几千家上市公司每年的公告文件、新闻报道、股票交易数据、股吧评论等数据资源的总量十分庞大,如部分上市公司的招股说明书、年报等公告文件一份就动辄几百页,关注量高的上市公司一年内的各类财经媒体和网站的新闻报道量就多达上千篇。

②多源性。大数据环境下上市公司风险识别的数据资源的来源十分广泛,主要包括证券交易所官网、金融数据库、财经网站、股吧论坛、统计年鉴和统计网站等多个来源。

③多样性。大数据环境下上市公司风险识别的数据资源在数据形态上表现为多样性,除了存储在数据库中的股票交易数据、财务指标数据等结构化数据以外,还包括大量以文本形式存在的非结构化数据,如各种公告文件文本、新闻报道数据和股吧评论数据等。

④价值性。大数据环境下上市公司风险识别的数据资源中蕴含了巨大的社会价值和经济价值,但是有效的知识和情报相对于总体的数据整体偏少,且需要对数据进行分析和挖掘才能发挥其价值。

⑤动态性。上市公司的市场竞争、外部环境、财务状况及股票价格等会随着时间的推移发生一定的变化,与之相对应的各种数据资源也在迅速产生及快速地发生着变化,很多数据必须要进行快速的存储和分析,才能使其得到有效的利用并产生价值。

2.5 系统工程方法论与霍尔三维结构

1)系统工程方法论

本书运用系统工程方法论的基本思想来研究上市公司风险智能识别这一典型的复杂系统工程问题。系统工程主要研究从系统整体出发,基于系统的思想和方法,通过组织协调系统内部各要素的活动,从而实现最优化的系统整体目标。系统工程方法论是分析和解决系统开发、运作及管理实践中的问题的一般程序、逻辑步骤和基本方法(汪应洛,2017)。系统工程方法论是系统工程思考问题和处理问题的一般方法和总体框架，其基本特点主要包括：研究方法强调整体性；技术应用强调综合性；管理决策强调科学性（谭跃进等，2017）。系统工程方法论为大型复杂系统的规划、设计、制造、使用和组织管理等问题的解决提供了思想层面上重要的思维方式和思维模式，以及操作层面上的一般过程和程序。

国内外的专家学者们在社会系统、经济系统、自然系统、工程系统、能源系统、军事系统、农业系统、企业系统、信息系统等领域开展系统工程的研究和应用的过程中，探索和总结出了多种科学、有效的系统工程工作方法和程序，经典的系统工程方法论主要包括霍尔三维结构、切克兰德方法论、综合集成方法论、并行工程方法论、WSR系统方法论，以及"5W1H"方法等。通过对多种系统工程方法论进行综合比较与分析，本书借鉴系统工程方法论中影响最大且被广泛应用的霍尔三维结构的系统思想来构建上市公司风险智能识别模型框架。

2）霍尔三维结构

霍尔三维结构（Hall Three Dimensional Structure）是美国系统工程专家Hall在大量工程实践的基础上，于1969年在其发表的题为"Three-Dimensional Morphology of Systems Engineering"的论文中提出的一种系统工程方法论。Hall将系统工程的整个活动过程分为7个阶段和7个步骤，每个阶段应遵循一定的步骤，并将完成这些阶段和步骤所需的各种专业知识与技能考虑在内。霍尔三维结构为一个由时间维、逻辑维和知识维所组成的三维空间结构，如图2.11所示。

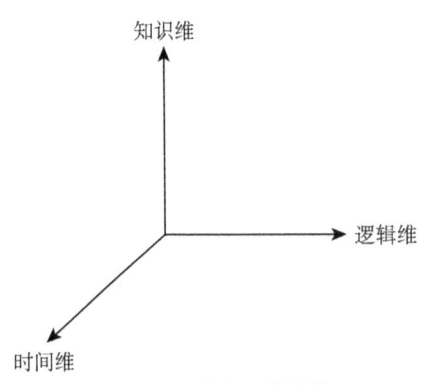

图 2.11　霍尔三维结构

霍尔三维结构的时间维表示系统工程活动从开始到结束的 7 个阶段，包括规划阶段、方案阶段、研制阶段、生产阶段、安装阶段、运行阶段、更新阶段；逻辑维表示时间维的每一个阶段应遵循的思维程序和逻辑步骤，包括明确问题、确定目标、系统综合、系统分析、方案优化、做出决策、付诸实施；知识维则列举完成这些阶段和步骤所需要的计算机科学、工程技术、经济学、管理科学、法律、环境科学、数学、工程技术、社会科学等方面的专业知识和技能。

霍尔三维结构集中体现了在开展系统工程应用和实践过程中所强调的系统化、综合化、程序化、标准化、最优化等特点，为复杂系统、工程项目和研究项目的规划、实施、组织和管理等提供了重要的思想方法和总体框架，因而被世界各国的专家学者们广泛应用于社会、经济、军事、能源、环境、交通、农业、区域规划、工程项目管理等多个领域中。

2.6 上市公司风险智能识别模型框架的构建

2.6.1 上市公司风险智能识别模型框架的构建原则

模型是对客观事物、实际系统和现实世界的抽象表示，是人类认识世界、改造世界的途径，同时也是辅助决策的重要手段（谭跃进 等，2015）。模型构建是对客观事物、实际系统和现实世界进行模型化和抽象表示的过程，通过构建模型，可以对现实问题进行科学抽象，从而达到揭示问题的本质、增加对复杂问题的理解、突出研究对象的主要特征及认识客观事物的变化规律的目的。通过利用构建的模型及结合实际问题的具体情况和相关数据等展开相应的分析，得到科学的分析结论，从而辅助决策及指导人类的行动。

可以通过数学公式、流程图、框架图、表格、文字描述、算法描述、计算机程序、数据文件等多种形式对模型进行表示和表达；常见的模型主要包括系统学模型、原理性模型、数学模型、数据处理模型、管理决策模型、预测模型、评价模型、优化模型、语言模型、网络模型、报表模型、规划模型、图形和图像模型、系统仿真模型、计量经济模型等。

上市公司风险智能识别模型框架是后续构建基于短语挖掘的上市公司风险因素智能感知模型、基于主题摘要的上市公司风险事件智能监测模型和基于本体推理的上市公司风险事件智能预测模型的基础，是一个针对上市公司

引入文本语义信息的上市公司风险智能识别

风险智能识别抽象化的、整体系统的多维度结构。上市公司风险智能识别模型框架的构建原则主要包括科学性原则、全面性原则、系统性原则、有效性原则和可操作性原则。

①科学性原则。上市公司风险智能识别模型框架构建的首要原则便是科学性原则。模型框架中所涉及的核心任务和目标、关键过程和步骤、重要资源和支撑等需要以上市公司风险识别、人工智能、决策支持系统、知识组织和情报分析等领域的理论和方法为基础,还需要结合国内外相关的研究文献及本研究的具体情况,这样才能保证构建的上市公司风险智能识别模型框架具有足够的科学性和合理性。

②全面性原则。上市公司风险智能识别模型框架构建中的全面性原则主要包括两层含义:一方面,模型框架中涉及的上市公司风险智能识别的核心任务应该具有全面性,而不像以往研究文献主要集中于上市公司的风险事件预测这一个方面;另一方面,模型框架中涉及的用于上市公司风险智能识别的数据源和方法技术也应该具有全面性,需要综合利用大数据环境下存在的多源异构数据,以及有效集成和融合多个领域的多种方法和技术以更好地实现目标。

③系统性原则。上市公司风险智能识别是一个复杂的系统工程,需要一系列的系统化过程和多种类型的资源相互协调、共同运转以完成和实现上市公司风险智能识别的任务,以及为决策者提供智能化的决策支持和知识服务。系统性原则是指需要统筹考虑模型框架中涉及的上市公司风险智能识别的核心任务和目标,完成和实现上市公司风险智能识别任务所应当遵循的逻辑步骤和思维程序,以及整个过程中所需要的各种资源和支撑。

④有效性原则。如果只是针对现实问题构建相应的模型框架,而不对提出的模型框架的可行性和有效性进行验证,将会极大地限制构建的模型框架的实践意义和参考价值。本书需要使用国内外上市公司真实的多源异构数据来对构建的模型框架的可行性和有效性进行验证,从而为科研工作者、数据分析师、证券公司、银行、基金管理公司、金融信息服务提供商、证券交易所和政府监管部门等主体提供更加积极有益的借鉴参考。

⑤可操作性原则。本书构建的上市公司风险智能识别模型框架一方面可以为科研工作者开展相关研究提供基础;另一方面也可以为产业实践中设计和开发智能化的上市公司风险识别软件与决策支持系统提供借鉴参考。为了有效提高构建的模型框架的参考价值和实践价值,需要考虑模型框架的可操

作性：一方面，模型框架中所涉及的各种数据资源、算法模型和软件工具等需要具有较好的可获得性；另一方面，模型框架中所涉及的重要方法和关键过程等需要具有较好的可实现性。

2.6.2 上市公司风险智能识别模型框架

上市公司风险智能识别的本质是对上市公司相关的数据进行有针对性的采集，并利用数据挖掘、自然语言处理、机器学习、知识组织等方法技术对其展开深入的分析、挖掘、组织和利用，从而有效地识别上市公司的风险。本书主要通过对上市公司的财务指标数据、年报文本、临时公告文本、新闻报道文本等各种公开数据进行采集、分析与挖掘来识别上市公司的风险，从而辅助投资者、债权人、证券分析师、银行、证券公司、基金管理公司、证券交易所和政府监管机构等上市公司外部利益相关者的证券投资分析、资产风险管理和证券市场监管等管理决策。

本书以上市公司风险识别、人工智能、决策支持系统、知识组织和情报分析等领域的理论和方法为基础，结合国内外相关的研究文献及本研究的具体情况，借鉴霍尔三维结构的思想，构建了包含任务维、逻辑维和资源维的上市公司风险智能识别模型框架，如图2.12所示。任务维是上市公司风险识

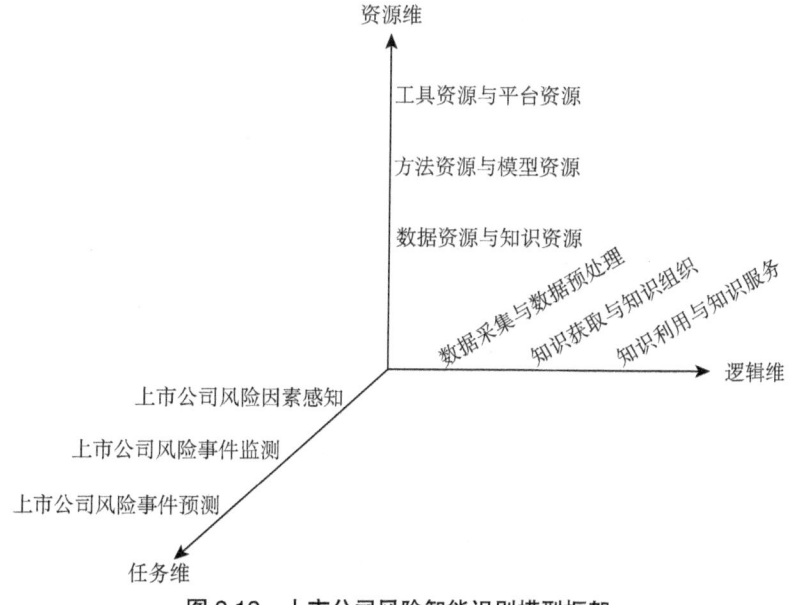

图2.12 上市公司风险智能识别模型框架

别的核心任务和目标，包括上市公司风险因素感知、上市公司风险事件监测和上市公司风险事件预测；逻辑维是完成和实现上市公司风险识别的核心任务和目标应当遵循的思维程序和逻辑步骤，包括数据采集与数据预处理、知识获取与知识组织、知识利用与知识服务；资源维则是实现任务维的任务和完成逻辑维的步骤所需的各种资源和支撑，包括数据资源与知识资源、方法资源与模型资源、工具资源与平台资源。

（1）任务维

根据上市公司风险识别的定义，本书将上市公司风险智能识别模型框架中任务维的具体内容确定为上市公司风险因素智能感知、上市公司风险事件智能监测和上市公司风险事件智能预测，这3个任务构成了本书的第3、第4、第5章的研究内容。上市公司风险因素与上市公司事件存在着复杂的关系，上市公司诸多的风险因素与其他各种复杂的因素具体如何共同作用从而导致上市公司风险事件的发生是一个重要的理论问题，本书不对此做探讨。

1）上市公司风险因素感知

上市公司面临的风险因素繁多且复杂，主要来自政治、经济、社会、运营、管理、技术、财务、法律、市场、政策、设施设备、自然环境、供应链和人力资源等多个方面。上市公司面临的风险因素从来源上看，既有来自内部的，也有来自外部的；从性质上看，既包括有形的，也包括无形的。发现上市公司可能面临的各种风险因素，并对其进行梳理、归类和可视化，能够为管理决策的制定提供重要的参考依据，从而提高管理决策的科学性和前瞻性，降低管理决策的风险性和不确定性。感知一词在词典中被解释为：感觉和知觉；指对某一客观事物的整个表面特征的直接反映。上市公司风险因素感知旨在帮助决策者清晰、直观、便捷地感受和认识上市公司的风险因素，提高决策者对上市公司风险因素的认识和理解。

2）上市公司风险事件监测

由于竞争加剧、经营不善、内控不力、管理不当、治理结构不规范、规章制度不健全等原因，风险事件随时都有可能发生。典型的风险事件有：涉及重大诉讼、被责令关闭、发生重大亏损、受到刑事处罚或者重大行政处罚、涉嫌违法违规被立案调查、董监高（董事、监事、高级管理人员）被采取强制措施、主要资产被冻结、查封和扣押等。同时，上市公司的风险事件还可能会持续发展，并引发一系列相关风险事件；例如，长生生物疫苗生产记录造假导致长生生物的股价连续跌停、被责令停产、被立案调查、资产被查封、股份被司法冻结、被罚91亿元等。将上市公司风险事件的相关情况及时地通报给决策者具有重要的价值和意义。"监测"一词在词典中被解释为：监视检测。上市公司风险事件监测旨在帮助决策者及时、动态、持续地跟踪和掌握上市公司风险事件的相关情况。

3）上市公司风险事件预测

由于上市公司的内部非公开数据的不可获得性和预测手段的局限性，并非对所有的上市公司风险事件都能够有效地进行预测。当前，上市公司风险智能识别领域的大部分研究集中于上市公司的破产、财务危机和信用违约这3种重大风险事件的预测。究其原因，主要有以下3点：首先，科学、合理的预测是提供决策支持的十分重要的手段；其次，以上3种重大风险事件的危害性和影响性大，不仅会给利益相关者带来巨大的损失，还容易通过产业链上下游、交叉持股和借贷网络等渠道引起风险传染；最后，上述3种重大风险事件具有一定程度的可预测性，即可以根据上市公司的各种公开数据和现有的预测手段对其进行提前预测。"预测"一词在词典中被解释为：预先推测或测定。上市公司风险事件预测旨在帮助决策者预测上市公司在未来是否会出现破产、财务危机和信用违约等重大风险事件。

（2）逻辑维

本书实现智能的核心思路是获取领域知识，对知识进行有效的组织，构建领域知识库，然后综合运用知识库中的领域知识来解决实际的问题。本书将逻辑维的内容确定为数据采集与数据预处理、知识获取与知识组织、知识利用与知识服务。

1）数据采集与数据预处理

数据采集与数据预处理需要利用恰当的数据采集方式，从相应的数据源处有针对性地采集实现上市公司风险因素感知、上市公司风险事件监测和上市公司风险事件预测所需的各类多源异构数据，并对这些数据资源进行预处理，从而有效提高数据的质量，并将其转换为后续步骤所需要的数据格式。数据预处理主要包括数据清洗、数据集成、数据变换及数据规约等步骤：数据清洗主要对数据源中存在的噪声数据、错误数据、缺失数据和冗余数据进行修补或移除；数据集成主要在逻辑上和物理上对分散异构的数据进行统一的表示、存储和管理，从而为用户提供统一的数据视图；数据变换主要通过数据规范化、数据平滑、数据泛化、属性构造和数据聚集等手段，将数据转换或统一成适合于后续开展数据分析和数据挖掘的形式；数据规约则在尽可能保留原始数据本来特征及其完整性的前提下，采用属性规约、数值规约和数据压缩等手段对数据进行精简，从而减少数据量的规模。

2）知识获取与知识组织

知识获取与知识组织需要采用恰当的知识获取方法从领域专家、文献资料和多源异构数据中获取领域知识，利用合适的知识组织方法、技术和工具对各种知识进行有效的组织，构建领域知识库。知识获取的方法主要包括知识工程师以手工方式获取，以及借助于智能知识编辑程序、文本挖掘、机器学习和知识发现等技术半自动或者自动获取。对于领域专家处和文献资料中存在的领域知识，主要通过知识工程师以专家咨询、问卷调查、案例分析和文献研读等方式手工获取；对于多源异构数据资源中蕴含的潜在有价值的知识，主要利用文本挖掘、机器学习和知识发现等技术进行自动化的挖掘和抽取。领域知识获取完成以后，需要对获取的事实性知识、规则性知识等多种类型的知识进行整理、加工、揭示和控制，构建领域知识库，从而使知识变得有序和集中，以便于领域知识的高效利用。

3）知识利用与知识服务

通过数据采集与数据预处理、知识获取与知识组织过程，从多源异构数据、领域专家处和文献资料中获取了实现上市公司风险因素感知、上市公司风险事件监测和上市公司风险事件预测所需的领域知识，并对其进行了有效的组织，构建了多种类型的领域知识库。知识利用与知识服务需要对领域知识库进行访问、匹配和运算等操作，以实现知识库中的领域知识的充分利用；利用机器学习、文本摘要、文本聚类、情感分析、信息检索、本体推理、共现分析等技术将知识激活和转化为解决目标问题的情报和智慧，并以多种知识服务形式为决策者提供智能化的决策支持。为了有效地辅助投资者、债权人和政府监管部门等主体的管理决策，需要兼顾知识服务的有用性、易用性、便捷性和友好性，所采用的知识服务形式主要包括知识浏览、知识可视化、知识检索、知识推送和知识推理等。

（3）资源维

为了更好地为决策者提供情报支撑和决策支持，本书主要基于决策支持系统通用的四库系统结构框架，结合中国科学技术信息研究所（中信所）提出的"事实数据+工具方法+专家智慧"情报研究方法论来确定资源维的内容。

如前所述，当前大多数决策支持系统所采用的经典和通用的四库系统结构通过综合利用数据库系统、模型库系统、方法库系统和知识库系统来实现决策支持。为了应对大数据环境为情报工作所带来的巨大挑战，以及促进情报事业的发展，致力于为政府部门、科技创新主体提供决策支持和信息服务的中信所提出了"事实数据+工具方法+专家智慧"的情报研究方法论。该方法论融合了工程化和系统化的思想，在信息资源数据库的基础上，使用与数据分析处理相关的专用方法工具，运用定量与定性相结合的系统集成方法来实现事实型数据的分析与挖掘，并借助于专家智慧提炼出有价值的决策建议（乔晓东 等，2014）。"事实数据+工具方法+专家智慧"的情报研究方法论不仅在中信所开展情报服务工作中得到了有力的验证，亦成为情报界的普遍共识（乔晓东 等，2014；段黎萍 等，2016）。

最终，本书基于决策支持系统通用的四库系统结构框架，结合"事实数据+工具方法+专家智慧"情报研究方法论，将资源维的内容确定为数据资源与知识资源、方法资源与模型资源、工具资源与平台资源。

1）数据资源与知识资源

数据资源主要包括宏观经济数据、行业统计数据、上市公司的股票交易数据、财务指标数据和公司治理数据等结构化数据，以及上市公司的新闻报道文本、年报文本、临时公告文本、招股说明书文本和股吧评论等非结构化数据。数据资源的来源主要包括上市公司信息披露平台、金融数据库、统计局官网、统计年鉴、财经网站、财经媒体和社会化媒体等，如证券交易所官网、巨潮资讯网、国泰安数据库、WRDS数据库、国家统计局官网、东方财富网、新浪财经、Google Finance、Yahoo Finance、Bloomberg、《中国证券报》、《第一财经日报》、《证券日报》、The Wall Street Journal、Financial Times、金融界股吧、新浪微博等。知识资源则提供所需要的各种领域知识，主要包括领域专家和情报分析人员的科学理论、经验知识和个人智慧等，文献资料中的指标选取、重要研究结论等领域知识，以及多源异构数据中所蕴含的潜在有价值的知识。

2）方法资源与模型资源

方法资源主要包括机器学习方法、自然语言处理方法、深度学习方法、文本挖掘方法、数据采集方法、数据预处理方法、知识获取方法、知识组织方法、知识推理方法、知识检索方法、知识推送方法、知识可视化方法、共现分析方法、文本摘要方法等；同时，每大类的方法下面还可能包含多种子类。例如：数据采集方法包括网络爬虫方法、数据库连接池方法等；知识获取方法包括专家咨询法、问卷调查法等；知识组织方法包括本体方法、知识图谱方法、语义网络方法等。模型资源主要包括分类模型、聚类模型、关联分析模型、时间序列模型、语言模型、统计模型、预测模型、评价模型、优化模型和系统动力学模型等;具体的模型如神经网络模型、朴素贝叶斯模型、决策树模型、逻辑回归模型、词袋模型、遗传规划模型、概率图模型、向量空间模型、TF-IDF 模型、LDA 模型、Word2Vec 模型和 BERT 模型等。

3) 工具资源与平台资源

工具资源主要是与机器学习、自然语言处理、深度学习、文本挖掘、知识组织、系统开发和数据采集等相关的软件、程序库等工具,如 Eclipse、Pycharm、Tomcat、SAS、SPSS、Weka、Matlab、Scikit-Learn、TensorFlow、Keras、NLTK、ICTCLAS、Jieba、哈工大 LTP、IKAnalyzer、FudanNLP、HanLP、Stanford Parser、Gensim、AntConc、Protégé、Lucene、BICOMB、Gephi、Ucinet、Jess、Jena、Drools、JavaMail 和 Scrapy 等。平台资源则主要为海量多源异构数据资源的采集、存储与分析提供数据库平台、大数据平台、云计算平台等基础设施。数据库平台主要包括 Oracle、MySQL、SQL Server、MongoDB、Redis 等;大数据平台主要包括 Hadoop 平台及其 MapReduce、HDFS、Hive、Hbase、Sqoop、ZooKeeper、Pig、Mahout 等组件;云计算平台主要有亚马逊 AWS、微软 Azure、谷歌 GCE、百度智能云、阿里云、腾讯云等。

3 上市公司风险因素智能感知

3.1 研究问题的分析与描述

证券监管部门要求上市公司在招股说明书、配股说明书、上市公告书、募集说明书、年度报告和半年度报告等文件中披露上市公司所面临的风险因素的相关信息。例如，中国证监会发布的《公开发行证券的公司信息披露内容与格式准则第 1 号——招股说明书（2015 年修订）》《公开发行证券的公司信息披露内容与格式准则第 2 号——年度报告的内容与格式（2016 年修订）》等文件要求披露可能对上市公司的财务状况、持续盈利能力、经营目标实现、未来发展战略等产生重大不利影响的风险因素的相关信息。美国证监会从 2005 年开始要求所有上市公司在其 10-K 年报中披露公司面临的风险因素的相关信息，而在之前则并未强制要求；美国证监会要求上市公司的招股说明书的内容必须包含公司风险因素的相关信息，且要求其内容简洁、具有逻辑性和针对性。上市公司在年报、招股说明书等文件中披露的风险因素信息不仅在内容上充实丰富，并且对于管理决策有着非常重要的作用。

上市公司在招股说明书、年报等文件中披露的风险因素信息的篇幅达到几页甚至几十页不等；特别是在美国上市的公司对于风险因素信息的披露则更加充分，有很多上市公司在年报中披露的风险因素信息的内容甚至会占所有年报内容的 1/5 以上（季翔，2016）。例如，美国苹果公司（Apple Inc.）2019 年发布的 10-K 年报中用了 9 页来披露公司所面临的各种内外部风险因素，例如：全球和区域经济状况可能对公司的业务、经营成果、财务状况和增长产生的重大不利影响；公司产品和服务的全球市场竞争激烈，并受到快速技术变化的影响，公司可能无法在这些市场有效地竞争；公司依赖于运营商、批发商、零售商和其他经销商的业绩等。Google 重组形成的 Alphabet 公司（Alphabet Inc.）的 2019 年的 10-K 年报花了 13 页的篇幅来披露公司的各种风险因素。阿里巴巴公司（Alibaba Group Holding Ltd.）在招股说明书中用了

40多页的篇幅来披露公司的风险因素信息。京东公司（JD.com, Inc.）的2019年的20-F年报披露公司所面临的各种风险因素的篇幅则达到了50页左右。

国内外金融学、管理科学和会计学等领域的研究者们发现，上市公司在年报、招股说明书等文件中披露的风险因素信息对于管理决策有着重要的价值。新加坡国立大学的Bao等（2014）发表在管理科学与运筹学领域的权威期刊 *Management Science* 上的文章指出：管理人员和研究人员很早就意识到了上市公司披露的风险因素信息的重要性；Campbell等（2014）研究发现，面临更大风险的上市公司会在其10-K年报中披露更多的风险因素信息，这些信息能够有效地反映公司面临的风险因素，研究结论支持了美国证监会强制要求上市公司风险因素披露的决定，因为这些披露信息对投资者是有用的；姚颐等（2016）研究发现，相较于未来业绩好的公司，未来业绩差的上市公司在招股说明书中有更强的风险因素信息披露意愿以规避未来业绩下降所带来的行政处罚；王雄元等（2017）发现，上市公司年报中披露的风险因素信息有利于提高分析师的预测准确度。

尽管单个上市公司可能因为各种原因并没有披露其面临的所有风险因素的相关信息，但是将同行业的上百家上市公司披露的风险因素信息汇集在一起，并对其进行分析和挖掘，则能够更加全面地发现上市公司可能面临的各种风险因素，因为同一行业的上市公司往往面临着很多共同的风险因素。上市公司按照证券监管部门要求所披露的风险因素信息分散于各个上市公司的年报、招股说明书等文件之中，而上市公司的年报、招股说明书等文件的篇幅较大，如长生生物2017年年报的长度为214页，阿里巴巴公司的招股说明书的长度则超过了400页。与此同时，上市公司的年报、招股说明书等文件也以PDF、HTML等格式存储在巨潮资讯网、美国证监会官网、上海证券交易所官网等信息披露平台和东方财富网、新浪财经等财经网站的数据库中。上述情况的存在给决策者快速、便捷地浏览、检索和利用上市公司披露的风险因素信息带来了一定的障碍。因此，有必要对各个上市公司披露的风险因素信息进行集成、挖掘和可视化。

3.2　基于短语挖掘的上市公司风险因素智能感知模型

当前，自然语言处理和文本挖掘领域主要是以词语为粒度来对文本数据进行分析、处理和可视化。例如，对于"药品集中招标采购"这一整体，会将其分割为"药品""集中""招标""采购"这4个词语，然后以词语为单位进行后续的分析、可视化及为决策者提供知识服务。对于英语、法语等也同样如此，例如，英语中的"Data Mining"会被当作"Data"和"Mining"两个词来进行分析和处理。虽然将词语作为文本处理与分析的粒度简化了文本挖掘流程，降低了自然语言处理程序设计的复杂性；但是这在很大程度上影响了文本数据对决策支持的作用，大大降低了知识服务的效果和质量。例如，若"药品""集中""招标""采购"这4个词分散在一个包含了几百个词的可视化词云上，当决策者看见"采购"一词的时候，很难直接想到对医药行业造成巨大影响的"药品集中招标采购"这一改革政策；因为仅仅给决策者呈现的"采购"一词，范围很广，不够具体，可以指采购的各个方面。

短语（Phrase）是文本中特定上下文语境下的词汇序列所构成的语义单元（Shang et al., 2018）。短语是词语与上下文结合形成的表达，是比词语更高阶的语义单元。相较于词语而言，一方面，短语具有更为完整的语法和语义结构，具有更强的可读性；另一方面，短语所包含的语义语境信息也更加清晰和丰富，具有更强的可理解性（荣垂田 等,2018；俞琰 等,2018）。例如，"Data Mining"这个短语所揭示的语义信息就比单独的"Data"和"Mining"这两个词语要更加丰富、具体和清晰，并且可读性和可理解性也更强。鉴于短语在语义检索、自动问答、文本聚类、文本分类、本体半自动构建、机器翻译和文本数据可视化等领域有着重要的应用潜力和价值，研究如何从非结构化文本数据中抽取出短语的短语挖掘（Phrase Mining）已成为国内外的研究者们所重点关注的研究课题之一（Hasan et al., 2014；颜端武 等,2014）。短语对于语义语境信息的表达能力及良好的可读性和可理解性为帮助决策者清晰、直观地感受和认识上市公司的风险因素奠定了基础，本书将短语作为文本分析的语义粒度来实现上市公司风险因素智能感知。

本书以上市公司风险智能识别模型框架为基础，构建了由数据采集与数据预处理模块、知识获取与知识组织模块、知识利用与知识服务模块等3个模块所构成的基于短语挖掘的上市公司风险因素智能感知模型，如图3.1所示。

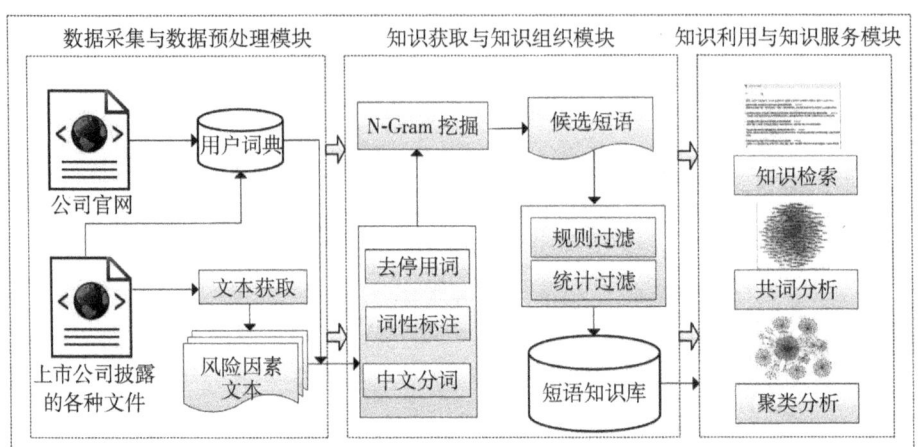

图 3.1 基于短语挖掘的上市公司风险因素智能感知模型

数据采集与数据预处理模块需要采集上市公司的年报、招股说明书等文件，获取文件中上市公司披露的风险因素信息，并完成数据的预处理工作；知识获取与知识组织模块的任务是抽取风险因素短语，该模块利用 N-Gram 算法来从风险因素文本信息中抽取和挖掘出候选短语，然后基于预先设定的语言学规则，以及基于互信息、左右信息熵和 C-value 公式等统计方法来对候选短语进行筛选和过滤，构建可复用的短语知识库；知识利用与知识服务模块的任务是实现基于风险因素短语的知识利用，该模块以短语知识库中的短语为基础，基于 K-Means 聚类算法、共词分析和知识检索技术来为决策者提供智能化的决策支持和知识服务。

3.3 上市公司风险因素数据与实验数据采集

1）数据源、数据获取与预处理

对于上市公司披露风险因素信息的年报、招股说明书等文件，可以在公司上市的国家和地区指定的上市公司信息披露平台、证券交易所官网及各种财经网站上进行获取。例如，中国 A 股上市公司披露的各类文件可以从巨潮资讯网、中国证券网、《上海证券报》和《证券日报》等中国证监会指定的上市公司信息披露平台，上海证券交易所和深圳证券交易所的官网，以及东方财富网、新浪财经和网易财经等财经网站上获取；对于在美国上市的公司，可以直接通过美国证监会官方网站的 EDGAR 系统便捷地获取上市公司披露的

S-1、10-K、8-K、20-F、10-Q 等各类文件。与此同时，不同国家和地区的上市公司在年报、招股说明书等文件中披露风险因素信息的位置不尽相同。例如，中国 A 股上市公司目前一般在年报中的经营情况讨论与分析部分披露公司可能面临的风险因素，也有少数上市公司会在年报中的重要提示、目录和释义部分披露；而美国的上市公司在 10-K 年报中披露风险因素信息的位置则固定在 Item 1A. Risk Factors 部分。

在获得上市公司披露风险因素信息的年报、招股说明书等文件之后，需要利用 Python、Java 等程序设计语言，PDFMiner、PDFBox、BeautifulSoup、HTMLParser 等程序库对获得的以 PDF、HTML 等形式存在的上市公司文件进行读取和解析，并利用基于规则的方法来获取这些文件中披露的上市公司风险因素文本信息。然后对获取到的风险因素文本信息进行预处理，如修补、解析获得的文本数据中的乱码数据和错误数据等。除此之外，为了后续的知识获取和知识组织模块能够更好地进行中文分词和文本语义理解，可以从上市公司的官网中获取公司的产品名称，以及从上市公司的年报、招股说明书、半年报等文件中的释义部分获得一些公司名称。

2）实验数据采集与数据预处理

本书利用中国 A 股医药制造类上市公司年报中披露的风险因素信息来对基于短语挖掘的上市公司风险因素智能感知模型的可行性和有效性进行验证，本书从中国证监会官方网站（http://www.csrc.gov.cn）发布的上市公司行业分类结果文件中得到中国 A 股医药制造类上市公司的名单，共计 216 家上市公司，其中的部分上市公司如图 3.2 所示。

本书根据上市公司的唯一代码，从中国证监会指定的上市公司信息披露网站——巨潮资讯网（http://www.cninfo.com.cn/new/index）下载名单中 200 多家中国 A 股医药制造类上市公司于 2018 年披露的年度报告。中国 A 股上市公司在年报文件中披露风险因素信息的典型格式如图 3.3 所示，本书将图 3.3 中该上市公司披露的风险因素信息保存为 6 个文本片，如第 1 个文本片描述了该上市公司面临的行业政策方面的风险因素。然后将 200 多家上市公司的文本片形成一个风险因素文本信息集合。

门类名称及代码	行业大类代码	行业大类名称	上市公司代码	上市公司简称
制造业(C)	27	医药制造业	002219	恒康医疗
			002252	上海莱士
			002262	恩华药业
			002275	桂林三金
			002287	奇正藏药
			002294	信立泰
			002317	众生药业
			002332	仙琚制药
			002349	精华制药
			002365	永安药业
			002370	亚太药业
			002390	信邦制药
			002393	力生制药

图 3.2 中国 A 股医药制造类上市公司的名单（部分）

(三）可能对公司未来发展战略和经营目标的实现产生不利影响的风险因素

1. 行业政策调整的风险

医药行业是我国重点发展的产业之一，也是受到政府政策影响较大的行业之一。随着医药行业新政策的不断出台和落地执行，一方面促进了行业向健康、良性的方向发展，另一方面对企业研发、生产、营销等也带来了一定的影响，加速了行业间企业的不断分化。尤其是医保控费、招标二次议价、"两票制"甚至"一票制"等相关政策的推进，给公司的经营业绩增长带来不确定性。

2. 生产成本上涨的风险

为进一步促进医药行业的规范及健康发展，国家对药品生产标准、质量检验、产品流通提出了更加严格的标准和要求。随着原辅材料、人力资源、物流成本等生产要素成本的增长，公司生产和运行成本存在提高的风险。

3. 药品降价的风险

未来的药品价格将更加市场化，价格放开有利于OTC产品的市场运作，但作为关乎人民群众身体健康的特殊商品，药品价格受国家监管较多，使药品定价受到约束。同时，受医药招标压价、医保控费等方面影响，各企业的竞争将日趋激烈，公司可能面临药品降价风险。

4. 固定资产折旧增加导致利润下降的风险

公司投资项目建设完成后，由于新建项目需要逐步达产、达效，其经济效益在项目达到设计产能后方可完全体现。因此，新建项目在未达到满产状态前，其新增固定资产折旧将会对公司当期的利润水平产生一定的影响。

5. 存货跌价的风险

为保证公司"打造人参全产业链"发展战略的顺利实现，近几年来，公司通过自己种植和对外采购等方式，增加了人参的储备量，由于人参的市场价格存在着不确定走性，如果出现市场价格低于公司人参采购价格的情形时，那么公司存货根据会计准则的要求将存在跌价的可能，由此可能会对公司2018年度的业绩带来一定影响。

6. 公司快速发展导致的管理风险

随着公司规模的扩张和业务的拓展，公司在战略执行和推进中，能否引进和培养一大批支撑公司发展的人才，将成为公司未来发展的制约因素。同时，公司的管理日趋多元化，管理复杂程度加大，公司现有的管理资源、架构将面临新的挑战，如果公司的管理体系不能适应公司快速发展带来的变化，有可能制约公司进一步的发展。

图 3.3 中国 A 股上市公司在年报文件中披露风险因素信息的典型格式

上市公司年报文件的释义部分存在着一些短语知识单元，如长生生物在2018 年发布的年报文件释义部分的"生产批件""临床试验"等。因此，一部分短语可以直接从年报文件的释义部分获取，本书确定的具体获取规则如下：2个及以上的上市公司在年报中对该短语进行了释义且在风险因素文本信息集合中出现频次超过两次及以上；3个及以上的上市公司在年报披露的风险因素信息中使用了该短语。

为了后续对于文本的中文分词和语义理解得更加准确，本书通过手工的方式从上市公司的官方网站上的产品介绍部分获取了一些产品名称，如"脉络宁注射液""多烯磷脂酰胆碱注射液""桑皮素胶囊""古汉养生精""双料喉风散"等；通过正则表达式，从年报文件的释义部分获得一些公司的名称，如"重庆科技金融集团有限公司""湖南鸿鹰生物科技有限公司""莎普爱思强身药业有限公司"等；将获取的短语、产品名称、公司名称合并形成一个文件，作为后续进行中文分词的用户词典。

3.4　上市公司风险因素短语的抽取

从文本数据中抽取短语的方法主要包括：根据词法和句法搭配等语言学知识建立短语的模式和规则，并将待处理语料和规则模板进行匹配以完成短语抽取的基于规则的方法；应用词频、互信息、信息熵、对数似然和TF-IDF等统计特征值来抽取短语，或者利用朴素贝叶斯、支持向量机、条件随机场和隐马尔可夫模型等统计机器学习模型来进行短语抽取的基于统计机器学习的方法；将基于规则的方法和基于统计机器学习的方法进行有效整合，来更好地实现短语抽取的混合方法。本书基于混合方法，从上市公司风险因素文本信息集合中抽取短语。

3.4.1　风险因素候选短语的抽取

在完成上市公司风险因素信息的采集与预处理之后，首先需要从风险因素文本信息集合中抽取出候选短语。当前，常用的中文分词工具主要包括中科院ICTCLAS、结巴（Jieba）分词、IKAnalyzer分词器、HanLP、哈工大LTP、FudanNLP和盘古分词等。作为一款开源的中文分词引擎，Jieba分词工具包含中文分词、词性标注、引入用户自定义词典、去停用词、关键词抽取等功能，具有分词速度快、准确率高和良好的可扩展性等优点，目前已经在中文自然语言处理中得到了广泛的应用。本书利用Jieba中文分词工具，结合文本挖掘领域中最为常用的中文停用词表之一的哈尔滨工业大学停用词表和构建的用户词典来对文本数据进行分词、词性标注和去停用词，形成上市公司风险因素文本语料。

本书利用基于统计语言模型的 N-Gram 算法来抽取候选短语。N-Gram 算法的基本思想是：对文本内容做大小为 N 的滑动窗口切分操作，获得的长度为 N 的字节片段称为 gram；然后以预先设定好的最低频次作为阈值，对所有的 gram 进行过滤和筛选，从而得到最终可用的关键 gram 列表。机器学习和自然语言处理算法与程序可以将 N-Gram 算法得到的关键 gram 项作为文本的语义特征，以更好地实现文本数据的分类、聚类、关联分析和语义标注等。N-Gram 算法具有不受语种限制、不需要语言学处理、无须事先设定规则和无须词典支持等优点，如今已经被广泛地应用于文本分类、信息检索和机器翻译等领域中。

本书将 N-Gram 算法的最低频次设定为 4，将滑动窗口的大小 N 设定为 2～4，即识别上市公司风险因素文本语料中的 Bigram（2-Gram）、Trigram（3-Gram）和 Four-gram（4-Gram），并将含有逗号、分号、句号和冒号等标点符号的 gram 剔除（因为短语中不可能含有标点符号），形成候选短语集合。本书使用日本早稻田大学的 Laurence Anthony 教授研发的 AntConc 软件来抽取候选短语，该语料库分析与检索工具对 N-Gram 算法进行了实现与封装，AntConc 软件的 N-Gram 挖掘界面如图 3.4 所示。

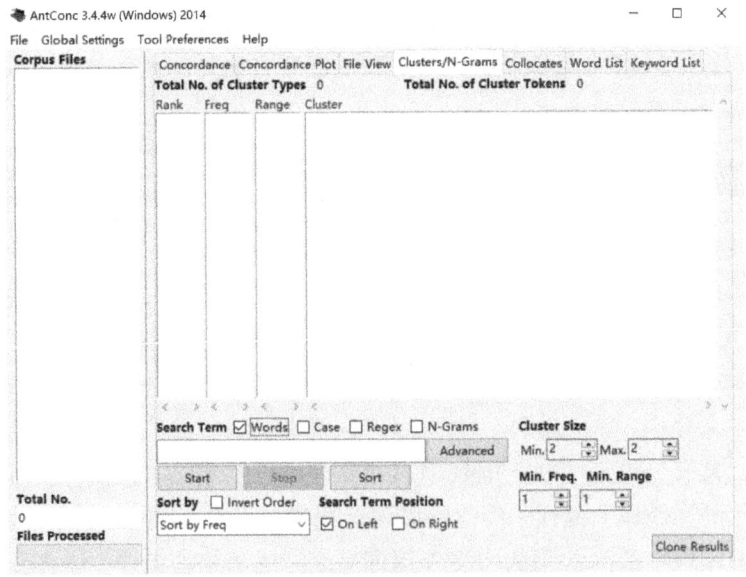

图 3.4　AntConc 软件的 N-Gram 挖掘界面

本书利用AntConc软件，从文本语料中挖掘到的N-Gram及其频次如图3.5所示，一共包含3804个，典型的gram有“不利 影响”“公司 经营”“经营 业绩”“生产 经营”“新 产品”“行业 政策”“新药 研发”等。

候选gram - 记事本
文件(F) 编辑(E) 格式(O) 查看(V) 帮助(H)

候选gram	频次
不利 影响	227
公司 经营	170
影响 公司	152
经营 业绩	144
过程 中	134
生产 经营	122
公司 产品	114
公司 生产	113
公司 面临	113
新 产品	113
行业 政策	110
年 月	107
产生 不利	104
产生 不利 影响	104
新药 研发	96

第 51 行，第 11 列 100% Windows (CRLF) UTF-8

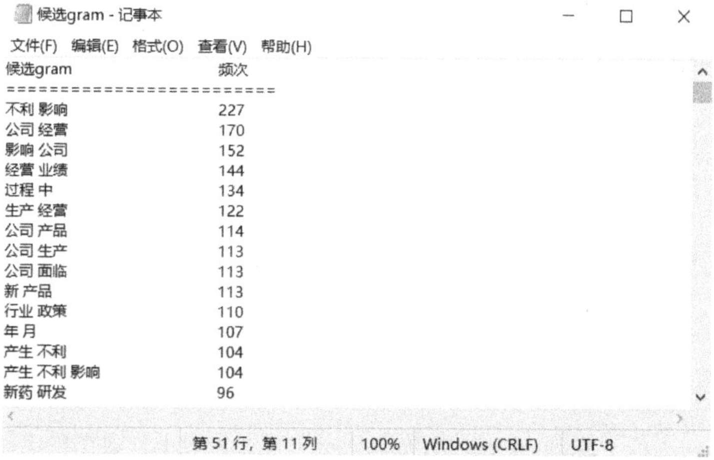

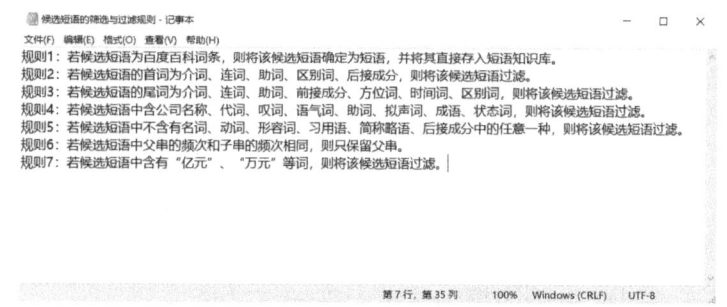

图 3.5 AntConc 软件挖掘到的候选 gram（部分）

3.4.2 基于规则的风险因素候选短语筛选与过滤

本书从研究文献中获取与候选短语筛选及过滤相关的领域知识，对以往国内外有关短语挖掘的研究文献中的候选短语筛选及过滤规则进行了系统全面的收集和整理，并结合上市公司风险因素文本语料的具体语言特点，确定了7条规则，如图3.6所示。

候选短语的筛选与过滤规则 - 记事本
文件(F) 编辑(E) 格式(O) 查看(V) 帮助(H)
规则1：若候选短语为百度百科词条，则将该候选短语确定为短语，并将其直接存入短语知识库。
规则2：若候选短语的首词为介词、连词、助词、区别词、后接成分，则将该候选短语过滤。
规则3：若候选短语的尾词为介词、连词、助词、前接成分、方位词、时间词、区别词，则将该候选短语过滤。
规则4：若候选短语中含公司名称、代词、叹词、语气词、助词、拟声词、成语、状态词，则将该候选短语过滤。
规则5：若候选短语中不含有名词、动词、形容词、习用语、简称略语、后接成分中的任意一种，则将该候选短语过滤。
规则6：若候选短语中父串的频次和子串的频次相同，则只保留父串。
规则7：若候选短语中含有“亿元”、“万元”等词，则将该候选短语过滤。
第 7 行，第 35 列 100% Windows (CRLF) UTF-8

图 3.6 候选短语筛选与过滤的规则

本书利用基于规则方法筛选出来的短语如图3.7所示，如“商誉减值”“二次议价""分级诊疗""公立医院改革""医药卫生体制改革""企业所得税""质量管理体系""医疗保险制度""人民币汇率""辅助用药"等。

图 3.7 基于规则方法的短语筛选结果(部分)

本书利用基于规则方法过滤掉的 gram 如图 3.8 所示,典型的有"分别 万元""万元 万元""金额 万元""投产 后""上 仍""后 仍""一定 程度 上""影响 下""情况 下"等。

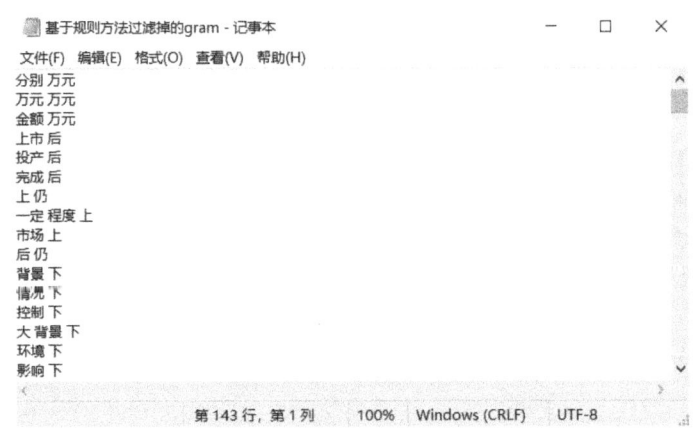

图 3.8 基于规则方法过滤掉的 gram(部分)

3.4.3 基于统计的风险因素候选短语筛选与过滤

本书使用经改进后的互信息公式(Van de Cruys,2011;刘彤 等,2016)来衡量候选短语内部构成单元(词语)之间结合的紧密度,即候选短语的内部凝聚度。对于一个由 n 个词单元所构成的候选短语 A（A 为一个 N-Gram，$A=A_1, A_2, \cdots, A_n$），将 A 和 A_i（组成 A 的词单元）在语料中出现的频率分别表示为 $P(A)$ 和 $P(A_i)$，那么 A 的互信息为：

$$EMI(A) = \log \frac{P(A)}{\sqrt{\prod_{i=1}^{n} P(A_i)}} \text{。} \tag{3-1}$$

但是式（3-1）存在着一定的缺陷：对于词单元数量不同的候选短语（候选短语 n 的取值不同），计算出的互信息值并不具有可比性（刘彤 等，2016）。因此，需要将式（3-1）计算出的候选短语的互信息值进行归一化处理，形成最终的度量候选短语 A 的内部词语结合紧密度的公式：

$$\overline{EMI(A)} = \frac{EMI(A)}{\frac{1}{S_{|A|}} \sum_{A' \in S_{|A|}} EMI(A')} \text{。} \tag{3-2}$$

其中，$S_{|A|}$ 表示与候选短语 A 具有相同词单元数量的候选短语集合。同时，本书利用左右信息熵公式来度量候选短语左右边界的不确定性，即候选短语的外部自由度。信息论之父 Shannon 提出了信息熵（Information Entropy）的概念，用于衡量随机变量的不确定性程度或信息量；随机变量的不确定性越大，则其熵值越大，所包含的信息量也越丰富。左右信息熵的计算公式（李丹，2011）如下所示：

$$LE(s) = -\sum_{l \in L} P(ls|s) \log_2 P(ls|s)\text{；} \tag{3-3}$$

$$RE(s) = -\sum_{r \in R} P(sr|s) \log_2 P(sr|s) \text{。} \tag{3-4}$$

其中，$LE(s)$ 和 $RE(s)$ 分别表示候选短语 s 的左信息熵（Left Entropy）和右信息熵（Right Entropy）；L 和 R 分别表示候选短语 s 的左邻接词的集合和右邻接词的集合；l 和 r 分别表示 s 的左邻接词和右邻接词；$P(ls|s)$ 和 $P(sr|s)$ 分别表示 l 与 s 共现的条件概率及 s 与 r 共现的条件概率。若一个候选短语的 $LE(s)$ 和 $RE(s)$ 越大，则表明其左右搭配（左右邻接词）越不固定，其独立性与自由程度越高，该候选短语越适合作为一个独立的组合和完整的语义单元。

本书还利用英国曼彻斯特大学的 Frantzi 等（2000）提出的 C-value 公式来实现候选短语的统计过滤。C-value 公式的基本思想是：一个候选短语通过

C–value 公式计算得到的 *C-value* 值正比于该候选短语的长度和候选短语在领域语料中的词频；若一个候选短语被其他候选短语所嵌套，则其 *C-value* 值会相应降低；候选短语的 *C-value* 值越大，则该候选短语越有可能是一个真正的短语。候选短语 *A* 的 *C-value* 值的计算公式如下所示：

$$C\text{-}value(A)=\begin{cases}\log_2|A|\times f(A), & A\text{未被嵌套}\\ \log_2|A|\times f(A)-\dfrac{1}{c(A)}\sum\limits_{i=1}^{c(A)}f(b_i), & \text{其他}\end{cases}\text{。} \tag{3–5}$$

其中，$|A|$ 和 $f(A)$ 分别表示 *A* 的长度和在语料中出现的频次；b_i 和 $c(A)$ 分别表示嵌套 *A* 的候选短语及其数量。C–value 公式综合考虑了候选短语的长度因素和是否被其他候选短语所嵌套的情况，具有不受语种和领域限制、计算简单、适用性强等优势，尤其适合长短语与嵌套短语的抽取。

本书参考韩红旗等（2011）、颜端武等（2014）的做法，将计算机程序对候选短语的自动筛选和过滤与领域专家的人工辅助判断相结合，以构建学术研究和产业实践中可复用的高质量的医药制造业上市公司短语知识库。然后将从风险因素文本信息中抽取的短语与从年报释义部分获取的短语进行合并及去除重复值，最终形成了一个包含 1334 个短语的领域知识库，知识库中的部分短语如图 3.9 所示。

	A	B	C	D	E	F	G	H
1	不利影响	生产过程	重大影响	技术研发	销售模式	注册法规严格	产生废水	环境变化
2	公司经营	药品招标	市场竞争风险	监管政策	不达预期	研发周期	公司规模扩张	管理团队
3	经营业绩	制药企业	政策变化风险	经营管理	医疗改革	竞争优势	医疗体制改革	经营发展
4	生产经营	应收账款	环保标准	中药材价格	医药生产	重大不利影响	医疗服务	药品研发风险
5	公司产品	盈利水平	相关政策	产品质量风险	原材料供应	生产管理	医疗保险制度	行业竞争加剧
6	新产品	国家政策	高新技术企业	公司产品质量	环保政策	研发过程	医疗卫生体制改革	采购成本
7	行业政策	环保风险	公司业务	公司管理	生产质量	规模扩大	工艺复杂	高投入
8	新药研发	减值风险	安全生产	公司经营规模	重大变化	辅助用药	市场格局	高端市场
9	生产企业	公司发展	商誉减值风险	医药产品	产品市场	业务发展	投入大量资金	一致性评价工作
10	医保控费	商誉减值	新产品开发	发展战略	公司主导产品	业务拓展	新版医保目录	业务规模
11	管理风险	更高要求	药品集中采购	快速发展	操作不当	企业所得税	甾体药物	产品结构
12	产品研发	生产销售	汇率波动	投入大	政府定价	集资金投资项目实	相关规定	人力资源管理
13	政策风险	医保支付	研发失败	核心技术人员	流通环节	原料血浆	经营成本	公司业绩
14	研发风险	新产品研发	竞争加剧	公司主要产品	研发成功	市场竞争加剧风险	药品招投标	公司收入
15	药品生产	质量控制	营业收入	周期延长	质量安全	政策影响较大	补偿义务人	减值测试
16	药品研发	政策影响	招标降价	特殊商品	质量风险	政策调整	不利变化	医改政策
17	政策变化	行业政策风险	GMP认证	研发投入	项目实施	整合风险	企业合并	医药行业政策
18	药品价格	价格波动风险	国家监管	行业政策变化风险	公司未来发展	新药开发	医保目录调整	医药行业监管
19	盈利能力	市场环境	核心竞争力	要求高	医药生产企业	核心技术人员流失	医药行业发展	周期较长
20	药品质量	二次议价	主要原材料	不可预测因素	国家监管法规	注册审批	医药行业未来发展	并购整合
21	价格波动	产品生产	体外诊断行业	产品质量问题	审评审批	研发生产	固定资产折旧	快速扩张
22	药品降价	招标采购	投资项目	制药行业	市场开拓	经营活动	市场价格	技术人才
23	原材料价格	公司规模	竞争激烈	原材料价格波动风险	市场接受	质量管理体系	市场竞争力	投资风险
24	未来发展	药品降价风险	管理人才	行业监管	正常生产经营	产品质量控制	成本上涨	持续发展

图 3.9　知识库中的短语（部分）

3.5 基于上市公司风险因素短语的知识利用

3.5.1 基于风险因素短语的文本聚类分析

在进行文本聚类之前，首先需要将上市公司风险因素文本语料中的词汇序列替换成词汇序列所对应的短语，例如，将语料中的词汇序列"药品 集中 招标 采购"替换为短语知识库中的"药品集中招标采购"。其次将上市公司风险因素文本语料中短语之外的词去除，形成只包含短语知识单元的上市公司风险因素文本语料。本书将向量空间模型（Vector Space Model，VSM）作为文本表示方法，并利用词频-逆文档频率（Term Frequency–Inverse Document Frequency，TF–IDF）方法来计算向量空间中文本特征（短语）的权重。最后利用 K-Means 算法来完成文本的聚类，并将聚类结果输出。

向量空间模型是康奈尔大学的 Salton 等于 20 世纪 70 年代提出的文本表示模型，该模型的基本思想是：将文本内容及用户查询映射和形式化表示为多维向量空间中的权值向量，向量的维度代表字、词、短语、N-Gram 等文本特征和信息表达元素；向量空间模型的目的是将文本内容及用户查询表达为易于计算机程序处理和理解的形式，然后通过向量的运算来实现文本检索、文本相似度计算和文本分类等任务。向量空间模型如今已经成为文本挖掘和自然语言处理领域的核心方法和经典模型，在信息检索、文本分类、文本聚类、自动标引、信息过滤和自动文摘等任务中有着非常广泛的应用。对于一个包含 m 篇文档的文档集合 D，利用向量空间模型可以将 D 中的第 i 篇文档 D_i 表示为如下所示的 n 维向量：

$$\overrightarrow{d_i} = (w_{i1}, w_{i2}, \cdots, w_{in})。 \quad (3-6)$$

其中，w_{in} 表示文档 D_i 中的文本特征项 t_n 的权重。文本特征项的权重计算方法主要包括布尔权重法、词频权重法、TF–IDF 权重法、熵权重法等。本书使用文本挖掘与自然语言处理领域广泛使用的 TF–IDF 方法来计算文本特征项（短语）的权重。TF–IDF 方法的主要思想是：若某个文本特征项在文档 D_i 中出现的频率高，且在其他文档中很少出现，则认为该文本特征项能够有效地将文档 D_i 与文档集合 D 中的其他文档区分开来，因此赋予文档 D_i 中的该文本特征项较高的权重。用 TF–IDF 方法计算文本特征项权重的公式如下：

$$w_{ij} = tf_{ij} \times idf_j = tf_{ij} \times \log \frac{N}{n_j}。 \quad (3-7)$$

其中，tf_{ij} 和 idf_j 分别表示文本特征项 t_j 在文档 D_i 中出现的频率和在文档集合 D 中的逆文档频率；N 表示文档集合 D 中总的文档数量；n_j 表示文档集合 D 中出现文本特征项 t_j 的文档数。

利用向量空间模型和 TF-IDF 方法将文本数据转化为权值向量后，本书利用 K-Means 算法来实现文本的聚类分析。K-Means 算法对数据的聚类过程如下：首先，随机从待处理的数据集中选择 k 个数据对象作为各个类簇的初始中心点（质心）；其次，根据其他数据对象与各个中心点的距离，将其归类到与之距离最近的类簇中；最后，待到数据集中所有的数据对象都归类到 k 个类簇中以后，再重新计算各个类簇的中心点，并重复上述过程，直至达到一定的迭代次数或者聚类准则函数（目标函数）完成收敛。计算各类簇的平方误差总和的聚类准则函数 E 的定义如下：

$$E = \sum_{i=1}^{k} \sum_{P \in c_i} |P - m_i|^2 。 \tag{3-8}$$

其中，P 表示第 i 个类簇 c_i 中的数据对象，m_i 表示类簇 c_i 的中心（属于类簇 c_i 的数据对象的平均值）。

本书根据确定 K-Means 算法最优类簇数的 Elbow 方法（Kodinariya et al., 2013），结合中国 A 股医药制造类上市公司在年报文件中披露的风险因素的大致类别数，将 K-Means 算法的类簇数 k 设定为 10。完成文本数据的聚类后，将各个类簇中的 10 个核心短语输出到文本书件中，如图 3.10 所示。

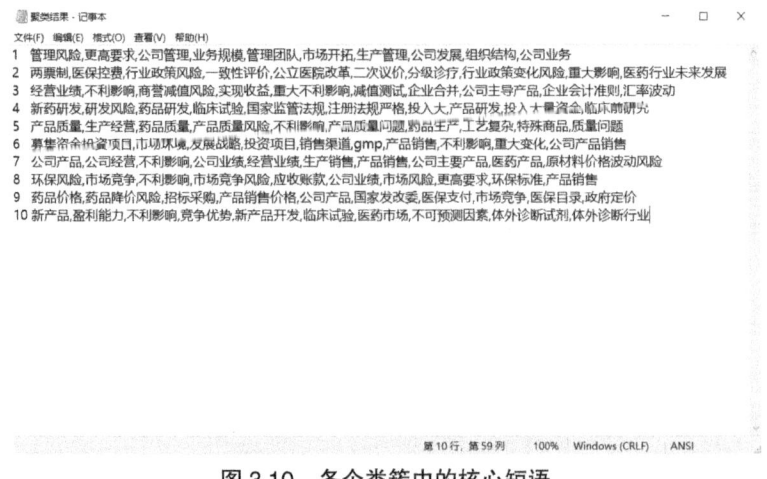

图 3.10　各个类簇中的核心短语

根据 K-Means 算法输出的文本聚类结果，可以全面而清晰地感知中国 A 股医药制造类上市公司所面临的主要风险因素：第 1 个类簇中的"公司管理""管理团队""生产管理"等短语主要描述企业管理方面的风险因素；第 2 个类簇中的"两票制""医保控费""分级诊疗""公立医院改革"等短语主要描述行业政策方面的风险因素；第 3 个类簇中的"经营业绩""商誉减值风险""企业合并"等短语主要描述商誉减值方面的风险因素；第 4 个类簇中的"新药研发""临床试验""投入大"等短语主要描述产品研发方面的风险因素；第 5 个类簇中的"药品质量""产品质量风险""产品质量问题"等短语主要描述产品质量方面的风险因素；第 6 个类簇中的"募集资金投资项目""发展战略""市场环境"等短语主要描述投资项目方面的风险因素；第 7 个类簇中的"公司经营""经营业绩""生产销售"等短语主要描述公司经营方面的风险因素；第 8 个类簇中的"市场竞争""公司业绩""产品销售"等短语主要描述市场竞争方面的风险因素；第 9 个类簇中的"药品价格""产品销售价格""政府定价"等短语主要描述药品降价方面的风险因素；第 10 个类簇中的"新产品""盈利能力""医药市场"等短语主要描述企业盈利方面的风险因素。

3.5.2 基于风险因素短语的共现分析

共现分析是图书情报领域的核心方法之一，主要用于分析关键词、机构、作者等特征项在文献数据中共同出现的现象，挖掘和揭示其中的规律和联系，从而帮助用户发现研究领域的核心学者和机构、学者之间的合著关系、机构之间的合作关系、领域的研究热点和发展趋势等。本书利用共现分析来挖掘短语之间存在的知识关联，并对短语的共现关系进行可视化呈现，从而帮助决策者更加全面、准确地感知上市公司的风险因素。

若两个以上的短语在同一个文本片中共同出现，本书则认为这些短语之间存在着共现关系。基于短语的共现分析首先需要构建短语的共现矩阵（Co-occurrence Matrix），然后利用社会网络分析工具对共现矩阵进行挖掘和可视化呈现。本书利用中国医科大学医学信息学系研发的书目共现分析系统（BICOMB）来构建短语的共现矩阵，BICOMB 软件的主界面如图 3.11 所示。

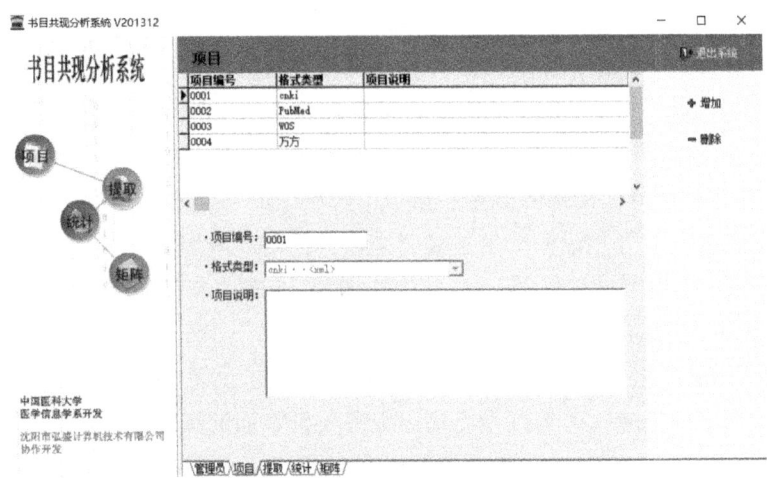

图 3.11　BICOMB 软件的主界面

本书对频次高于 10 次（在实际的产业实践中，可让用户根据需求自主设置阈值以控制可视化图形中所呈现的短语的数量）的短语构建共现矩阵，最终形成的短语共现矩阵如图 3.12 所示。

	不利影响	经营业绩	公司产品	医保控费	两票制	管理风险	产品质量	生产经营	一致性评价	临床试验	新产品	新药研发	市场竞争
不利影响	208	78	35	10	21	2	32	36	24	21	20	12	8
经营业绩	78	112	12	2	0	0	6	5	8	1	1	2	4
公司产品	35	12	87	5	7	1	8	15	13	1	1	0	8
医保控费	10	3	5	79	31	1	1	1	13	1	1	0	6
两票制	21	6	7	31	76	0	0	8	48	2	0	0	3
管理风险	2	0	1	1	0	68	2	5	0	0	0	0	0
产品质量	32	6	8	1	0	2	67	16	1	0	0	0	0
生产经营	36	5	15	1	8	5	16	61	13	2	0	0	3
一致性评价	24	8	13	13	48	0	1	13	59	2	1	4	6
临床试验	21	1	1	1	2	0	0	2	2	56	35	27	2
新产品	20	1	1	1	0	0	0	0	1	35	55	6	4
新药研发	12	2	0	0	0	0	0	0	0	37	6	52	0
市场竞争	8	4	8	6	3	0	2	3	6	2	4	0	49

图 3.12　短语的共现矩阵（局部）

短语的共现矩阵构建完成之后，本书使用 Gephi 软件来实现短语共现矩阵的挖掘和可视化分析。Gephi 软件是由多个研究机构联合研发的开源跨平台的网络分析和可视化工具，该软件适用于各种不同类型的网络和复杂系统，可以帮助数据分析师和研究人员发现数据中蕴含的潜在有用的模式、连接、规律和趋势。Gephi 软件包含多种布局算法（Layout Algorithm），允许用户自定义可视化图形的布局、颜色、大小、字体和标签等属性，并为用户的网络

3 上市公司风险因素智能感知

分析提供多种统计指标。如今，Gephi 软件已经被国内外的研究者广泛地应用于链接分析、文献计量分析、生物网络分析和社交网络分析等领域中。Gephi 软件的主界面如图 3.13 所示。

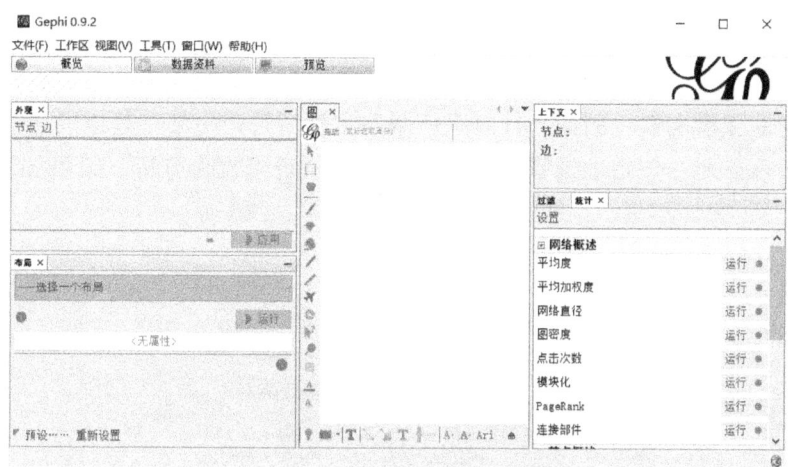

图 3.13 Gephi 软件的主界面

本书利用 Gephi 软件对短语共现矩阵的可视化分析结果如图 3.14 所示。根据短语节点的相对大小，可以直观地发现描述中国 A 股医药制造类上市公司风险因素的核心短语主要有"经营业绩""生产经营""行业政策""新药研发""医保控费""产品研发""政策变化""药品研发""药品价格""两票制""产品质量""盈利能力""临床试验""药品质量""药品降价""原材料价格""一致性评价""医保目录""行业竞争""应收账款""盈利水平""国家政策""二次议价""商誉减值""医保支付""分级诊疗""原材料采购""市场竞争""环保标准""汇率波动""研发失败""竞争激烈""公立医院改革""募集资金投资项目""GMP 认证""质量管理体系""医药卫生体制改革"等。

若决策者对某一短语较为关注，可以基于共现分析找出与之相关联的短语，并对其进行可视化。例如，若决策者关注上市公司的"研发风险"这一短语，利用共现分析找出的与该短语共现的短语如图 3.15 中深色节点所示。这些短语主要有"高投入""周期较长""难度大""风险高""研发周期延长风险""投入大量资金""较大不确定性""研发能力""临床前研究""新药上市""市场接受""新产品研发""新药研发""药品注册""临床试验"等。这些短语有利于帮助决策者感知中国 A 股医药制造类上市公司在研发上的风险因素具体表现为投入大、周期长、风险高、不确定性较大、临床研究、研发能力、市场接受和药品注册等多个方面。

除了从宏观、整体的视角上感知上市公司所面临的各种风险因素以外，还可以基于短语在文本片中的共现关系，从微观的视角上对决策者所关注的特定的上市公司的风险因素进行可视化分析，从而提高决策支持和知识服务的针对性和精准性。例如，针对医药制造类上市公司中某一具体的 A 上市公司，将该公司在年报中披露的风险因素信息进行可视化分析，结果如图 3.16 所示。

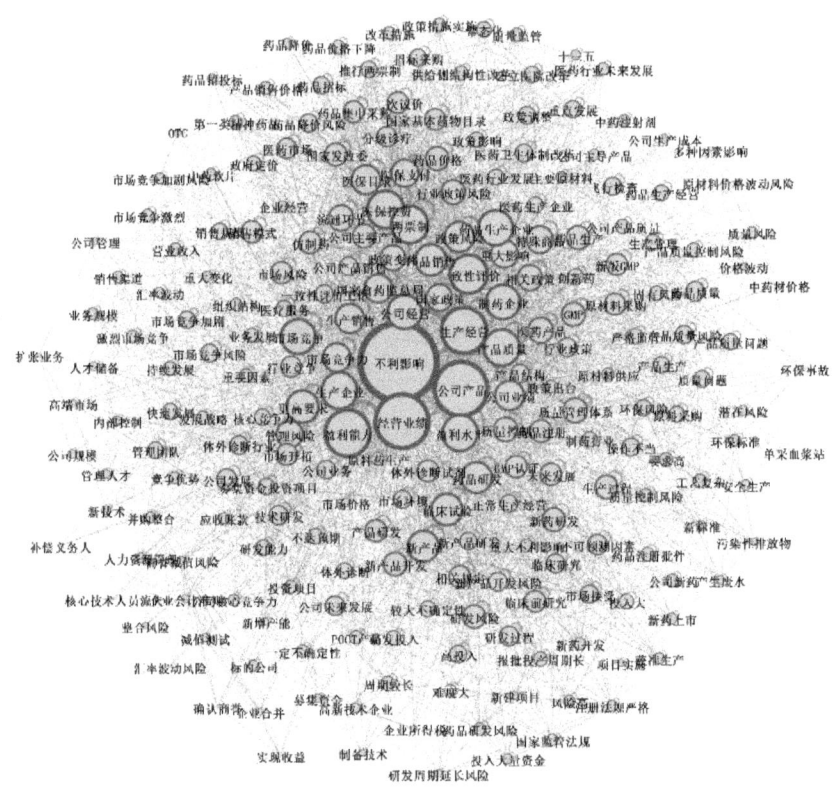

图 3.14　短语共现矩阵的可视化分析结果

3 上市公司风险因素智能感知

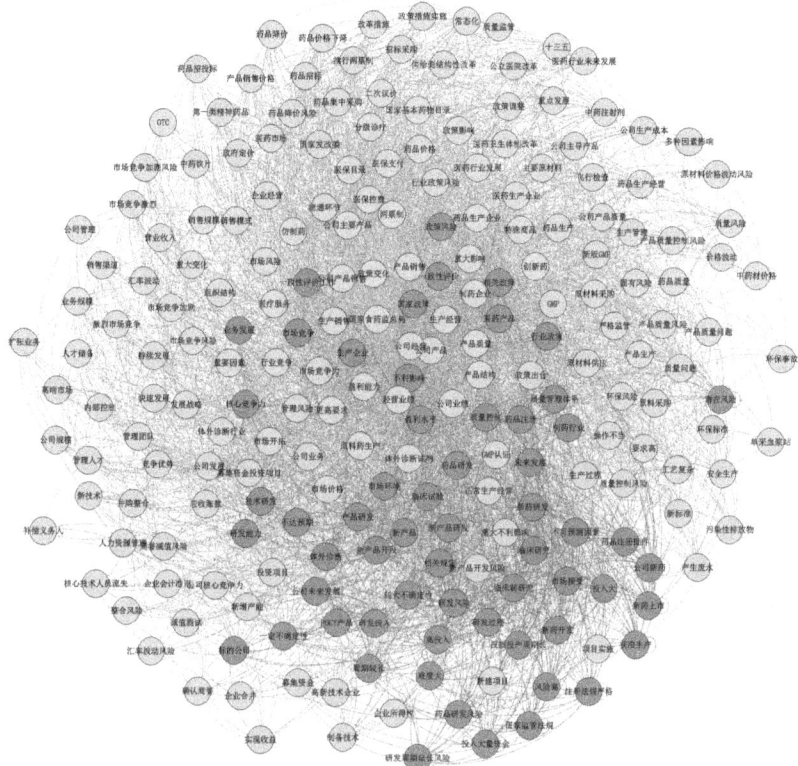

图 3.15 与短语"研发风险"共现的短语

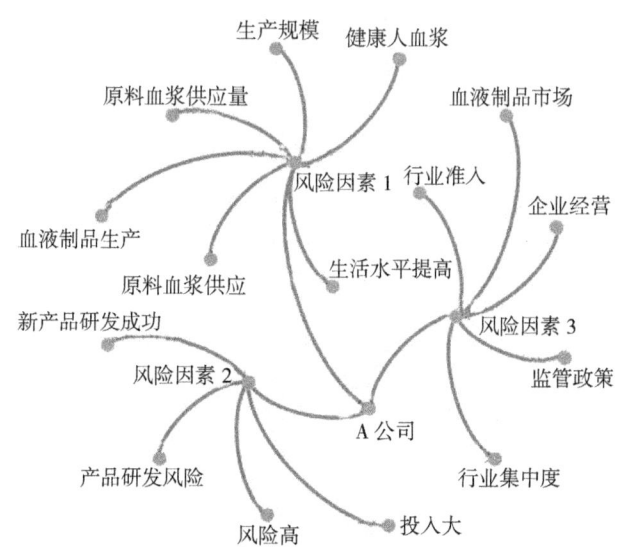

图 3.16 A 上市公司风险因素信息的可视化结果

从图 3.16 可以直观地发现，A 上市公司面临着 3 种风险因素：第一种是原料供应方面的风险因素，主要体现在"健康人血浆""原料血浆供应量""血液制品生产""原料血浆供应"等短语上；第二种是产品研发方面的风险因素，主要体现在"风险高""投入大""产品研发风险"等短语上；第三种是行业垄断方面的风险因素，主要体现在"监管政策""行业准入""行业集中度""血液制品市场"等短语上。

3.5.3　基于风险因素短语的知识检索

为了使得决策者能够快速、便捷地检索与上市公司风险因素相关的信息和知识，本书在构建的短语知识库的基础上，综合利用 Web 程序开发技术、数据库技术和知识检索技术来实现基于短语的知识检索，并开发了相应的原型系统。本书使用 Java 程序设计语言和 Eclipse 开发平台，利用 Lucene 全文搜索引擎库、轻量级 Web 应用服务器 Tomcat 和 MySQL 数据库，基于 B/S（Brower/Server）系统架构和 MVC（Model-View-Controller）设计模式来对知识检索原型系统进行了实现。

本书实现的基于短语的知识检索原型系统所使用的核心程序库之一是 Lucene 全文搜索引擎库。Lucene 是由 Apache 软件基金会支持的一个免费开源的全文检索引擎工具包，该工具包最初由搜索及基础架构工程师 Doug Cutting 使用 Java 语言编写，如今 Lucene 已经被移植到了 C#、Python、Perl 和 Ruby 等编程语言上。Lucene 工具包为实现和开发全文检索引擎提供了良好的接口调用和完整的架构，科研人员和软件工程师可以根据研究和应用项目需求，基于 Lucene 工具包进行二次开发，从而实现各种应用系统中的全文检索功能。作为 Apache 软件基金会旗下最为活跃的项目之一，Lucene 工具包具有整体架构清晰、易用性高、可扩展性强、检索效率高、易于管理和维护等优点，是当前被学术界和工业界广泛使用的高性能全文检索引擎架构。Lucene 中的核心程序包有 7 个，各自的功能如表 3.1 所示。

表 3.1　Lucene 中的核心程序包及其功能

程序包名称	功能
org.apache.lucene.analysis	语言分析器
org.apache.lucene.document	存储结构

续表

程序包名称	功能
org.apache.lucene.index	索引接口
org.apache.lucene.queryParser	查询分析器
org.apache.lucene.search	检索接口
org.apache.lucene.store	底层 I/O 存储结构
org.apache.lucene.util	公用类

本书开发的基于短语的知识检索原型系统的主界面主要包括搜索框和搜索结果的呈现两部分；系统不仅会显示相应的全文检索结果，还会呈现与全文检索结果所对应的文本片中所包含的短语，如图3.17所示。与此同时，若用户在搜索框中输入的检索词包含了知识库中存在的短语，系统还会在搜索框下方自动呈现一些相似的短语，以引导和启发决策者的知识检索。

图 3.17 基于短语的知识检索原型系统

本书基于短语的共现矩阵和Ochiia相似系数公式来实现短语之间相似度的计算。若有两个短语i和j，两者之间的Ochiia相似系数公式（Zhou et al., 2016）如下：

$$Ochiia_{ij} = \frac{N_{ij}}{\sqrt{N_i \times N_j}} \quad (3-9)$$

其中，N_{ij}表示i与j共同出现的频次；N_i、N_j分别表示i与j各自出现的频次；

N_i、N_j 和 N_{ij} 的值可通过计算机程序直接从短语共现矩阵中读取。

例如，当用户在搜索框中输入"两票制"时，原型系统不仅会呈现相应的全文检索结果和文本片中包含的所有短语；同时还会在搜索框的下方显示知识库中与短语"两票制"最相似的 10 个短语，并在括弧中标明各自的相似度，如图 3.17 中搜索框下方显示的"一致性评价（0.71）""分级诊疗（0.58）"等。

本书基于 Lucene 工具包来实现知识检索功能的 Java 程序的核心代码如图 3.18 所示。

```
IndexDao.java
142                 query.add(keyWordQuery, Occur.MUST);
143         } catch (ParseException e) {
144             e.printStackTrace();
145         }
146     } else {
147         MatchAllDocsQuery matchAllDocsQuery = new MatchAllDocsQuery();
148         query.add(matchAllDocsQuery, Occur.MUST);
149     }
150     if (industryKeyword != null && !"".equals(industryKeyword)) {
151         Query industryKeywordQuery = new TermQuery(new Term("industryKeyword",industryKeyword));
152         query.add(industryKeywordQuery, Occur.MUST);
153     }
154
155     Sort sSort = new Sort();
156     if ("1".equals(sort)) {
157         SortField sortField = new SortField("industryCreateTime", SortField.Type.STRING);
158         sSort.setSort(sortField);
159     } else {
160         SortField sortField = new SortField("industryCreateTime", SortField.Type.STRING, true);
161         sSort.setSort(sortField);
162     }
163     ResultModel resultList =queryIndex(query, sSort,  page);
164     //高亮显示
165     if (keyWordQuery != null) {
166         QueryScorer queryScorer = new QueryScorer(keyWordQuery);
167         SimpleHTMLFormatter formatter = new SimpleHTMLFormatter("<span style=\"color:red\">", "</span>");
168         Highlighter highlighter = new Highlighter(formatter, queryScorer);
169         if (null != resultList.getIndustryList()) {
170             for (Industry model:resultList.getIndustryList()) {
```

图 3.18　实现知识检索功能的核心 Java 代码

4 上市公司风险事件智能监测

4.1 研究问题的分析与描述

上市公司在经营管理过程中一旦发生重大风险事件，需要根据证券监管部门对上市公司信息披露的相关规定和要求，在临时公告中进行及时、准确地披露，并说明事件的起因、目前的状态和可能产生的影响。与此同时，各种新闻媒体和网站也会进行各种采访、调查、跟进和报道。例如，长生生物发生疫苗事件之后，发布的前几份临时公告文件中披露的主要内容包括：长春长生冻干人用狂犬病疫苗生产记录造假、《药品 GMP 证书》被收回、狂犬疫苗的生产被责令停止及停产将对生产经营产生较大的影响；长生生物股票两日跌幅偏离值累计达到 20%；对冻干人用狂犬病疫苗的召回，导致公司 2018 年上半年的营业收入和净利润减少；长春长生收到行政处罚决定书、被罚 344 万元、百白破生产车间停产及该行政处罚对经营业绩造成影响。除了长生生物发布的临时公告文件以外，《中国证券报》、《上海证券报》、《证券日报》、《证券时报》、《新京报》、《21 世纪经济报道》、《每日经济新闻》、《第一财经日报》、澎湃新闻、东方财富网、新浪财经、中国经济网等上百家新闻媒体和网站从多个方面对长生生物的疫苗事件进行了大量的采访调查和跟进报道。

上市公司的临时公告和新闻报道数据具有价值性高、及时性强、可获得性高的特征，对于管理决策有着非常重要的作用。很多的财经网站和证券交易软件都有采集上市公司重要的临时公告和新闻报道，并将其推送给用户的功能。学术界和产业界还推出了相关的评测任务和比赛，以此推动上市公司的临时公告和新闻报道数据的挖掘与利用。例如，阿里云、中国证券投资基金业协会和华夏基金等单位举办的 FDDC2018 金融算法挑战赛中的 "A 股上市公司公告信息抽取"任务就是从上市公司的股东增减持、资产重组和重大合同等临时公告中抽取出股东全称、变动后持股数、变动后持股比例、合同名称、甲方、乙方、交易标的、标的公司等结构化的数据；2019 年的全国知识图谱与语义计算大会（CCKS 2019）的评测任务"面向金融领域的事件主体抽取"的目标是从上市公司的新闻报道中抽取事件主体；CCKS 2020 的评测任务"面向金融领域的小样本跨类迁移事件抽取"的目标是从新闻报道数据中抽取出事件类型、事件元素和触发词等事件知识，评测任务"面向金融领域的篇章级事件主体与要素抽取"的目标是从公告和新闻报道中抽取事件主体和事件要素。

上市公司的临时公告和新闻报道为开展上市公司风险事件监测提供了重要的数据源，但是若不对其进行智能化的处理而直接将其推送给决策者，势必会造成决策者的信息过载，这是因为：①上市公司一旦发生重大风险事件，除了上市公司发布的临时公告文件以外，各种新闻报道往往层出不穷，如长生生物发生疫苗事件后，短时间内各大新闻媒体和网站发布各种新闻报道多达上百篇；这些新闻报道包含了很多上市公司在临时公告文件中未披露的对管理决策有重要价值的信息，上市公司未披露这些信息的原因在于这些信息不属于有关部门规定的上市公司应当披露的信息范畴，如新闻媒体报道的长生生物被多家基金公司下调估值等情况。②单篇临时公告、单篇新闻报道及多篇临时公告和新闻报道组成的文本集合，在内容上往往包含了多个事件主题；例如，针对长生生物疫苗事件的单篇新闻报道——《被证监会立案调查，长生生物六个跌停后股权质押风险暴露》在内容上就包含了长生生物被证监会立案调查、股价连续跌停及股权质押风险暴露等多个事件主题。

4.2 基于主题摘要的上市公司风险事件智能监测模型

文本摘要是自然语言处理和文本挖掘领域中的一项关键技术，是管理和组织非结构化文本的重要手段。文本摘要对于缓解信息过载，帮助用户从大量的文本数据中获取重要的关键信息有着重要的意义。根据摘要形成的方式和方法的不同，可以将文本自动摘要分为抽取式与生成式两种：抽取式文本自动摘要主要根据文本中的词语和句子等关键性的语义信息与统计特征，选择一定数量的重要性较高的句子形成文本的自动摘要；生成式文本自动摘要则需要使得计算机在对原文本的语义进行深度的表示、分析与理解的基础上，对原文本的内容进行提炼，并重新组织语言来实现对原文本内容的概括和凝练，从而形成文本的自动摘要。

4 上市公司风险事件智能监测

虽然生成式文本自动摘要在一定程度上与人类完成文本摘要的过程更加接近,但是生成式文本自动摘要高度依赖于复杂的文本语义分析、自然语言理解和自然语言生成等技术,实现难度较大,且在目前的自然语言处理技术下实现的中文生成式文本自动摘要的可读性、语法性、准确性、连贯性、可用性还十分有限。因此,本书采用抽取式的方法生成上市公司风险事件各个主题下的文本自动摘要来实现上市公司风险事件智能监测。

本书以上市公司风险智能识别模型框架为基础,构建了由数据采集与数据预处理模块、知识获取与知识组织模块、知识利用与知识服务模块所构成的基于主题摘要的上市公司风险事件智能监测模型,如图4.1所示。

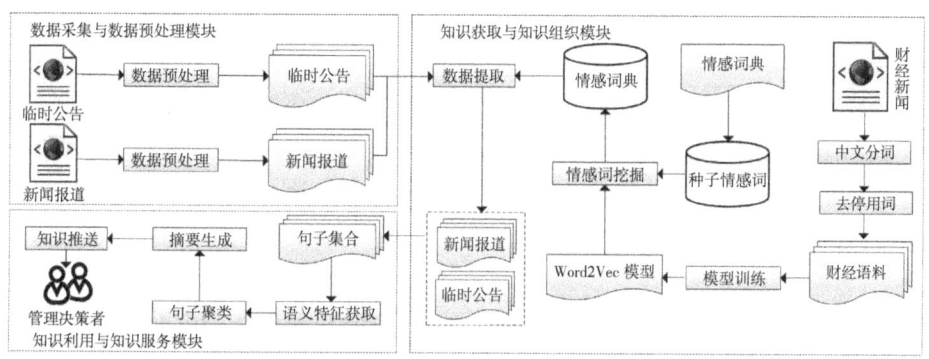

图 4.1 基于主题摘要的上市公司风险事件智能监测模型

数据采集与数据预处理模块主要对上市公司的临时公告和新闻报道文本数据进行采集,并完成数据的预处理工作;知识获取与知识组织模块的任务是构建金融情感词典及提取与上市公司风险事件相关的文本数据,该模块需要基于种子情感词、Word2Vec模型和外部知识库半自动构建面向金融领域的情感词典,并利用构建的金融情感词典来提取与上市公司风险事件相关的临时公告和新闻报道文本数据;知识利用与知识服务模块的任务是生成上市公司风险事件的主题摘要并实现主题摘要的自动推送,该模块利用LDA模型和BERT模型来捕获和表示句子的语义特征,并将获取到的句子语义特征进行融合,对句子进行聚类和重要度计算,形成上市公司风险事件的文本主题摘要,并将其推送给决策者。

4.3 上市公司风险事件监测数据与实验数据采集

1）数据源、数据获取与预处理

实现上市公司风险事件智能监测所需要采集的数据资源主要包括上市公司的临时公告和新闻报道。对于上市公司的临时公告文件，主要从公司上市的国家和地区指定的上市公司信息披露平台、证券交易所官网及财经网站上获取。例如，中国A股上市公司的临时公告可以从巨潮资讯网、《中国证券报》、《上海证券报》、《证券时报》等上市公司信息披露媒体和平台，以及上海证券交易所和深圳证券交易所的官网上获取；除此之外，也可以从东方财富网、网易财经、新浪财经等财经网站上获取上市公司的临时公告文件，但是财经网站集成各个上市公司的公告文件需要一定的时间，因此在时间上可能存在一定的滞后性。对于在美国上市的公司，可以利用美国证监会官方网站的EDGAR系统来获取上市公司的6-K、8-K临时公告文件。

上市公司的新闻报道数据主要来自各个国家和地区重要的新闻媒体和网站。例如，中国A股上市公司的新闻报道数据可以从《中国证券报》、《上海证券报》、《证券日报》、《证券时报》、《21世纪经济报道》、《每日经济新闻》、《第一财经日报》、《中国经营报》、东方财富网、新浪财经、腾讯财经、金融界、和讯网、中国经济网、中财网和证券之星等新闻媒体和网站中获取；美国上市公司的新闻报道数据可以从 The Wall Street Journal、New York Times、Bloomberg、Thomson Reuters、Google Finance、Yahoo Finance、CNNMoney、MarketWatch、AOL Finance、Investopedia、MSN Money 和 TheStreet.com 等新闻媒体和网站中获取。

利用爬虫技术和数据接口技术获取到上市公司的临时公告文件和新闻报道数据以后，需要对这些数据进行预处理操作。对于上市公司的临时公告而言，获取的文件往往是以PDF、HTML等形式存在，需要利用Java、Python等程序设计语言来对这些文件进行解析和读取，并抽取其中的正文部分；然后利用字符串匹配的方法去除文本中存在的一些无关信息，如上市公司的临时公告文件中首行的申明："本公司及董事会全体成员保证……"。对于上市公司的新闻报道而言，往往通过爬虫技术对新闻报道的页面进行爬取和解析，并直接将新闻报道的标题、链接、来源和正文等部分的内容存入数据库中；数据预处理操作主要是去除与上市公司无关的新闻报道及内容重复的新闻报道。

4 上市公司风险事件智能监测

2）实验数据采集与数据预处理

本书使用疫苗事件发生后长生生物披露的临时公告，以及相关的新闻报道数据来验证构建的基于主题摘要的上市公司风险事件智能监测模型的可行性和有效性。本书从巨潮资讯网上获取疫苗事件发生的前3天及之后7天内长生生物披露的所有临时公告文件。例如，疫苗事件发生后长生生物于2018年7月16日披露的第一份临时公告"《关于子公司冻干人用狂犬病疫苗（vero细胞）有关情况的公告》"的格式和内容如图4.2所示。

长生生物科技股份有限公司
关于子公司冻干人用狂犬病疫苗（vero细胞）
有关情况的公告

本公司及董事会全体成员保证信息披露内容的真实、准确和完整，没有虚假记载、误导性陈述或重大遗漏。

2018年7月15日，国家药品监督管理局网站披露《关于长春长生生物科技有限责任公司违法违规生产冻干人用狂犬病疫苗的通告》（2018年第60号）（以下简称《通告》），《通告》指出：国家药品监督管理局组织对长春长生生物科技有限责任公司（以下简称：长春长生）开展飞行检查，发现长春长生冻干人用狂犬病疫苗生产存在记录造假等严重违反《药品生产质量管理规范》行为。国家药品监督管理局已要求吉林省食品药品监督管理局收回长春长生《药品GMP证书》（证书编号：JL20180024），责令停止狂犬疫苗的生产。

图4.2 疫苗事件发生后长生生物披露的第一份临时公告文件（部分）

当前的很多金融信息服务提供商对上市公司的相关新闻报道进行了较为及时和全面的集成，如东方财富网集成的长生生物的相关新闻报道如图4.3所示。本书从东方财富网上爬取了疫苗事件发生的前3天及之后7天内长生生物的相关新闻报道。最终，本书获得长生生物的临时公告和新闻报道共计242篇。

本书选取的是长生生物疫苗事件发生的前3天及后7天内的数据作为验证和演示模型运行全过程的实验数据，在实际开展上市公司风险事件监测工作和研发上市公司风险事件监测系统的过程中，可以根据采集到的数据资源的数量和决策者的实际需求，对上市公司风险事件的文本主题摘要的生成和推送的间隔（周期）进行动态和个性化设置。例如：若需要处理的数据量达到了预先设定的阈值，则生成主题摘要；或者根据实际需求，将其时间间隔设定为半小时、1 小时、6 小时、12 小时、1 天、3 天或者 7 天等（在该周期内有相关数据资源产生的前提下）。

图 4.3　东方财富网集成的长生生物的相关新闻报道

本书从巨潮资讯网中下载长生生物发布的以 PDF 形式存在的临时公告文件，抽取这些文件中正文部分的内容，并去除其中的无关内容。本书利用爬虫技术从东方财富网上爬取长生生物的相关新闻报道，并直接将新闻报道的标题、正文内容、来源和链接等存入了数据库中；比较这些新闻报道的标题和正文内容，去除其中重复的新闻报道。

4.4　金融情感词典的构建与上市公司风险事件文本数据的提取

上市公司很多临时公告和新闻报道的内容是关于上市公司日常经营管理活动中的正常事件甚至是利好事件，如订立重要合同、获得大额政府补贴等事件。而本书所需要分析和挖掘的是与上市公司风险事件相关的临时公告和新闻报道数据，因此需要对采集到的临时公告和新闻报道文本进行提取。对于上市公司临时公告和新闻报道文本数据的提取手段主要有如下两种：通过收集正负样本来训练机器学习模型，然后利用拟合的模型来实现文本的自动分类；通过构建领域知识库来对文本进行自动提取。本书通过半自动构建领域情感词典来实现临时公告和新闻报道文本数据的提取，这也可以为金融决策支持的相关研究和产业实践提供可复用的知识库和易于操作的方法。

4.4.1 情感分析与情感词典

情感分析（Sentiment Analysis）也被称为观点挖掘（Opinion Mining），是自然语言处理与文本挖掘领域中最为活跃的研究课题之一，其目的在于分析出定性文本数据中人们所表达的观点、情感、评价、情绪和态度等（Liu et al., 2012; Serrano-Guerrero et al., 2015）。当前，情感分析技术主要应用于商品评论挖掘中，即从用户在电子商务平台上发表的评论数据中挖掘出用户对产品和服务的评价、态度和意见等。与此同时，还有部分研究者将情感分析技术应用于电影票房预测（Hur et al., 2016）、政治选举预测（Budiharto et al., 2018）和客户关系管理（Capuano et al., 2020）等场景中。国内外的研究者们也尝试将情感分析技术应用于金融领域的文本数据分析中，如利用情感分析技术对社交媒体数据和财经新闻等数据进行分析和挖掘，以实现股票价格的预测和交易策略的优化等。

情感分析的方法主要包括以下两种：将文本内容与情感词典中的情感词进行匹配以实现文本情感倾向判断的基于情感词典的方法；利用经标注的数据集来训练机器学习模型，然后基于训练好的机器学习模型来实现文本情感分类的基于机器学习的方法。相较于基于机器学习的方法，基于情感词典的方法不仅具有简单直观、易于解释和易于使用等优点，且无需大量经标注的数据来训练模型，基于情感词典的方法如今已经被国内外的研究者们广泛地应用于年报文本、财经新闻、股吧评论等金融文本数据的分析中（Guo et al., 2016）。本书利用基于情感词典的文本情感分析方法来实现上市公司的临时公告和新闻报道文本数据的提取。情感词典的选择和构建是情感分析方法的关键，常用的通用情感词典主要有哈佛 GI 情感词典、Diction 情感词典、SentiWordNet 情感词典、知网情感词典（HowNet）、台湾大学情感词典（NTUSD）等。

Loughran 和 McDonald（2011）研究发现，英文通用情感词典（哈佛 GI 情感词典）中几乎有 75% 的消极情感词汇在金融文本中并非表达的是消极负面的情感。例如，通用情感词典中的消极情感词"癌症（Cancer）"在上市公司的年报、半年报、招股说明书和新闻报道等金融文本中往往表达的并非是消极负面的情感，而可能是一些从事生物医药的研发、生产和销售的上市公司用于阐述与癌症相关的药物研发和专利技术等。Loughran 和 McDonald 等针对通用词典在金融文本情感分析中存在的缺陷，构建了一个面向金融领域的英文情感词典——LM 情感词典（Loughran et al., 2011；Bodnaruk et al., 2015）。LM 情感词典主要包括积极词汇（Positive）、消极词汇（Negative）、诉讼词汇（Litigious）、不确定性词汇（Uncertainty）、模态词汇（Modal）和约束性词汇（Constraining）等六类情感词。如今 LM 情感词典已经被会计学、金融学、管理科学和计算机科学等领域的专家学者们广泛地应用于各类金融文本的数据分析中（Loughran et al., 2016）。

为了更好地对中文金融文本数据进行分析，国内也有部分研究者尝试通过手工、半自动或者自动的方式来构建面向金融领域的中文情感词典。例如，贾明等（2018）在参照借鉴 LM 情感词典和阅读大量新闻的基础上，手工构建了包含积极词汇和消极词汇的情感词典；胡家珩等（2018）通过自动的方式构建了面向金融领域的情感词典。另外，也有研究者尝试将英文 LM 情感词典翻译为中文。例如，台北市立大学的张津挺（2015）利用谷歌翻译和英汉词典对 LM 情感词典中的六类情感词进行了翻译。

但是，本书发现上述构建和翻译的中文金融情感词典在实际应用的过程中存在着诸多的问题。首先，这些情感词典中的情感词的覆盖面不够全面和广泛，具体体现在情感词典中情感词的类别和情感词的数量两个方面。例如，贾明等（2018）和胡家珩等（2018）构建的情感词典只包含积极和消极两个类别的情感词，胡家珩等（2018）构建的情感词典中只包含了几百个情感词。其次，这些情感词典中的很多情感词的情感倾向并不准确，如张津挺（2015）翻译的中文 LM 情感词典中很多词汇是中国台湾地区使用的金融和法律词汇；且词典中的一些情感词的情感倾向存在明显的错误，如翻译形成的中文 LM 情感词典中消极词汇类别中的"加强"、"空间"、"刺激"、"重点"、"深入"、"配置"和"目标"等词明显不是用于表达消极情感的词汇，甚至其中的部分词汇明显属于积极情感词。

针对当前构建和翻译的中文金融情感词典存在的缺陷，本书需要在此基础上构建一个可复用的可用性较高的面向金融领域的中文情感词典。情感词典的构建方法主要包括手工构建、半自动构建和自动构建。但是，完全通过手工构建一方面会耗费较大的人力和物力；另一方面构建形成的情感词典中的情感词的覆盖性和全面性往往不够广泛。完全通过自动的方式来构建情感词典虽然能够节省大量的人力和物力，且在大量语料上学习获得的情感词汇的覆盖性和全面性较为广泛，但是构建形成的情感词典中的情感词汇的质量取决于情感词挖掘算法的性能，而当前完全通过自动的方式构建形成的情感词典往往离实际能够使用的水平还有一定的距离。通过对情感词典构建方法的综合比较分析，本书首先构建面向金融领域的语料库和训练 Word2Vec 模型，然后在此基础上以半自动的方式构建面向金融领域的中文情感词典。

4.4.2 面向金融领域的语料库构建与 Word2Vec 模型训练

1）面向金融领域的语料库构建

根据语料库的内容和功能，可以将其分为通用语料库和专业领域语料库。当前存在的通用语料库较多，英文通用语料库主要包括美国当代英语语料库、布朗语料库、英国国家语料库、全球网络英语语料库、美国时代杂志语料库和美国历史英语语料库等，中文通用语料库主要有国家语委现代汉语语料库、北京大学人民日报标注语料库、清华大学 TH 通用语料库、中文维基百科语料库和搜狗新闻语料库等。相较于通用语料库，专业领域语料库往往包含的是面向某个学科、某个主题或者某个领域的语料。同一个词语在不同的学科或者专业领域的语义可能差异很大，如"跳水"一词在体育领域指跳水运动，而在金融领域往往指股价等下滑的速度迅速和幅度很大。专业领域语料库可以更好地促进专业领域中自然语言语义的理解，从而提升专业领域中非结构化文本数据分析与挖掘的效果。

国内外的研究者们构建了一些专业领域的语料库来为特定领域的自然语言处理与文本分析提供基础和支撑，如生物医学领域的 GENIA 语料库、PhenoCHF 语料库、GENETAG 语料库、CHEMDNER 语料库等。也有研究者尝试构建面向金融领域的语料库，但是主要是英文的年报语料库。例如，Tsai 等（2016）构建了一个英文年报语料库，该语料库中包含了美国上市公司的 40 000 余份的 10-K 年报文本，其中的部分语料来源于 Kogan 等（2009）的研究；部寒（2019）在开展企业年报话语质量与资本市场反应的研究中，构建了一个年报语料库，该语料库包含了在纽约证券交易所上市的 135 家美国企业和 52 家中国企业的年报中管理层讨论与分析部分的文本。本书通过采集中文的财经新闻数据来构建面向金融领域的语料库，并基于该语料库来训练后续构建中文金融情感词典所需的 Word2Vec 词向量模型。

本书从互联网上获取了 70 000 余篇搜狐财经新闻，并利用结巴（Jieba）中文分词工具对财经新闻文本进行中文分词和去停用词，停用词典选用的是哈尔滨工业大学停用词表。由于财经新闻中可能含有大量的上市公司名称、媒体名称、金融机构名称和一些专业表达与词汇等，为了有效提升财经新闻中文分词的效果，本书构建了一个面向金融领域中文分词的用户词典。该用户词典主要由以下 3 个部分组成：第一部分是中国 A 股上市公司的全称和简称，主要从国泰安数据库中获取，如"平安银行股份有限公司""平安银行"等；第二部分是国内主要的财经媒体和财经网站的名称，如"上海证券报""证券市场红周刊"等；第三部分是金融领域的一些专业表达和词汇，主要来源于搜狗财经金融词库中的 11 000 余个词汇，如"资产负债表""中国人民银行"等。最终，本书构建的用户词典共包含 22 000 余个词汇。引入用户词典对数据集中的财经新闻进行中文分词并去除停用词后，形成的面向金融领域的语料库如图 4.4 所示。

图 4.4　面向金融领域的语料库（部分）

2）面向金融领域的 Word2Vec 模型训练

面向金融领域的语料库构建完成以后，需要基于该专业领域语料库来训练面向金融领域的 Word2Vec 词向量模型。当前，构建词向量的方法主要有独热表示方法和分布式表示方法两种。独热表示方法（One-Hot Representation）将词表示为该词在词汇表中对应位置的维度为1，其余位置为0的向量，向量的维度与词表的大小相同。独热表示方法有十分明显的缺点：首先，独热表示方法中词向量的维度是根据文档集合中词汇量的大小所决定的，这容易造成数据稀疏和维度灾难等问题，从而使得计算机程序的计算复杂度增加；其次，独热表示方法中词与词之间是独立的，忽略了词语的上下文语义关系，这不利于实现词语语义的准确理解及词语之间相似度的计算。

分布式表示方法（Distributed Representation）的基础和依据是美国著名的结构主义语言学家Harris（1954）提出的分布式语义假设（Distributional Hypothesis），即具有相似上下文语境的词语或短语在语义上相似。针对独热表示方法存在的数据稀疏和维度灾难问题，Hinton（1986）提出了词的分布式表示的思想，即通过在大量非结构化的文本语料上训练语言模型，将语料中的每个词汇映射为几十维到几百维的固定长度的低维向量表示。所有词向量构成一个语义空间（词向量空间），每个词为该语义空间中的一个点，且语义相似的词距离接近，这样便可以通过计算词向量之间的距离来度量词语之间的语义相关性。Bengio等（2003）在Hinton的词分布式表示思想的基础上，提出利用神经网络语言模型（Neural Network Language Model，NNLM）来训练和学习基于分布式表示的词向量，NNLM的工作原理如图4.5所示。

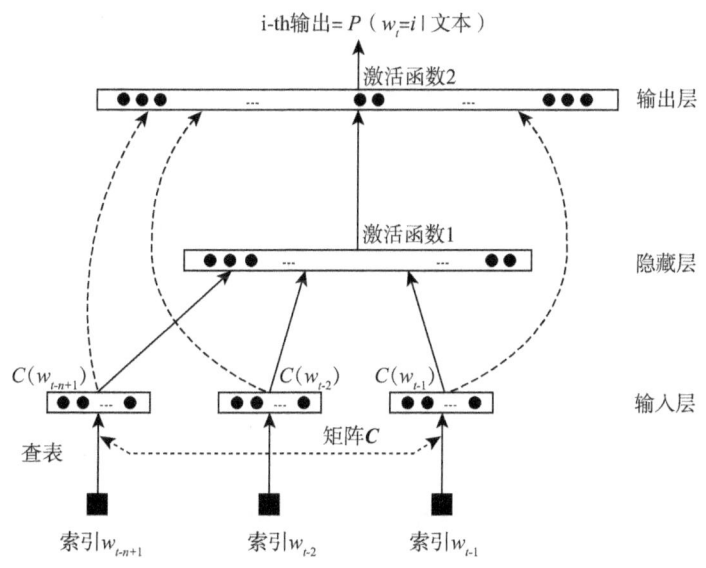

图4.5 神经网络语言模型（NNLM）的工作原理

NNLM 是一个基于三层前馈神经网络结构的语言模型，其主要原理是运用神经网络来计算某个词汇在特定的文本数据序列（上下文环境）下出现的条件概率 $P(w_t|context)$，通过该模型可以在学习统计语言模型的同时获取词向量。NNLM 为神经语言模型的研究奠定了基础，专家学者们对该模型进行了各种优化和改进，构建了一系列的神经网络语言模型，如 Mnih 等（2007）提出的 log 双线性语言模型（LBL），Collobert 等（2008）提出的 C&W 模型，Mikolov 等（2010）提出的递归神经网络语言模型（RNNLM）等。词向量学习算法需要解决的重要问题是模型求解和参数估计的过程较为复杂，需要训练的参数众多，在大规模语料上训练和建模的计算复杂度过大。

Google 公司的 Mikolov 等（2013）在 NNLM、C&W 和 RNNLM 等模型的基础上，提出了著名的 Word2Vec 词向量模型；该模型去除了 NNLM 前馈神经网络中计算开销巨大的非线性隐藏层，并利用层次 Softmax（Morin et al., 2005）和负采样（Gutmann et al., 2012）两种模型优化方法来有效降低词向量学习模型的计算复杂度，提高词向量的学习效率。Word2Vec 模型如今已经被广泛应用于自然语言处理和文本挖掘领域的信息检索、文本分类、自动问答和机器翻译等任务中，并取得了较好的效果（Liu et al., 2015; Kusner et al., 2015）。

Word2Vec 词向量模型包括 CBOW（Continuous Bag-of-Words）模型和 Skip-Gram 模型两种，两种模型的结构如图 4.6 所示。

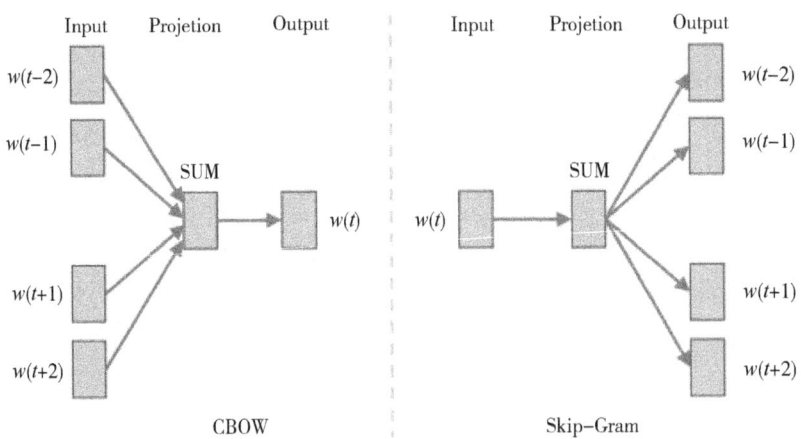

图 4.6 CBOW 模型和 Skip-Gram 模型的结构

CBOW 模型和 Skip-Gram 模型的结构类似且互相对称,都包括输入层、投影层和输出层等 3 层结构;不同之处在于 CBOW 模型使用上下文来预测目标词的概率,而 Skip-Gram 模型使用目标词来预测上下文的概率。CBOW 模型的目标函数 L_{CBOW} 和 Skip-Gram 模型的目标函数 $L_{Skip-Gram}$ 分别如下所示:

$$L_{CBOW} = \sum_{w \in C} \log(P(w|context(w))) \quad (4-1)$$

$$L_{Skip-Gram} = \sum_{w \in C} \log(P(context(w)|w)) \quad (4-2)$$

其中,C 表示用于训练词向量模型的语料库;$context(w)$ 表示词 w 在窗口距离内的上下文。

研究者们在应用实践中发现:相较于 Skip-Gram 模型,CBOW 模型更适用于处理小型语料数据(黄微 等,2019;纪忠贤,2019)。本书构建的包含 70 000 余篇财经新闻的语料库属于小型语料库,因此本书选用 CBOW 模型来训练面向金融领域的 Word2Vec 词向量模型。参考国内外的有关研究,本书将 CBOW 模型训练所涉及的关键参数设置如下:窗口大小 window 设置为 5,词向量的维度 size 设置为 200。

词向量模型训练完成后,通过对比可以发现,相较于使用中文维基语料训练的面向通用领域的 Word2Vec 词向量模型,本书利用财经新闻语料训练的面向金融领域的 Word2Vec 词向量模型在领域词汇的语义表示与语义理解上具有明显的优越性。例如,分别输出两个 Word2Vec 词向量模型中与"跳水"一词语义距离最近的 10 个词,本书训练的面向金融领域的 Word2Vec 词向量模型的输出有"急跌""下挫""暴跌""大幅下挫""狂泻""大幅下跌"等形容股票等下滑的速度迅速和幅度很大的词;而面向通用领域的 Word2Vec 词向量模型则输出的是"跳远""跳高""花样滑冰""短跑""铁人三项""中长跑""体操"等描述体育运动项目的词汇。

4.4.3 金融情感词典的半自动构建与文本提取

本书从以往研究者构建和翻译的中文金融情感词典中获取种子情感词,以面向金融领域的 Word2Vec 词向量模型为基础,利用外部知识库和统计方法来半自动地构建面向金融领域的中文情感词典。然后,利用构建的中文金融情感词典来对上市公司的临时公告和新闻报道数据进行提取。

（1）获取面向金融领域的种子情感词

本书从贾明等（2018）、胡家珩等（2018）构建的情感词典及张津挺（2015）翻译的中文 LM 词典这 3 个中文金融情感词典中获取面向金融领域的种子情感词，获取种子情感词的方法如下：对于积极词汇和消极词汇这两类种子情感词，获取的规则是若一个词在两个中文金融情感词典相应类别中都存在，则将其作为种子情感词；诉讼词汇类别的情感词则通过手工的方式在张津挺（2015）翻译的中文 LM 词典中获取。最终本书获得积极类别的种子情感词 143 个，消极类别的种子情感词 477 个，诉讼类别的种子情感词 275 个，部分种子情感词如表 4.1 所示。

表 4.1 面向金融领域的种子情感词（部分）

种子情感词类别	典型的种子情感词
积极	超越、成功、创新、活力、加强、领先、上涨、优势、回暖
消极	衰退、暴跌、崩溃、重挫、缩水、腰斩、掏空、疲软、冻结
诉讼	上诉、侵吞、取保候审、判刑、刑事责任、原告、指控、索赔

（2）基于词向量模型与余弦相似度的候选情感词获取

余弦相似度将向量空间中两个向量间的夹角的余弦值作为衡量和判断这两个向量所表示的个体之间的相似程度，是数据挖掘、信息检索和自然语言处理等领域广泛采用的相似度计算方法。若有两个 n 维（本书词向量的维度 n 为 200），向量 $X=(x_1, x_2, \cdots, x_n)$ 与 $Y=(y_1, y_2, \cdots, y_n)$ 分别表示词 X 与词 Y 的词向量，则词 X 与词 Y 之间的余弦相似度的计算公式如下所示：

$$\cos(X,Y)=\frac{\sum_{k=1}^{n}x_k \times y_k}{\sqrt{\sum_{k=1}^{n}x_k^2} \times \sqrt{\sum_{k=1}^{n}y_k^2}} \quad (4-3)$$

词 X 与词 Y 之间余弦相似度的取值范围为 $-1 \sim 1$，余弦相似度的值越大，则表示两个词向量之间的夹角越小，意味着这两个词向量所表示的词之间的相似度越高。本书利用余弦相似度来衡量种子情感词与候选情感词的语义相似度，将 Word2Vec 词向量模型中与种子情感词余弦相似度最高的 20 个词作为候选情感词。例如，输出 Word2Vec 词向量模型中与"暴跌"一词余弦相似度最高的 10 个词，如表 4.2 所示。

表 4.2 与"暴跌"一词余弦相似度最高的 10 个词

序号	情感词	余弦相似度
1	大跌	0.890
2	大幅下跌	0.821
3	暴涨	0.816
4	大幅下挫	0.810
5	重挫	0.806
6	大涨	0.798
7	跳水	0.777
8	下挫	0.772
9	急跌	0.772
10	惨跌	0.740

可以很明显地发现，获得的候选情感词大部分都是与"暴跌"一词语义相同或者相近的消极情感词，如"大跌""大幅下跌""大幅下挫""重挫""跳水"等。但是，候选情感词中也有少部分情感词并不属于消极情感词，如"暴涨"和"大涨"这两个情感词明显属于积极情感词。Han 等（2018）在 Word2Vec 词向量模型的训练与使用中也发现，利用 Word2Vec 模型获得的候选词中的大部分是目标词的同义词或者近义词，但仍存在一些不相关的词，甚至是反义词。出现这个问题是因为这些不相关的词或者反义词与目标词在训练 Word2Vec 词向量模型的语料库中有着相似的上下文。因此，鉴于此情况，还需要对候选情感词进行进一步的筛选与过滤。

（3）候选情感词的筛选与过滤

1）基于规则的候选情感词的筛选与过滤

本书首先借助于哈尔滨工业大学信息检索实验室构建的哈工大同义词词林扩展版（Che et al., 2010）这一外部知识库来对三类候选情感词进行初步的自动筛选与过滤，该词典是哈尔滨工业大学的研究人员在梅家驹等人构建的

《同义词词林》的基础上，利用了大量的词语资源和知识库，投入了大量的人力和物力研发而成，对于文本分类、信息检索、自动问答等任务处理和理解自然语言能够发挥重要的作用。哈工大同义词词林扩展版采用树状层次结构的形式来实现词条的有序组织，其中的部分同义词如图 4.7 所示。

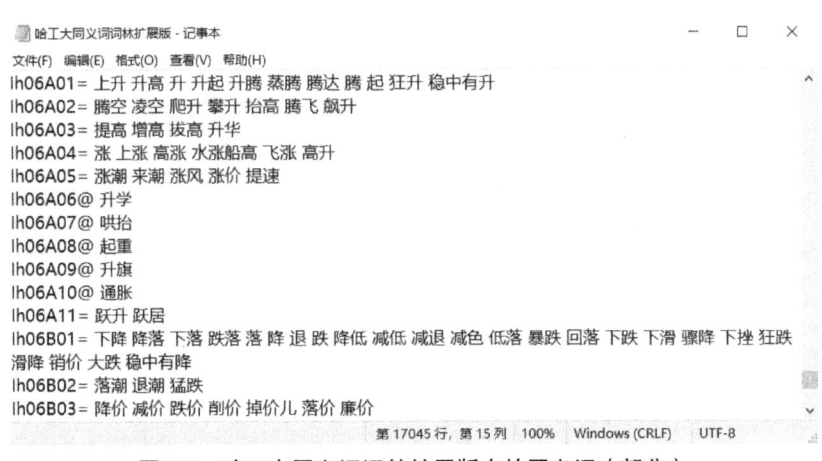

图 4.7　哈工大同义词词林扩展版中的同义词（部分）

本书利用哈工大同义词词林扩展版来对获取到的三类候选情感词进行筛选和过滤，过程如下：对于诉讼类别的候选情感词，直接将种子情感词的同义词和同类词（哈工大同义词词林扩展版中的同类词是指相关词，如"银行法"与"商标法"这两个词为同类词）从候选情感词中筛选出来；对于积极词汇和消极词汇这两类候选情感词，首先筛选出候选情感词中本类别种子情感词的同义词，然后过滤掉消极类候选情感词中积极类种子情感词的同义词，以及积极类候选情感词中消极类种子情感词的同义词。

本书还从搜狗输入法官网中下载了刑事诉讼词库、民法常用词汇、审判词库、法律开庭笔录用语、法律文书法规法条、法律术语辞典、法律词汇大全等 7 个词库，并将 7 个词库中的词进行合并去重形成词表。本书并未将该词表中的词直接作为诉讼类别的情感词的原因在于该词表中的一部分词仍然明显不属于法律诉讼类别，因此本书利用该词表和候选情感词联合确定诉讼类别的部分情感词。具体的方法是：将诉讼类别的候选情感词和上述词表中共同存在的情感词筛选出来，本书在实际实验中发现通过该方法筛选出来的词有着较高的质量。

2)基于统计的候选情感词的筛选与过滤

除了引入外部的同义词词典知识库来实现基于规则的候选情感词筛选和过滤以外,本书还利用基于统计的方法来对积极词汇和消极词汇这两大类的候选情感词进行进一步的筛选和过滤。Turney 等(2003)提出了用于判断词语情感极性(情感倾向)的 SO-PMI 算法,该算法利用点互信息公式来对词语之间的语义相似度进行计算,并基于构建的种子情感词典来实现目标词语情感极性的识别和判断。SO-PMI 算法属于典型的无监督学习算法,是情感分析领域应用最为广泛的算法之一。对于一个要确定情感极性的目标词 word,其 SO-PMI 值计算公式为:

$$SO\text{-}PMI(word) = \sum_{Pword \in Pset} PMI(word, pword) - \sum_{nword \in Nset} PMI(word, nword)$$

（4-4）

其中,Pset 表示一些具有积极情感极性的词所构成的集合,Nset 表示一些具有消极情感极性的词所构成的集合;PMI 指两个词之间的点互信息(Pointwise Mutual Information)。当 SO-PMI(word) > 0 时,表示目标词 word 是一个积极情感词;当 SO-PMI(word) = 0 时,表示目标词 word 不具有情感极性;当 SO-PMI(word) < 0 时,表示目标词 word 是一个消极情感词。

词语之间的点互信息(PMI)的计算公式如下:

$$PMI(word_1, word_2) = \log \frac{P(word_1, word_2)}{P(word_1)P(word_2)}$$

（4-5）

其中,$P(word_1)$ 和 $P(word_2)$ 分别表示词 $word_1$ 和 $word_2$ 在语料库中出现的概率;$P(word_1, word_2)$ 表示词 $word_1$ 和 $word_2$ 在语料库中共同出现的概率。本书以 Turney 等提出的 SO-PMI 算法为基础,基于种子情感词、Word2Vec 词向量模型和余弦相似度公式来判断候选情感词的情感极性,将候选情感词 word 的情感极性的计算公式确定为:

$$SO(word) = \frac{1}{m}\sum_{Pword \in Pset} Similarity(word, Pword) - \frac{1}{n}\sum_{nword \in Nset} Similarity(word, nword)$$

（4-6）

其中,Pset 和 Nset 分别表示本书获取的积极类种子情感词所构成的集合和消极类种子情感词所构成的集合;m 和 n 分别表示积极类种子情感词的数量和消极类种子情感词的数量;Similarity 是指两个词语之间的语义相似度,本书用词向量之间的余弦相似度来进行度量。当 SO(word) > 0 时,表示候选情感词 word 属于积极词汇；当 SO（word）= 0 时，表示候选情感词 word 不具有情感极性；当 SO（word）< 0 时，表示候选情感词 word 属于消极词汇。

利用计算机对候选情感词进行自动化的筛选和过滤后，本书还通过领域专家对计算机自动判别的结果进行审核和人工辅助判断，以形成学术研究和产业实践中可复用的高质量的中文金融情感词典。然后，将获取到的情感词与种子情感词进行合并和去重，形成最后的中文金融情感词典。最终，本书构建的中文金融情感词典中包含积极类别的情感词共计 1206 个，消极类别的情感词共计 2356 个，诉讼类别的情感词共计 1156 个，如图 4.8 所示。

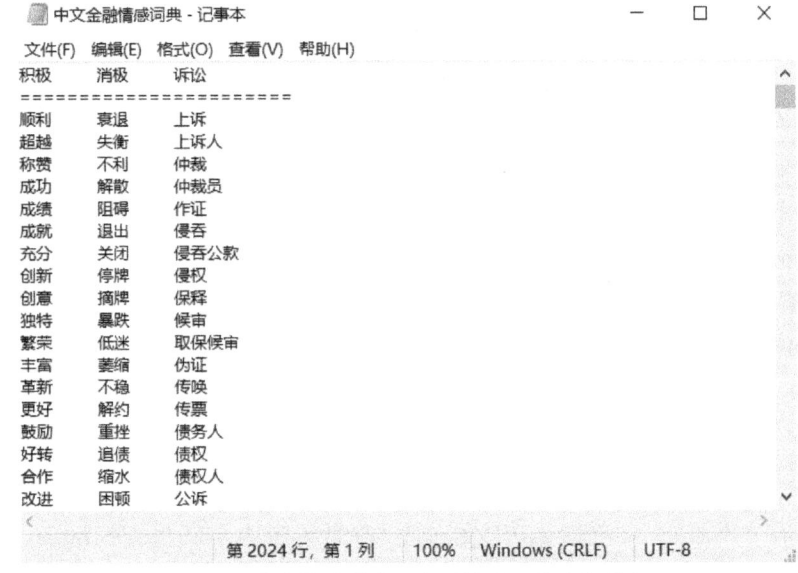

图 4.8　本书构建的中文金融情感词典（部分）

（4）上市公司的临时公告和新闻报道数据的提取

本书利用构建的中文金融情感词典对上市公司临时公告和新闻报道数据进行提取，具体的方法和过程如下：首先，将消极类别的情感词和诉讼类别的情感词进行合并和去重，形成消极与诉讼类别情感词，共计 3022 个；然后，基于如下的公式对上市公司的每一篇临时公告和新闻报道进行提取：

$$\begin{cases} sf（消极与诉讼）-sf（积极）>0，提取 \\ sf（消极与诉讼）-sf（积极）\leq 0，过滤 \end{cases} \quad (4-7)$$

其中，sf（消极与诉讼）和 sf（积极）分别表示文本数据中消极与诉讼类别情感词的频次、积极类别情感词的频次。本书利用构建的中文金融情感词典对实验数据进行提取后，获得了长生生物的临时公告和新闻报道共 219 篇。

本书对临时公告和新闻报道文本数据提取的结果进行分析，发现以半自动方式构建的中文金融情感词典能够有效地将与上市公司风险事件相关的文本数据提取出来，并过滤掉与上市公司风险事件无关的文本数据，在长生生物的数据集上取得的准确率、召回率和 F1 值均超过了 0.9。例如，长生生物发布的所有与疫苗事件相关的临时公告全部被提取了出来，如图 4.9 所示。

序号	公告标题	公告时间	消极诉讼词汇数	积极词汇数	sf(消极与诉讼)-sf(积极)
1	关于子公司冻干人用狂犬病疫苗（vero细胞）	2018/7/16 7:41	22	15	7
2	股票交易异常波动公告	2018/7/18 7:59	15	2	13
3	2018年半年度业绩预告修正公告	2018/7/18 11:41	3	0	3
4	关于子公司收到行政处罚决定书的公告	2018/7/20 0:00	60	3	57
5	关于深圳证券交易所关注函的回复公告	2018/7/20 11:46	54	14	40
6	关于控股股东股份解除质押的公告	2018/7/20 11:46	8	0	8
7	股票交易异常波动公告	2018/7/23 0:00	18	3	15
8	关于对深圳证券交易所2017年年报问询函回复	2018/7/23 0:00	2	0	2
9	关于深圳证券交易所关注函的回复公告	2018/7/23 0:00	27	20	7
10	关于子公司冻干人用狂犬病疫苗（Vero细胞）	2018/7/23 11:44	46	27	19

图 4.9　利用中文金融情感词典提取的临时公告（部分）

对于新闻报道数据的提取，所获得的新闻报道均与疫苗事件相关，如图 4.10 所示。

被过滤掉的新闻报道绝大多数在内容上明显与长生生物疫苗事件无关，如图 4.11 所示。虽然有一小部分被过滤掉的新闻报道包含了一部分与疫苗事件相关的信息，但是由于里面大量的篇幅并不侧重于与疫苗事件，计算得到整篇报道的情感倾向为正；例如，新闻报道《长生生物去年获政府补助同比增长超 1000%　缴纳所得税近亿元》虽然开头提及了疫苗生产记录造假事件，但是文章整体上是关于长生生物以往的政府补助、税收优惠等方面的内容。

标题	时间	来源	消极诉讼词汇数	积极词汇数	sf(消极与诉讼)-sf(积极)
被证监会立案调查 长生生物六个跌停后股权质押风险暴露	2018/7/23 17:00	第一财经	126	8	118
长春长生卷入十余起行贿案：每支72元的狂犬疫苗回扣20元	2018/7/23 10:21	澎湃新闻	118	10	108
100元疫苗 92元是利润 长生生物暴利超茅台！刘强东也怒了	2018/7/22 15:08	每日经济新闻	120	14	106
法律角度看疫苗事件：行政处罚书为何才公布？344万罚款合	2018/7/23 2:00	21世纪经济报道	121	16	105
长春长生百白破疫苗事件	2018/7/22 9:30	澎湃新闻	127	32	95
25万支造假疫苗被卖到山东 长生生物藏了多少秘密	2018/7/22 12:15	北京商报	132	41	91
批签发为何仍有不合格疫苗？长生生物造假与疫苗监管体系灵	2018/7/23 0:06	经济观察网	124	34	90
长生生物"疫苗门"持续发酵 罚没300余万被指"罚酒三杯"	2018/7/23 17:19	华夏时报	110	20	90
长生董事长被公安带走调查 股票锁定禁售！多家公司紧急澄清	2018/7/23 21:04	证券时报网	112	22	90
长生生物24万支不合格疫苗已接种 6个跌停市值蒸发百亿 高俊	2018/7/23 17:41	新京报	86	10	76
长生生物突遭"飞检" 狂犬疫苗记录造假三大悬念待解	2018/7/17 3:14	21世纪经济报道	94	24	70
狂犬疫苗生产记录造假 连着什么"猫腻"？	2018/7/17 8:05	新京报	72	5	67
长生生物预计今年减少约7.4亿营收	2018/7/19 1:52	新京报	92	27	65
一桩诉讼牵出旧闻 长生生物前经销商承认配合做业绩	2018/7/22 21:08	每日经济新闻	78	13	65
长生生物曾卖出25万支不合格百白破疫苗	2018/7/19 6:32	新京报	92	28	64
停牌半天被"强制"复牌 长生生物今天经历了什么？	2018/7/23 21:35	华夏时报	81	18	63
长春长生疫苗案刮问责风暴 董事长被带走审查	2018/7/23 22:00	第一财经	83	20	63
长生生物遭证监会立案调查 连续6个跌停市值蒸发超百亿	2018/7/23 13:00	东方财富网	90	28	62
长生生物遭证监会立案调查	2018/7/23 18:12	北京商报	64	2	62

图 4.10　利用中文金融情感词典提取的新闻报道（部分）

被过滤的新闻报道 - 记事本

文件(F)　编辑(E)　格式(O)　查看(V)　帮助(H)

标题：长生生物7月13日快速上涨
内容：7月13日，长生生物盘中快速上涨，5分钟内涨幅超过2%，截至9点56分，报24.86元，成交6309.51万元，换手率0.64%。

标题：图解高俊芳、杜伟民、韩刚君三位"疫苗巨头"发家史
内容：长春长生股权结构变迁记 疫苗巨子·发家史 疫苗巨子·资产

标题：长生生物去年获政府补助同比增长超1000% 缴纳所得税近亿元
内容：随着疫苗生产记录"造假"事件持续发酵，围绕长生生物的更多问题被一一发现。新京报记者注意到，长生生物2017年所获得的政府补助出现大幅增长。长生生物2017年年报显示，当年计入当期损益的政府补助共1064.36万元，这一数字相比于2016年的491.34万元同比增长116.62%。2015年公司获得补助为508.88万元，也远不及2017年。具体来看，长生生物2017年获得政府补助共4833.08万元，花费491.38万元。算上此前获得政府补助尚未支出的部分，截至2017年底，长生生物政府补助还有余额6536.02万元。而在2016年时，长生生物获得政府补助共384.64万元，花费377.89万元，算上之前未支出部分，截至当年底补助余额还有2194.30万元。相比之下，长生生物2017年获得政府补助同比增长1156.49%其中，"老厂拆迁项目"截至2017年底补助余额为4594.35万元；"2011年长春市'双十'工程计划项目(ACYW135群脑膜炎球菌多糖疫苗)"截至年底还剩补助余额809.4万元。新京报记者注意到，在2015年度吉林省纳税百强企业名单中，长生生物上榜，排名第81位。在享受政府补贴的同时，长生生物得到不少税收优惠。在增值税方面，根据财税[2014]57号文件之规定，集团之子公司长春长生自2014年7月

第 41 行，第 1 列　100%　Windows (CRLF)　UTF-8

图 4.11　利用中文金融情感词典过滤掉的新闻报道（部分）

4.5　上市公司风险事件主题摘要的生成与自动推送

4.5.1　基于 LDA 模型与 BERT 模型的句子语义特征获取

本书对利用领域情感词典提取出来的长生生物的临时公告和新闻报道文本进行分句，并去除包含 5 个字及以下的句子，共得到 4237 个句子；然后，将每个句子看作一个文档，将所有句子构成一个文本集合。本书利用 LDA 模

型和 BERT 模型来对句子的语义特征进行挖掘，然后将两个模型分别获取到的语义特征进行融合，从而形成每个句子的语义特征表示。

1）基于 LDA 模型的句子语义特征获取

LDA（Latent Dirichlet Allocation）模型是由 Blei 等（2003）提出的一种对文本数据的主题信息进行建模的概率主题模型，该模型包含文档层、主题层和词汇层，如图 4.12 所示。LDA 模型的主要思想是：文档由若干个潜在主题所构成，可以将文档表示为若干个潜在主题的概率分布；而这些潜在主题又由文本中的若干个特定的词汇所体现，可以将潜在主题表示为若干个词项的概率分布。作为一种无监督的概率主题模型，LDA 模型在文档集合的主题建模上具有一定的优势，如今已经被国内外的研究者们广泛地应用于文本挖掘的多项任务中。

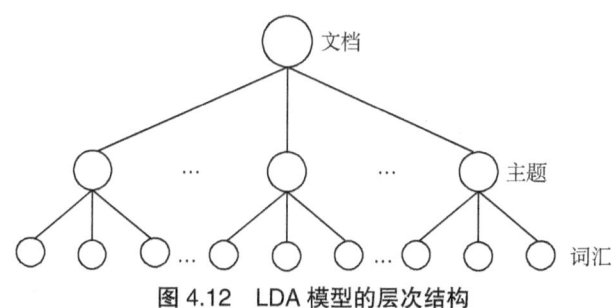

图 4.12 LDA 模型的层次结构

LDA 模型是一个基于文档 – 主题 – 词汇 3 层生成式贝叶斯网络结构的概率模型，LDA 概率图模型如图 4.13 所示。

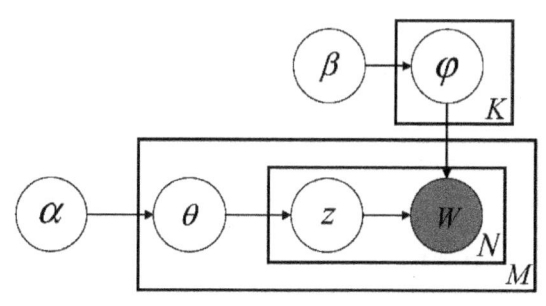

图 4.13 LDA 概率图模型

LDA 概率图模型中各符号的含义如表 4.3 所示。

表 4.3　LDA 概率图模型中各符号的含义

符号	含义
α	主题的先验概率，θ 的超参数
β	词汇的先验概率，φ 的超参数
θ	文档–主题多项式概率分布
φ	主题–词汇多项式概率分布
z	文档中词的主题分布
K	主题数目
W	文档中的词项
M	文档数量
N	文档中的词语总数

LDA 模型描述了文档集合中的词在潜在主题下的生成，模型具体概率抽样的生成过程可以描述如下：

① 对于 M 个文档中的每个文档 d：根据参数为 α 的 Dirichlet 分布 $\theta_d \sim \mathrm{Dir}(\alpha)$，取样生成该文档的主题分布 θ_d。

② 对于 K 个主题中的每个主题 z：根据参数为 β 的 Dirichlet 分布 $\varphi_z \sim \mathrm{Dir}(\beta)$，取样生成该主题的词汇分布 φ_z。

③ 对于文档 d 的第 n 个词 $w_{d,n}$：根据主题多项式分布 $z_{d,n} \sim Multi(\theta_d)$，取样生成词 $w_{d,n}$ 所属的主题 $z_{d,n}$；根据词语的多项式分布 $w_{d,n} \sim Multi(\varphi_z)$，采样最终生成具体的词 $w_{d,n}$。

LDA 模型通过当前观察到的文档集合来计算和推断模型建模（文档生成）过程中的各项参数，LDA 模型中文档的主题分布是一个具有如下概率密度（Probability Density）的狄利克雷分布：

$$P(\theta|\alpha) = \frac{\Gamma\left(\sum_{i=1}^{k}\alpha_i\right)}{\prod_{i=1}^{k}\Gamma(\alpha_i)} \theta_1^{\alpha_1-1} \cdots \theta_k^{\alpha_k-1}。 \qquad (4-8)$$

假设给定参数 α 和 β，则 LDA 模型的联合概率分布（Joint Distribution）

可以表示为：

$$P(\theta,z,w\mid\alpha,\beta)=P(\theta\mid\alpha)\prod_{n=1}^{N}P(z_n\mid\theta)P(w_n\mid z_n,\beta)_\circ \quad (4\text{-}9)$$

然后，在 θ 和 z 全部取值范围内对联合概率分布进行积分和累加，得到单篇文档的边缘概率分布（Marginal Distribution）为：

$$P(w\mid\alpha,\beta)=\int P(\theta\mid\alpha)\left(\prod_{n=1}^{N}\sum_{z_n}P(z_n\mid\theta)P(w_n\mid z_n,\beta)\right)d\theta_\circ \quad (4\text{-}10)$$

最后，对单篇文档的边缘概率分布进行求积运算，从而得到整个文档集合 D 的概率为：

$$P(D\mid\alpha,\beta)=\prod_{d=1}^{M}\int P(\theta_d\mid\alpha)\left(\prod_{n=1}^{N_d}\sum_{\overline{z}_{dn}}P(z_{dn}\mid\theta_d)P(w_{dn}\mid z_{dn},\beta)\right)d\theta_{d\circ} \quad (4\text{-}11)$$

LDA 模型主要受到参数 α 和 β 的影响，模型通过估算使得式（4-11）取得最大值的参数 α 和 β，以实现文档 – 主题多项式概率分布 θ 和主题 – 词汇多项式概率分布 φ 这两个隐含变量的求解。

主题数目是运用 LDA 模型实现文本分析所需要设定的重要参数，本书参考 Jacobi 等（2016）和曾子明等（2019）的研究，将 LDA 模型困惑度最小的时候所对应的主题数目作为文本集合的最优主题数。困惑度（Perplexity）是评估 LDA 模型的重要标准之一，困惑度的值越小，则表明模型在文本集合上的拟合性越高，模型的泛化能力越强。困惑度的计算公式如下：

$$Perplexity(D)=\exp\left\{-\frac{\sum_{d=1}^{M}\log P(w_d)}{\sum_{d=1}^{M}N_d}\right\}_\circ \quad (4\text{-}12)$$

其中，D 表示文本集合，w_d 表示文档 d 中的词语，N_d 表示文档 d 的词语数量，$P(w_d)$ 为文档中的词 w_d 产生的概率，M 为文本集合中文档的数量。本书利用开源的自然语言处理工具包 Gensim 中的 LDA 模型来对 4237 个句子所构成的文本集合进行主题挖掘，得到最小困惑度（最优主题数目为 64）下的文档 – 主题分布（句子 – 主题分布），形成一个 4237×64 的矩阵，如图 4.14 所示。

图 4.14　文档-主题分布（部分）

2）基于 BERT 模型的句子语义特征获取

尽管 Word2Vec 和 GloVe 词向量模型在词语的语义表示上取得了良好的效果，并得到了广泛的应用，但是 Word2Vec 和 GloVe 这种静态的词向量模型也存在一定的缺陷：一些词语具有多义性，即词语在不同语境下的语义可能并不相同，如"苹果"一词在一些语境下是指水果中的苹果，然而在另外一些语境下表示的是电子产品的苹果品牌；但在 Word2Vec 和 GloVe 模型中，词语的词向量是固定且相同的，模型中的词向量无法体现词语的上下文语境信息。

针对该问题，Perters 等（2018）提出了 ELMo（Embeddings from Language Models）模型，该模型能够根据词语的特定上下文语境来对词向量进行动态调整，从而使得词向量能够更好地捕获词语在上下文语境下的语义。在 ELMo 模型的基础上，Radford 等（2018）利用 Transformer 构成的深度神经网络作为特征抽取器，提出了 GPT（Generative Pre-Training）模型，但是该模型只进行从左到右的单向扫描。BERT（Bidirectional Encoder Representation from Transformers）模型是由 Google 公司的 Devlin 等（2019）提出的深度双向表示预训练模型，该模型融合了预训练语言模型 ELMo 模型和 GPT 模型的优点，采用基于 Transformer 的多层双向编码器在大规模无标注语料上进行文本特征抽取及训练，从而获得包含丰富语义信息的文本表征。BERT 模型具有很强的文本特征表示能力，能够深层次地提取文本数据中的语义信息，并在 11 项自然语言处理任务中创造了最佳成绩，被誉为 NLP 发展中里程碑式的进步。BERT 模型的结构如图 4.15 所示。

4 上市公司风险事件智能监测

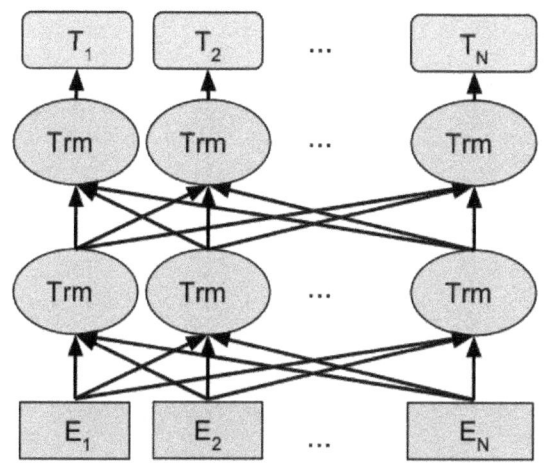

图 4.15 BERT 模型的结构

BERT 模型采用遮蔽语言模型（Masked Language Model，MLM）和下一句预测模型（Next Sentence Prediction，NSP）两种策略进行模型的预训练，以实现词语和句子的语义表达的获取。MLM 模型指在训练的时候随机从输入中掩盖一些词，然后通过上下文预测被掩盖的词语；NSP 模型则用来预测一个句子是否是另一个句子的下文。BERT 模型采用预训练和微调两阶段模型。预训练和下游任务无关，但是需要对上亿的参数进行学习，需要以海量的文本数据及强大的计算能力为基础；例如，Google 训练 BERT base 模型就使用了 16 块 TPU 芯片及 4 天的时间，训练 BERT large 模型则使用了 64 块 TPU 芯片及 4 天的时间。微调则针对机器翻译、文本分类、自动问答、命名实体识别和自动摘要等 NLP 目标任务，在预训练模型文本语义表示的基础上进行特征集成或者微调。

本书使用开源的工具 Bert-as-service 来加载预训练模型，将 4237 个句子输入 BERT 模型中，将每个句子的深层次语义映射和表征到 BERT 模型输出的 768 维的稠密向量上，形成一个 4237×768 的矩阵，如图 4.16 所示。

3）句子语义特征的融合

本书将 LDA 模型和 BERT 模型获取的句子的语义特征进行融合，以更好地获得句子的语义特征表示。将 LDA 模型输出的 4237×64 矩阵与 BERT 模型输出的 4237×768 矩阵进行拼接，最终形成一个 4237×832 的矩阵，如图 4.17 所示。该矩阵的每一行表示了每个句子 832 维的语义特征。

	A	B	C	D	E	F	G	H	I	J	K	L	M	N	O	P	Q
1	Content	feature_0	feature_1	feature_2	feature_3	feature_4	feature_5	feature_6	feature_7	feature_8	feature_9	feature_10	feature_11	feature_12	feature_13	feature_14	feature_15
2	2018年7月	0.8627	0.2476	-0.4405	-0.0732	0.1961	-0.2845	0.0517	0.1578	0.1783	-0.7019	0.0927	0.2072	-0.5534	0.0016	0.8788	-0.2544
3	国家药品	1.1539	0.2190	-0.1730	-0.0170	0.1244	-0.2181	0.0807	-0.0334	0.0198	-0.3528	0.4133	0.0775	-0.6144	0.2372	1.1206	-0.1209
4	目前，吉	0.9678	0.1381	-0.1695	-0.1025	0.0697	-0.3941	0.2089	-0.0484	0.0928	-0.1839	0.4743	0.0319	-0.5707	0.0223	1.1003	0.0454
5	本次飞行	0.9748	-0.1224	0.0162	-0.2151	0.1000	0.1812	0.3919	-0.0933	0.4070	-0.1330	0.1463	0.2334	-0.2643	0.1055	1.1250	0.1671
6	为了保证	0.7065	-0.0051	-0.0712	-0.4493	-0.0877	-0.4199	0.2302	0.0971	0.1812	-0.1737	0.0697	-0.0414	-0.1432	-0.0072	1.3037	0.0262
7	根据长春	0.6403	0.0658	0.1111	-0.3735	0.0256	-0.4120	0.2175	-0.0161	0.1158	-0.0043	0.0171	-0.3087	-0.1794	-0.2092	0.7877	0.0876
8	长春长生	1.4269	-0.1073	-0.1708	-0.2378	0.2102	0.0409	0.1686	-0.1322	0.4448	-0.7994	0.1449	-0.3313	-0.7452	0.4163	0.9241	-0.2095
9	因暂时无	0.6559	-0.0983	-0.4298	-0.1055	0.0628	-0.5812	0.3614	-0.3036	-0.3384	-0.1326	-0.1351	-0.0944	-0.6033	0.0402	0.6607	-0.1225
10	长春长生	0.9120	0.2497	-0.2005	-0.3456	-0.1117	-0.8008	0.3870	-0.2163	-0.1001	-0.5367	-0.0022	-0.6208	-0.8410	0.0303	0.4092	-0.3646
11	长春长生	0.9174	0.0675	0.1637	-0.0449	0.2539	-0.0706	0.2314	-0.3804	0.0526	0.1356	-0.1650	-0.0866	-0.0620	0.0182	1.0869	-0.3412
12	长春长生	1.2310	-0.1218	-0.2384	-0.0524	0.1868	0.0210	0.3231	0.0565	0.5085	-0.5315	0.0420	0.1350	-0.6796	0.2805	0.9459	-0.2626
13	敬请广大	1.3435	0.2350	-0.7150	-0.5021	0.2040	-0.8483	1.1430	-0.3318	0.6149	0.5115	-0.7180	-0.6265	-0.9957	-0.0967	0.7261	-0.7338
14	长生生物	0.6142	0.1714	-0.1094	-0.2241	-0.0410	-0.0681	0.4283	-0.0725	-0.0959	-0.2452	-0.4607	-0.1028	-0.4751	0.4150	0.7526	-0.5238
15	根据《深	0.7278	-0.1261	0.0852	0.1914	-0.1258	-0.2054	0.3750	-0.0177	0.4957	0.1942	-0.2227	-0.1288	-0.3593	0.3344	0.8442	-0.7100
16	2018年7月	0.8422	0.2487	-0.2348	0.1431	0.4043	-0.0863	0.0218	0.2355	0.1171	-0.4024	0.2987	0.3941	-0.3351	-0.1309	0.9837	-0.1551
17	近期公共	0.8162	-0.3244	-0.1762	0.1017	0.1485	0.0761	0.1110	-0.2455	0.0627	0.1373	-0.0698	-0.0898	-0.5003	0.1753	0.4683	-0.2538
18	由于公司	0.7468	0.2743	-0.2212	-0.0906	0.3632	-0.6623	0.4674	-0.2511	0.0920	-0.1763	0.1095	-0.2624	-0.6040	-0.1068	1.3608	-0.2213
19	此次冻干	0.6635	0.2483	-0.4346	0.0226	0.2184	-0.6693	0.3625	-0.3113	-0.1570	-0.0824	0.0515	-0.3739	-0.8698	-0.1778	1.1670	-0.2122
20	公司已于	0.9433	0.7142	0.0729	0.1202	0.5897	-0.8994	0.2164	-0.5179	-0.2538	-0.3708	-0.3780	-0.3388	-0.8684	0.1716	0.7356	-0.6207
21	由于此次	0.8029	0.6662	0.0434	-0.0489	0.5276	-0.7526	0.2890	-0.2590	-0.2209	-0.2855	-0.2063	-0.3751	-0.7339	0.2886	0.7169	-0.3136
22	由于狂犬	0.9854	0.0526	-0.2333	-0.2693	0.2286	-0.2967	0.1978	-0.3102	-0.3213	-0.0540	0.0634	-0.1193	-0.7364	0.1247	0.2347	-0.0421
23	由于公司	0.7468	0.2743	-0.2212	-0.0906	0.3632	-0.6623	0.4674	-0.2511	0.0920	-0.1763	0.1095	-0.2624	-0.6040	-0.1068	1.3608	-0.2213
24	2018年7月	0.6978	0.2681	-0.4285	-0.1135	0.3389	-0.3896	0.0072	0.1637	-0.0594	-0.4216	0.0628	0.0371	-0.6516	0.0625	0.8747	-0.4224
25	在国家药	0.8245	0.1103	-0.0072	-0.1648	-0.1004	-0.4948	-0.1029	0.3108	-0.1808	-0.0009	0.4229	0.0454	-0.2896	-0.4867	0.7857	-0.0351

图 4.16　BERT 模型输出的句子向量（部分）

	A	BE	BF	BG	BH	BI	BJ	BK	BL	BM	BN	BO	BP	BQ	BR	BS	BT	BU
1	2018年7月	0	0.05684	0	0	0.02198	0	0	0	0.02882	0.86267	0.2475515	-0.4404616	-0.07324	0.1961197	-0.2845091	0.051708	0.157786
2	国家药品	0.01229	0.01149	0.0115	0.01215	0.01151	0.0141	0.01151	0.01153	0.01165	1.153949	0.2189779	-0.1729826	-0.01698	0.1243821	-0.2181197	0.080728	-0.03337
3	目前，吉	0.01211	0.01132	0.01133	0.01201	0.01136	0.02326	0.01134	0.01137	0.01148	0.96778	0.1381319	-0.1694617	-0.10247	0.0697284	-0.3941087	0.208914	-0.04836
4	本次飞行	0.01166	0.01166	0.01166	0.08896	0.01178	0.01166	0.02658	0.01166	0.02415	0.97479	-0.1224274	0.0161646	-0.2151	0.100034	0.1811705	0.391928	-0.09326
5	为了保证	0.01221	0.01221	0.01221	0.04356	0.01263	0.05576	0.01221	0.01221	0.01632	0.706468	-0.00513	-0.071186	-0.44933	-0.087698	-0.4199149	0.23016	0.097096
6	根据长春	0.06087	0.0126	0.0126	0.0126	0.01321	0.03711	0.0126	0.0126	0.01982	0.640332	0.0658381	0.1110792	-0.37353	0.0256039	-0.4119556	0.21754	-0.01606
7	长春长生	0.01042	0.01058	0.02371	0.01042	0.01042	0.01723	0.01042	0.01042	0.02375	1.426886	-0.1072721	-0.1708185	-0.2378	0.2102113	0.0409099	0.168587	-0.13216
8	因暂时无	0.01085	0.01259	0.01085	0.01085	0.01137	0.01838	0.01085	0.01085	0.01722	0.655915	-0.098275	-0.4297548	-0.10547	0.0627852	-0.5812342	0.361436	-0.30358
9	长春长生	0.0126	0.0126	0.0126	0.0126	0.0126	0.01876	0.02872	0.0126	0.0126	0.912018	0.249675	-0.200456	-0.34559	-0.1117079	-0.8007964	0.386966	-0.21634
10	长春长生	0.01421	0.04129	0.01421	0.01421	0.01421	0.02187	0.01421	0.01421	0.01421	0.917364	0.0674595	0.1637331	-0.04495	0.2538576	-0.0706106	0.231356	-0.38043
11	长春长生	0.011	0.01149	0.011	0.011	0.02509	0.0128	0.02001	0.011	0.0251	1.230953	-0.1217953	-0.2384298	-0.05237	0.1868139	0.0209724	0.323096	0.056528
12	敬请广大	0.01502	0.01503	0.01502	0.01502	0.01502	0.03437	0.01503	0.01503	0.01502	1.343542	0.2349617	-0.7149923	-0.50209	0.2040027	-0.8482881	1.142964	-0.3318
13	长生生物	0.01026	0.03044	0.01014	0.01044	0.01136	0.01011	0.0118	0.04273	0.01011	0.614189	0.1713692	-0.1094043	-0.22406	-0.0409966	-0.0681134	0.42826	-0.07252
14	根据《深	0.01324	0.03407	0.01324	0.01324	0.01325	0.01324	0.02391	0.01324	0.0472	0.727765	-0.1260511	0.0852168	0.191368	-0.1258117	-0.2053932	0.374973	-0.0177
15	2018年7月	0.01156	0.04225	0.01152	0.0115	0.01261	0.01189	0.01167	0.01423	0.01513	0.842163	0.2486701	-0.2347924	0.143087	0.4042585	-0.0862644	0.021782	0.23553
16	近期公共	0.0122	0.01282	0.0122	0.0122	0.0122	0.0122	0.0122	0.0122	0.02783	0.816225	-0.3243519	-0.1762451	0.101683	0.1484843	0.0760693	0.110954	-0.24555
17	由于公司	0.036	0.01139	0.01018	0.03618	0.0105	0.01015	0.01026	0.01015	0.01332	0.746848	0.2742605	-0.2212263	-0.09065	0.3631558	-0.6622857	0.467376	-0.25115
18	此次冻干	0.01116	0.01299	0.01119	0.01116	0.01167	0.01164	0.01125	0.01116	0.01711	0.663542	0.2483293	-0.4346295	0.02257	0.2183509	-0.669289	0.362466	-0.31126
19	公司已于	0.01015	0.01075	0.01018	0.01015	0.01016	0.01015	0.0103	0.03195	0.02747	0.943302	0.7141786	0.0729467	0.12022	0.5897104	-0.8993607	0.216447	-0.51794
20	由于此次	0.01039	0.01158	0	0.01029	0	0	0.01003	0.01335	0	0.802906	0.6662197	0.0434262	-0.04888	0.5276322	-0.7525548	0.289032	-0.259
21	由于狂犬	0.01325	0.01269	0.01222	0.01302	0.0278	0.01221	0.01223	0.01226	0.01221	0.985376	0.0526033	-0.2333018	-0.26926	0.2286314	-0.2967069	0.197816	-0.31019
22	由于公司	0.036	0.01139	0.01018	0.03618	0.0105	0.01015	0.01026	0.01015	0.01334	0.746848	0.2742605	-0.2212263	-0.09065	0.3631558	-0.6622857	0.467376	-0.25115
23	2018年7月	0.01131	0.01196	0.0112	0.01118	0.02864	0.01375	0.02605	0.01596	0.0117	0.697782	0.2680957	-0.4284699	-0.11347	0.3389421	-0.3895912	0.007242	0.1637
24	在国家药	0.06105	0.01185	0.01085	0.01085	0.01087	0.01097	0.01085	0.01085	0.03255	0.824531	0.1102961	-0.0071768	-0.16478	-0.100443	-0.4948108	-0.102889	0.310841
25	你公司生	0.01116	0.01238	0.01116	0.01116	0.01118	0.01164	0.01116	0.02544	0.01222	0.768614	-0.3662626	-0.1329552	0.094848	0.3149347	-0.3785255	0.16306	0.735667

图 4.17　句子的语义特征矩阵（部分）

4.5.2　基于凝聚层次聚类算法的句子聚类

本书根据获取的句子的语义特征，利用凝聚层次聚类算法来对句子进行聚类，从而将句子划分到若干个类簇中，每个类簇中的句子集中描述了上市公司风险事件的一个主题。凝聚层次聚类算法首先将每个数据对象都当作单独的一类，然后逐步合并相似的类簇，直到达到预先设定的条件或者最终形成一个类簇为止。

凝聚层次聚类需要在类簇距离计算的基础上实现类簇的合并，类簇间距离的度量方法主要包括单链接法（Single Linkage）、完全链接法（Complete Linkage）、平均链接法（Average Linkage）、质心链接法（Centroid Linkage）和 Ward 离差平方和法（Ward Linkage）。本书基于 Ward 离差平方和法来计算类簇间的距离，该方法源于方差分析的思想，认为同一个类簇中样本有着较小的离差平方和，而不同类簇间则应该有着较大的离差平方和。Ward 离差平方和法的计算公式如下：

$$Ward(C_i, C_j) = \sum_{x \in C_i \cup C_j} Distance(x, \mu_{C_i \cup C_j})^2 \text{。} \quad (4-13)$$

其中，$\mu_{C_i \cup C_j}$ 表示类簇 C_i 和 C_j 类簇合并后的中心点，$Distance$ 表示距离函数。常用的距离计算函数主要包括曼哈顿距离、马氏距离、欧氏距离、余弦距离、切比雪夫距离和闵可夫斯基距离等，本书选择的是欧氏距离函数。两个 n 维（本书中 n 为 832）向量 x 与 y 之间的欧氏距离的计算公式如下：

$$Distance(x, y) = \sqrt{(x_1 - y_1)^2 + (x_2 - y_2)^2 + \cdots + (x_n - y_n)^2} \text{。} \quad (4-14)$$

本书将凝聚层次聚类算法的聚类数目设定为 LDA 模型困惑度最小的时候所对应的主题数目，即将 4237 个句子聚类到 64 个类簇中。最终，经过凝聚层次聚类后的数据如图 4.18 所示，每个类簇描述和反映了上市公司风险事件的一个主题和侧面，如有的类簇描述的是长生生物疫苗事件发生后党和国家领导人的重要指示批示，有的类簇描述的是药监局和公安机关等有关部门对

句子序号	句子内容	句子类簇
3762	7月22日晚间，据中国政府网报道，李克强总理就疫苗事件作出批示：此次疫苗事件突破	4
3763	李克强在批示中要求，国务院要立刻派出调查组，对所有疫苗生产、销售等全流程全链	4
3766	此前7月16日，李克强已就疫苗事件作出批示，要求彻查。	4
3778	国家药监局将组织对所有疫苗生产企业进行飞行检查，对违反法律法规规定的行为要严	4
3856	22日，李克强总理就疫苗事件作出批示：此次疫苗事件突破人的道德底线，必须全国	4
3974	通知要求，各市食品药品监督管理局积极配合做好不合格疫苗的召回和处置工作，同时	4
4044	此外，国家药监局将组织对所有疫苗生产企业进行飞行检查，对违反法律法规规定的行	4
4045	李克强表示，此次疫苗事件突破人的道德底线，必须给全国人民一个明明白白的交代。	4
4046	国务院要立刻派出调查组，对所有疫苗生产、销售等全流程全链条进行彻查，尽快查清	4
4080	国家有关领导分别于7月16日、22日对疫苗事件两次作出批示，要求彻查。	4
4081	并表示，"此次疫苗事件突破人的道德底线，必须给全国人民一个明明白白的交代。"	4
4082	批示中要求，国务院要立刻派出调查组，对所有疫苗生产、销售等全流程全链条进行彻	4
4087	该负责人表示，国家药监局将组织对所有疫苗生产企业进行飞行检查，对违反法律法规	4
4138	据最新消息，习近平对吉林长春长生生物疫苗案件作出重要指示，强调要一查到底严肃	4
4141	据央视新闻报道，正在国外访问的中共中央总书记、国家主席、中央军委主席习近平对	4
4144	习近平强调，确保药品安全是各级党委和政府义不容辞之责，要始终把人民群众的身体	4
4145	中共中央政治局常委、国务院总理李克强作出批示要求，国务院立刻派出调查组，对所	4
4148	根据习近平指示和李克强要求，国务院建立专门工作机制，并派出调查组进驻长春长生	4
4150	吉林省省市两级案件查处领导小组，国务院调查组做好领导工作，并结合本案件	4
4170	7月23日晚间，记者从央视网获悉，正在国外访问的中共中央总书记、国家主席、中央	4
4211	7月23日，正在国外访问的中共中央总书记、国家主席、中央军委主席习近平对吉林长	4
4214	习近平强调，确保药品安全是各级党委和政府义不容辞之责，要始终把人民群众的身体	4

图 4.18 经凝聚层次聚类后的数据（部分）

疫苗事件的调查处置情况，还有的类簇描述的是长生生物的估值被多家基金公司下调的情况等。

4.5.3 上市公司风险事件文本主题摘要的生成

完成句子的聚类以后，需要选择各个类簇中一定数量的句子组成上市公司风险事件的主题摘要，并将主题摘要的内容及时地推送给决策者。抽取式文本自动摘要的核心和关键是句子重要度的计算，当前主要根据句子的长度、位置、线索词、词频和 TF-IDF 等特征来计算句子的权重和重要性，并抽取权重和重要性较高的句子组成文本的自动摘要。本书主要从情感特征和事件特征两个方面来衡量句子的重要度：考虑情感特征的原因在于，句子中出现的"暴跌""恶化""冻结""查封""立案""罚款""刑事责任"等消极与诉讼情感词对于上市公司风险事件的监测具有十分重要的作用；考虑事件特征的原因在于，需要降低文本数据中与当前的风险事件并不紧密相关的句子的权重，如一些新闻报道中描述长生生物发展历程及国内外发生的典型的疫苗事故的句子。本书综合考虑句子的情感特征和事件特征，将句子的重要度计算公式确定如下：

$$Weight(Sentence) = \lambda \cdot Weight(Sentiment) + (1-\lambda) \cdot Weight(Event) \quad （4-15）$$

其中，λ 为平衡参数，取 0 到 1 之间；$Weight(Sentiment)$ 表示句子的情感特征值，计算方法为句子中消极与诉讼类别情感词的数目除以句子的长度；$Weight(Event)$ 表示句子的事件特征值，计算方法为句子中事件特征词的数目除以句子的长度。临时公告和新闻报道的标题往往反映了风险事件的核心内容与关键动态，而标题中的名词和动词则是描述事件的重要语义单元（Zhao et al.，2017），本书将各个类簇中的句子所对应的标题中的名词和动词作为事件特征词。

句子的重要度计算完成以后，针对每个类簇选择一定数量的重要度较高的句子，按照句子所对应的临时公告或者新闻报道产生的时间顺序组成上市公司风险事件的文本主题摘要。句子的数量通过压缩比来进行确定和控制，各个类簇形成的文本主题摘要的句子数目为该类簇中的句子总数乘以压缩比并取整。形成文本主题摘要时需要采用句子逐个选择的策略，即每进入一个句子，都要将该句子与已经选入的句子进行相似度计算，若相似度高于一定的阈值则跳过该句子。本书将平衡参数 λ 设置为 0.6，将摘要的压缩比设置为

10%，以生成各个类簇下的文本主题摘要。例如，针对包含了 108 个句子的第 19 个类簇，最终被选中的 10 个句子如图 4.19 所示。可以直观地发现，选取的这 10 个句子较为集中和有针对性地描述了长生生物被多家基金公司下调估值的情况。

句子序号	句子内容	句子类簇	重要度
1169	今日早间多家基金下调长生生物估值，安信基金估值价格调整为16.11元，距离当前股价还有	19	0.0792
1285	长春长生称已启动召回；昨日，长生生物市值蒸发40亿；富国、华泰等11只基金踩雷。	19	0.1300
1290	从一季度的持仓情况来看，共有11只基金踩雷，目前已经有3家基金公司对旗下基金持有的比	19	0.0635
1367	目前已有三家基金公司对长生生物开始下调估值。	19	0.0909
1914	截至昨日，据不完全统计，已有7只基金公司对长生生物进行估值下调。	19	0.0625
2805	实际上，在狂犬疫苗造假事件出来后，多家持仓公募基金已提前下调长生生物估值，估值主	19	0.0899
3629	同时，此事周末进一步发酵，长生生物股价周一或不乐观，上述踩雷基金估值或面临进一步	19	0.0978
3827	有市场人士分析认为，按照质押日收盘价14.5元计算，预估此次补充质押的平仓线为8.12元，	19	0.0677
4018	截止7月23日，长生生物股价已经跌破了上述基金公司的估值调整价。	19	0.0625
4095	据挖贝网了解，此前，在长生生物股价下行风险之下，持仓基金已纷纷下调其估值。	19	0.0865

图 4.19 第 19 个类簇中被选中的 10 个句子

由图 4.19 中的 10 个句子加上句子的时间信息所组成的第 19 个类簇的文本主题摘要如图 4.20 所示。可以从内容相关性、连贯性、时序性、可读性和语法性等方面对生成的事件主题摘要进行评价。本书通过对各个类簇下形成的事件主题摘要进行人工阅读和评价，发现生成的文本主题摘要与长生生物的实际情况是相符的，且具有较好的内容相关性、连贯性、可读性、语法性和时序性。

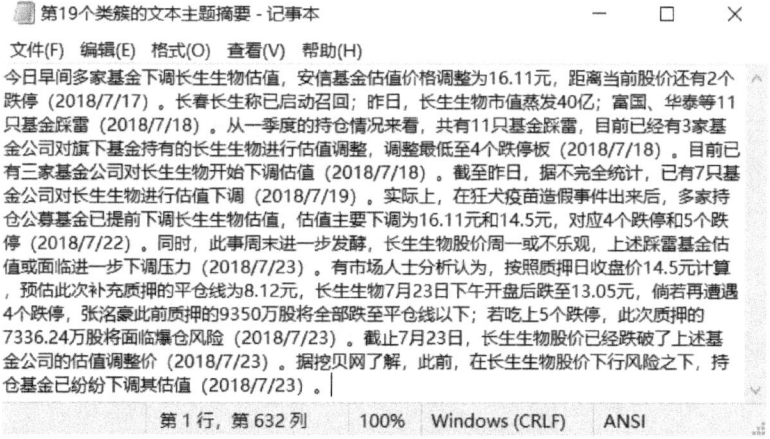

图 4.20 第 19 个类簇的文本主题摘要

4.5.4 上市公司风险事件文本主题摘要的推送

各个类簇的文本主题摘要生成后，可以通过任务调度程序以弹窗、邮件等方式将其自动推送给决策者；也可以将各个类簇的文本主题摘要设置为待处理状态的任务存储于信息系统中，以便于情报分析人员对这些文本主题摘要进行进一步加工处理，然后再以邮件等形式推送给决策者。本书基于 B/S 系统架构和 MVC 设计模式，使用 Java Web 技术、Eclipse 开发平台、MySQL 数据库和 Tomcat 服务器实现了一个知识推送原型系统，原型系统的主界面如图 4.21 所示。

图 4.21　知识推送原型系统的主界面

知识推送原型系统基于任务调度程序，可以将生成的文本主题摘要自动发送至决策者的邮箱。情报分析人员可在知识推送原型系统中查看各个类簇的文本主题摘要的详情，还可以对其内容进行编辑和修改，然后再发送至指定的邮箱。例如，第 19 个类簇的文本主题摘要详情如图 4.22 所示。

本书利用 Sun 公司发布的用于邮件发送和邮件接收的应用程序接口 JavaMail 来实现文本主题摘要的邮件推送，JavaMail 定义和提供了一系列用于操作邮件服务器的抽象类和接口，能够支持 SMTP、IMAP 和 POP3 等常见的电子邮件传输协议。本书基于 JavaMail 来实现文本主题摘要推送功能的核心 Java 代码，如图 4.23 所示。

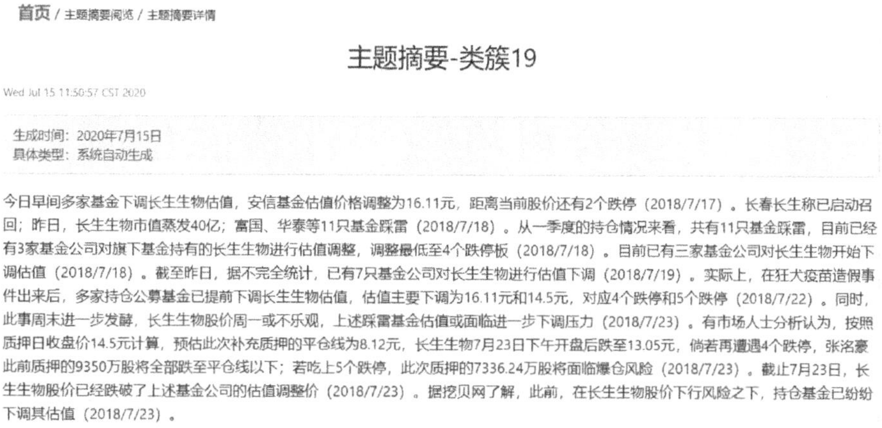

4 上市公司风险事件智能监测

首页 / 主题摘要阅览 / 主题摘要详情

主题摘要-类簇19

Wed Jul 15 11:50:57 CST 2020

生成时间：2020年7月15日
具体类型：系统自动生成

今日早间多家基金下调长生生物估值，安信基金估值价格调整为16.11元，距离当前股价还有2个跌停（2018/7/17）。长春长生称已启动召回；昨日，长生生物市值蒸发40亿；富国、华泰等11只基金踩雷（2018/7/18）。从一季度的持仓情况来看，共有11只基金踩雷，目前已经有3家基金公司对旗下基金持有的长生生物进行估值调整，调整最低至4个跌停板（2018/7/18）。目前已有三家基金公司对长生生物开始下调估值（2018/7/18）。截至昨日，据不完全统计，已有7只基金公司对长生生物进行估值下调（2018/7/19）。实际上，在狂犬疫苗造假事件出来后，多家持仓公募基金已提前下调长生生物估值，估值主要下调为16.11元和14.5元，对应4个跌停和5个跌停（2018/7/22）。同时，此事周末进一步发酵，长生生物股价周一或不乐观，上述踩雷基金估值或面临进一步下调压力（2018/7/23）。有市场人士分析认为，按照质押日收盘价14.5元计算，预估此次补充质押的平仓线为8.12元，长生生物7月23日下午开盘后跌至13.05元，倘若再遭遇4个跌停，张洺豪此前质押的9350万股将全部跌至平仓线以下；若吃上5个跌停，此次质押的7336.24万股将面临爆仓风险（2018/7/23）。截止7月23日，长生生物股价已经跌破了上述基金公司的估值调整价（2018/7/23）。据挖贝网了解，此前，在长生生物股价下行风险之下，持仓基金已纷纷下调其估值（2018/7/23）。

图 4.22　第 19 个类簇的文本主题摘要详情

```java
96    @RequestMapping(value="/report/sendReports")
97    public ModelAndView sendReports(String ids,ModelAndView mv) throws AddressException, MessagingException, UnsupportedEncodingExcep
98        List<EmailAccount> emailAccounts = emailAccountService.findAllEmailAccount();
99        List<EmailSend> emailSends = emailSendService.findAllEmailSend();
100       SendMail mail = null;
101       for (EmailAccount emailAccount : emailAccounts) {
102           mail = new SendMail(emailAccount.getEmailAccountName(),emailAccount.getEmailAccountPwd());
103       }
104
105       String[] idArray = ids.split(",");
106       Map<String,String> map= new HashMap<String,String>();
107       map.put("mail.smtp.host", "smtp.qq.com");
108       map.put("mail.smtp.auth", "true");
109       map.put("mail.smtp.socketFactory.class", "javax.net.ssl.SSLSocketFactory");
110       map.put("mail.smtp.port", "465");
111       map.put("mail.smtp.socketFactory.port", "465");
112       mail.setPros(map);
113       mail.initMessage();
114       List<String> list = new ArrayList<String>();
115       for (EmailSend emailSend : emailSends) {
116           list.add(emailSend.getEmailSendAccount());
117       }
118       mail.setRecipients(list);
119       for(String id : idArray){
120           Report target = reportService.findReportById(Integer.parseInt(id));
121           mail.setSubject(target.getReportName()+"已经生成，请及时关注！");
122           mail.setDate(new Date());
123           mail.setFrom("知识推送原型系统");
124           mail.setText(target.getReportContent());
```

图 4.23　实现文本主题摘要推送功能的核心 Java 代码

5 上市公司风险事件智能预测

5.1 研究问题的分析与描述

预测对于管理决策有着极其重要的作用,在政治、军事、经济、医疗、能源和社会管理等多个领域都有着非常广泛的应用,如政治领域的总统大选预测、军事领域的弹道导弹轨迹预测、经济领域的经济周期预测、医疗领域的癌症预后预测、能源领域的能源消耗预测、社会管理领域的网络舆情预测等。预测的重要价值和重大意义使其成为国内外专家学者们所广泛关注的重点问题。预测效果的好坏往往取决于两个方面:首先,基于什么样的数据资源来进行预测,数据的可靠性、及时性、全面性和价值性会对预测的结果产生重要的影响;其次,采用什么样的方法来进行预测,方法的科学性、有效性、实用性和可解释性则直接关系到预测的效果和预测对于管理决策的价值。

当前,用于上市公司风险事件预测的数据资源主要是上市公司的财务指标数据,这主要有以下两个方面的原因:一方面,财务指标数据能够综合反映上市公司的盈利能力、流动能力、偿债能力、增长能力、周转能力和营运能力等多个方面,且包含了上市公司风险事件预测所需要的有价值的信息,基于财务指标数据来实现上市公司的破产预测、财务危机预测和信用违约预测等能取得较好的效果;另一方面,财务指标数据是结构化的数值型数据,无须太多复杂的数据加工和处理过程就能直接将其输入预测模型中,且财务指标数据往往能够直接从金融数据库中批量导出,数据获取方式较为简单和便捷。

但是,财务指标数据只能反映过去经营业绩和资产的账面价值,且容易被操纵,因此国内外的研究者们将宏观经济数据、公司运营与管理效率数据、公司治理数据、证券市场交易数据、网络文本数据等应用到上市公司风险事件预测中,以提供增量的信息和改善预测的效果。国内外的专家学者们针对上市公司风险事件预测选取和设计了大量的指标,这些指标是有着重要价值的领域知识；但是这些指标往往存在于已发表的文献中，并没有被有效地组织并存储于知识库中，这不便于领域知识的复用，导致研究者和实践者在开展上市公司风险事件预测时重复地从文献资料中获取相关的指标。

除了引入多源多维的数据资源和选取更加有效的指标以外，当前国内外的研究者们主要关注于如何运用更先进的人工智能技术或者改进已有的人工智能技术来构建具有更高准确率的上市公司风险事件预测模型，而忽视了模型的实用性和可解释性。虽然当前构建的上市公司风险事件预测模型在数据集上的准确率越来越高、错误率越来越低，但是这些模型大多是缺乏可解释性（Interpretability）和透明性（Transparency）的黑箱模型（Black-Box Model），即模型只能输出目标公司是否会陷入破产、财务危机或者信用违约等风险事件，而不能为决策者提供模型透明化的分析过程及模型得出结论的直观解释。这在很大程度上会降低决策者对上市公司风险事件预测模型的信任度，削弱了模型的实用性和模型的决策支持效果。

Altman 于 1968 年提出的 Z-Score 模型通过对目标公司的 5 个财务指标进行加权求和得到其 Z 得分来判断一个公司是否会破产，若目标公司的 Z 得分处于一定的阈值范围内，则意味着该公司很可能会破产。Z-Score 模型相较于当前国内外研究者们利用各种人工智能技术构建的破产预测模型而言，其预测的准确率并不高，但是至今依旧被各国的商业银行和信用评级机构所广泛使用，其中很重要的一个原因就在于 Z-Score 模型的透明性、可解释性和实用性强，能够为决策者提供透明化的分析过程和直观可解释的决策依据。

5.2 基于本体推理的上市公司风险事件智能预测模型

本书利用本体来对知识进行表示和建模，以实现领域知识的有效组织及增强领域知识的复用性与共享性；然后通过本体推理的方式来实现上市公司风险事件的预测，并对预测的结果进行解释。本体（Ontology）最早是哲学领域在研究存在和事物本质中所使用的一个重要概念，用于探究存在主体的抽象本质、客观存在的解释或说明及一切客观现实事物的基本特征。在 20 世纪 90 年代，Neches 等研究者将本体这一概念引入人工智能与信息科学领域；在此之后，计算机科学、人工智能和信息系统等领域的专家学者们围绕着本体开展了大量的研究，并形成了诸多关于本体的定义。Studer 等（1998）在 Neches、Gruber、Guarino 和 Borst 等研究者对于本体的定义和研究的基础上，形成了目前被计算机科学和人工智能学界所普遍认可的本体定义：本体是共享概念模型的明确的形式化规范说明（An ontology is a formal, explicit specification of a shared conceptualization）。

本体的基本建模元语（构成元素）主要包括概念（Concept）、关系（Relation）、实例（Instance）、函数（Function）和公理（Axiom）。根据本体的详细程度和领域依赖程度，可以将其分为顶层本体、领域本体、任务本体和应用本体四类。可以将本体的特征概括为：概念化、明确性、形式化、共享性。其中，概念化（Conceptualization）是指通过对客观世界存在的事物进行抽象描述，识别和表达出抽象的本质概念，从而获得抽象化的概念模型；明确性（Explicit）是指本体中描述客观事物所使用的概念、概念关系、函数、公理、约束等都有明确的定义，以实现客观事物的准确描述；形式化（Formal）是指本体需要用特定的、严格的和规范化的语言对概念模型进行描述，以便于计算机的读取、定义、理解和处理；共享性（Share）则是指本体反映的是特定领域内被重复使用和普遍接受的知识，从而提供了特定领域中通用的、可共享的概念模型。

本书利用本体来实现领域知识组织的原因主要有如下几个方面：①本体是一种常用的语义表示和知识建模的方法，在人工智能、语义网、知识工程、软件工程、信息检索、信息系统、知识发现、自然语言处理、电子商务和生物信息学等多个领域有着非常广泛的应用（Qu et al., 2015；Zhu et al., 2015）；②本体能够在语义层次上实现知识的建模和概念模型的描述，从而为语义驱动的应用程序和应用系统提供共享的知识模型、领域的概念化框架和强大的推理能力（Ma et al., 2013）；③本体对于增强复杂知识的建模和推理能力、提升知识库的可重用性和共享性、提高信息系统之间的语义互操作性和集成性、改进软件系统的过程和质量有着十分关键的作用（Kang et al., 2010；Cardoso et al., 2020）；④本体的实现技术较为成熟，与本体的建模、存储、可视化和推理等相关的软件、插件和程序库等工具资源非常丰富（Holanda et al., 2013）。

本书以上市公司风险智能识别模型框架为基础，构建了由数据采集与数据预处理模块、知识获取与知识组织模块、知识利用与知识服务模块所构成的基于本体推理的上市公司风险事件智能预测模型，如图5.1所示。

5 上市公司风险事件智能预测

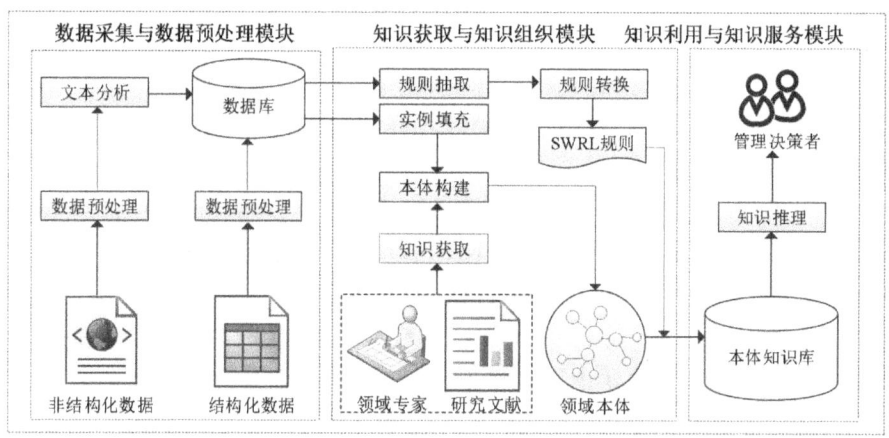

图 5.1 基于本体推理的上市公司风险事件智能预测模型

数据采集与数据预处理模块需要针对上市公司的破产预测、财务危机预测和信用违约预测等具体的风险事件预测场景，采集相应的结构化数据和非结构化数据，并对这些数据进行数据预处理；知识获取与知识组织模块的任务是构建上市公司风险事件预测本体知识库，该模块通过知识工程师手工构建领域本体，以及利用知识发现技术自动地从数据资源中抽取规则知识，从而半自动地构建上市公司风险事件预测本体知识库；知识利用与知识服务模块的任务是基于本体知识推理实现上市公司风险事件的预测，并获得与预测结果相对应的解释，从而为决策者提供直观有效的决策依据。

5.3 上市公司风险事件预测数据与实验数据采集

（1）数据源、数据获取与预处理

实现上市公司风险事件预测所需要的数据资源包括结构化数据和非结构化数据。结构化数据主要包括上市公司的财务指标数据、证券市场交易数据、治理结构数据、股权结构数据、运营与管理效率数据、行业统计数据、宏观经济数据等；非结构化数据主要包括上市公司的年报文本数据、临时公告文本数据、新闻报道数据和股吧评论数据等。结构化数据主要从国泰安数据库、同花顺数据库、WRDS 沃顿商学院数据库、BVD 数据库等金融数据库中获取，也可以从上市公司的各类公告文件、财经网站、统计年鉴、统计局网站等数据源中获取。非结构化数据中的年报、半年报、招股说明书和临时公告等文本数据主要来自巨潮资讯网、美国证监会官网和各大证券交易所官网等上市公司披露信息平台，新闻报道和股吧评论等文本数据主要来自东方财富网、新浪财经、《上海证券报》、Google Finance、Yahoo Finance、Bloomberg等财经网站。

结构化数据的预处理过程需要对上市公司的财务指标数据、治理结构数据、证券市场交易数据、运营与管理效率数据和宏观经济数据等数据资源中的错误数据、重复数据和不一致数据进行检测和消除，并对数据中的缺省值进行剔除或者填充。相较于结构化数据的预处理，非结构化数据的预处理过程则显得更加复杂：对于以PDF、HTML等形式存在的上市公司的各种公告文件，首先需要利用Java、Python等程序设计语言进行解析和读取，然后通过字符串匹配的方法抽取公告文件中所需要进行分析的文本内容，如年报文本中披露的风险因素信息、管理层讨论与分析（MD&A）等，并去除公告文件中的申明等无关信息；上市公司的新闻报道数据和股吧评论数据往往通过爬虫技术或者通过数据接口获取，并直接将其存入数据库中，数据预处理操作则主要是剔除与目标公司无关或者内容重复的新闻报道数据和股吧评论数据。结构化数据可直接存于数据库中以供知识获取与知识组织模块所使用，而非结构化数据需要通过文本分析技术以将其转化为定量数据，并按照上市公司的唯一标识存放于数据库中供后续使用。

（2）实验数据采集与数据预处理

上市公司的破产不仅会给投资者、债权人带来巨大的经济损失，以及对产业链上下游企业和资本市场的稳定产生消极负面的影响；同时还会导致大批员工失业，不利于社会的稳定和国民经济的健康发展。上市公司的破产预测（Bankruptcy Prediction）不仅是金融学、管理科学与工程、会计学和计算机科学等多个学科的研究者们所重点关注的热点问题，同时也受到了银行、基金管理公司、证券交易所、证券公司和政府监管机构的广泛关注。上市公司的破产预测是一个极具代表性的上市公司风险事件预测场景，每年有大量有关上市公司破产预测的文章发表于 *Information Sciences*、*European Journal of Operational Research*、*Decision Support Systems*、*Expert Systems with Applications*、*Knowledge-Based Systems*、*Applied Soft Computing*、*Neurocomputing* 等权威期刊上。综合考虑实验数据的可获得性、可用性和质量，本书使用美国破产的上市公司数据来验证构建的基于本体推理的上市公司风险事件智能预测模型的可行性和有效性。

1）美国破产上市公司的获取

本书获取美国破产上市公司名单的步骤如下：①从美国宾夕法尼亚大学沃顿商学院开发的 WRDS 数据库（Wharton Research Data Services）、全球金融与企业资信分析数据库提供商 Bureau van Dijk（BVD）旗下的 OSIRIS 全球上市公司分析库及加州大学洛杉矶分校法学院建立的破产研究数据库（UCLA-LoPucki Bankruptcy Research Database）中获取美国 2008—2017 年提交 Chapter 7（破产清算）和 Chapter 11（破产重整）申请的破产上市公司名单；②本书将美国上市公司申请破产前披露的最新年报作为开展破产预测实证研究的核心数据资源，由于有少量的上市公司在申请破产前很多年都没有披露年报，为了保证数据的一致性和提高数据集的质量，本书参考前人的研究（Sun，2007），将签署破产文件的前两年内没有披露 10-K 年报文件的上市公司从名单中剔除；③由于金融保险类上市公司（Financial Firms，即标准产业分类代码 SIC Code 位于 6000～6999 的上市公司）在财务结构、盈利模式等多个方面与其他类型的公司（Non-Financial Firms）存在着很大的差异，因此本书参考破产预测的相关研究（Hwang et al.，2011），也从名单中剔除了金融保险类上市公司；④本书还从名单中剔除了数据有缺失、破产日期不确定的上市公司。最终名单中共包含美国 2008 年至 2017 年十年间破产的上市公司共计 288 家，如图 5.2 所示。

2）配对上市公司的获取

本书参考 Beaver 和 Altman 等研究者发表于 *Journal of Finance*、*Journal of Accounting Research* 等权威期刊上的上市公司破产预测相关研究文献的做法，对于名单中存在的每一家破产的上市公司，都选取一家行业相同、总资产规模相近的非破产上市公司作为其配对样本，从而构建一个包含正负样本的数据集（图 5.2）。具体而言，本书选取配对的非破产上市公司的具体标准有如下 3 条：①配对的非破产上市公司需要与名单中相对应的破产上市公司处于同一个行业（根据美国政府颁布的标准产业分类代码 SIC Code 确定行业）；②配对的非破产上市公司需要与相对应的破产上市公司有着相近的总资产规模（根据上市公司的总资产 Total Assets 指标确定总资产规模）；③本书所需要使用的配对非破产上市公司在相对应的财务年度（Fiscal Year）内的结构化数据和非结构化数据是完整无缺失的。本书获取的配对的非破产上市公司如图 5.3 所示。

引入文本语义信息的上市公司风险智能识别

CIK码	公司名称	SIC码	破产日期	最后10-K年报日期	财务年度
0001526796	IGNITE RESTAURANT GROUP INC	5812	201706	2017-01-02	2016年
0001476170	UNILIFE CORP	3841	201704	2016-06-30	2016年
0001471261	Cobalt International Energy, Inc.	1311	201712	2016-12-31	2016年
0001403853	Nuverra Environmental Solutions, Inc.	1389	201705	2016-12-31	2016年
0001311230	TERRAVIA HOLDINGS INC	2860	201708	2016-12-31	2016年
0001301712	ICPW LIQUIDATION CORPORATION	5090	201709	2016-12-31	2016年
0001058623	Cumulus Media Inc.	4832	201711	2016-12-31	2016年
0001005414	Toys R Us, Inc.	5945	201709	2017-01-28	2016年
0000880460	Perfumania Holdings, Inc.	5900	201708	2017-01-28	2016年
0000868725	Rentech, Inc.	2870	201712	2016-12-31	2016年
0000038984	Real Industry, Inc.	5063	201711	2016-12-31	2016年
0000018172	A. M. Castle & Co.	5051	201706	2016-12-31	2016年
0001615817	C&J Energy Services Ltd.	1389	201607	2015-12-30	2015年
0001602367	Adeptus Health Inc.	8060	201704	2015-12-31	2015年
0001575599	Azure Midstream Partners, LP	4922	201701	2015-12-31	2015年
0001533924	Midstates Petroleum Company, Inc.	1311	201604	2015-12-31	2015年
0001532930	Seventy Seven Energy Inc.	1389	201606	2015-12-31	2015年
0001532750	Atlas Resource Partners, L.P.	1381	201607	2015-12-31	2015年
0001521847	Memorial Production Partners LP	1311	201701	2015-12-31	2015年
0001509589	Bonanza Creek Energy, Inc.	1311	201701	2015-12-31	2015年
0001503518	21st Century Oncology Holdings, Inc.	8011	201705	2015-12-31	2015年
0001490636	G-ESTATE LIQUIDATION STORES	5600	201703	2016-01-30	2015年

图 5.2　美国破产上市公司名单（部分）

CIK码	公司名称	SIC码	10-K年报日期	财务年度
0001617227	J. ALEXANDER'S HOLDINGS INC	5812	2017-01-01	2016
0001557883	DERMIRA INC	2834	2016-12-31	2016
0001161364	MEDIACOM BROADBAND LLC	4841	2016-12-31	2016
0000010254	EARTHSTONE ENERGY INC	1311	2016-12-31	2016
0001020710	DXP ENTERPRISES INC	5084	2016-12-31	2016
0000870826	EVINE LIVE INC	5961	2017-01-28	2016
0000866829	HELIX ENERGY SOLUTIONS GROUP	1389	2016-12-31	2016
0000832988	SIGNET JEWELERS LTD	5944	2017-01-28	2016
0000798081	LAKELAND INDUSTRIES INC	3842	2017-01-31	2016
0000352825	FOSTER (LB) CO	5051	2016-12-31	2016
0000319016	FUSE MEDICAL INC	5047	2016-12-31	2016
0001621434	BLACK STONE MINERALS LP	1311	2015-12-31	2015
0001620533	SHAKE SHACK INC	5810	2015-12-30	2015
0001606909	PANGAEA LOGISTICS SOLUTIONS	4512	2015-12-31	2015
0001588216	RSP PERMIAN INC	1311	2015-12-31	2015
0001575828	FRANK'S INTL NV	1389	2015-12-31	2015
0001573166	JONES ENERGY INC	1311	2015-12-31	2015
0001561627	EXONE CO	3555	2015-12-31	2015
0001513761	NORWEGIAN CRUISE LINE HLDGS	4400	2015-12-31	2015
0001509991	KOSMOS ENERGY LTD	1311	2015-12-31	2015
0001449488	CSI COMPRESSCO LP	1389	2015-12-31	2015
0001071993	CONTANGO OIL & GAS CO	1311	2015-12-31	2015

图 5.3　配对的非破产上市公司名单（部分）

5 上市公司风险事件智能预测

3）上市公司结构化财务数据的获取

最终，本书获得了一个包含288家破产上市公司和288家配对的非破产上市公司的平衡数据集。本书从宾夕法尼亚大学WRDS沃顿商学院数据库中获取这576家上市公司的总资产、总负债、销售收入、净利润、流动资产、流动负债等常用的定量财务数据，并将其直接存入数据库中供后续所使用。从WRDS沃顿商学院数据库中获取上市公司定量财务数据的界面如图5.4所示。

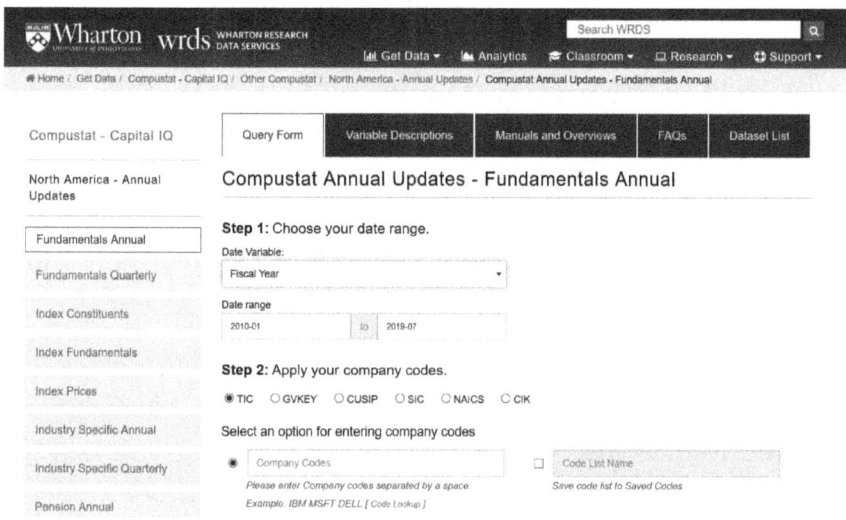

图 5.4　从 WRDS 沃顿商学院数据库中获取上市公司定量财务数据的界面

4）上市公司非结构化文本数据的获取与处理

本书从美国证监会（SEC）官方网站上的证券信息电子化披露系统EDGAR中获取数据集中576家上市公司的10-K年报文本数据，EDGAR系统的数据查询界面如图5.5所示。

用户可以在EDGAR系统中输入上市公司的名称或者其唯一的CIK（Central Index Key）码来查询美国上市公司披露的各类公告文件，如S-1招股说明书、10-K年报、16-Q季报、8-K临时公告等。由于上市公司在经营管理过程中可能会更改其公司名称，为了准确无误地获取上市公司的数据，本书根据数据集中上市公司的CIK码来从EDGAR系统中下载其相应财务年度的10-K年报文本。

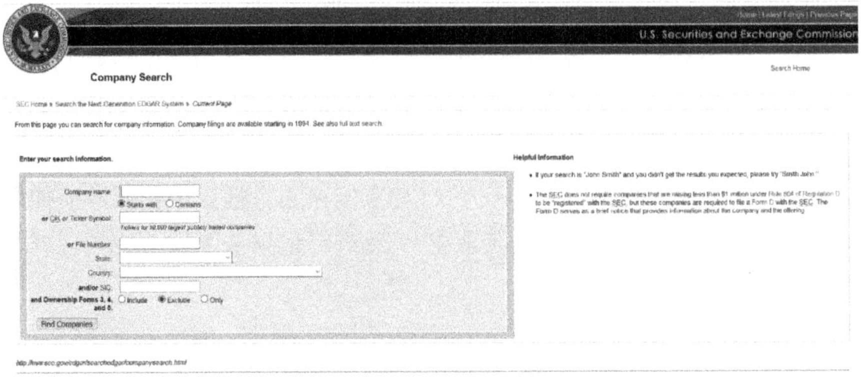

图 5.5　EDGAR 系统的数据查询界面

上市公司年报中的管理层讨论与分析（MD&A）部分披露了上市公司的财务状况、经营业绩、风险事件、运营管理、发展战略、发展前景和未来展望等多个方面的重要信息，并对公司业务的各个方面进行讨论与分析，从而让年报阅读者和利益相关者能够了解上市公司的管理层对公司目前状况和未来发展的看法。例如，苹果公司（Apple Inc.）2019 年发布的 10-K 年报（Fiscal Year Ended September 28，2019）中管理层讨论与分析部分（Item 7. Management's Discussion and Analysis of Financial Condition and Results of Operations）就披露了公司在过去一个财务年度总净销售额下降的原因、各个产品和区域的销售情况、产品和服务毛利率变化情况、股票回购计划情况等多个方面的重要信息，如图 5.6 所示。

Item 7.　Management's Discussion and Analysis of Financial Condition and Results of Operations

This section and other parts of this Annual Report on Form 10-K ("Form 10-K") contain forward-looking statements, within the meaning of the Private Securities Litigation Reform Act of 1995, that involve risks and uncertainties. Forward-looking statements provide current expectations of future events based on certain assumptions and include any statement that does not directly relate to any historical or current fact. Forward-looking statements can also be identified by words such as "future," "anticipates," "believes," "estimates," "expects," "intends," "plans," "predicts," "will," "would," "could," "can," "may," and similar terms. Forward-looking statements are not guarantees of future performance and the Company's actual results may differ significantly from the results discussed in the forward-looking statements. Factors that might cause such differences include, but are not limited to, those discussed in Part I, Item 1A of this Form 10-K under the heading "Risk Factors," which are incorporated herein by reference. The following discussion should be read in conjunction with the consolidated financial statements and accompanying notes included in Part II, Item 8 of this Form 10-K. Unless otherwise stated, all information presented herein is based on the Company's fiscal calendar, and references to particular years, quarters, months or periods refer to the Company's fiscal years ended in September and the associated quarters, months and periods of those fiscal years. Each of the terms the "Company" and "Apple" as used herein refers collectively to Apple Inc. and its wholly owned subsidiaries, unless otherwise stated. The Company assumes no obligation to revise or update any forward-looking statements for any reason, except as required by law.

This section of this Form 10-K generally discusses 2019 and 2018 items and year-to-year comparisons between 2019 and 2018. Discussions of 2017 items and year-to-year comparisons between 2018 and 2017 that are not included in this Form 10-K can be found in "Management's Discussion and Analysis of Financial Condition and Results of Operations" in Part II, Item 7 of the Company's Annual Report on Form 10-K for the fiscal year ended September 29, 2018.

Fiscal Period

The Company's fiscal year is the 52- or 53-week period that ends on the last Saturday of September. The Company's fiscal years 2019 and 2018 spanned 52 weeks each, whereas fiscal year 2017 included 53 weeks. A 14th week was included in the first quarter of 2017, as is done every five or six years, to realign the Company's fiscal quarters with calendar quarters.

Fiscal 2019 Highlights

Total net sales decreased 2% or $5.4 billion during 2019 compared to 2018, driven by lower net sales of iPhone, partially offset by higher net sales of Wearables, Home and Accessories and Services in all geographic operating segments. The weakness in foreign currencies had a significant unfavorable impact on net sales during 2019.

In April 2019, the Company announced an increase to its current share repurchase program authorization from $100 billion to $175 billion and raised its quarterly dividend from $0.73 to $0.77 per share beginning in May 2019. During 2019, the Company repurchased $67.1 billion of its common stock and paid dividends and dividend equivalents of $14.1 billion.

Apple Inc. | 2019 Form 10-K | 18

图 5.6　苹果公司 10-K 年报中的 MD&A（部分）

管理层讨论与分析部分是投资者、债权人、供应商和政府监管部门等主体获取上市公司相关的情报信息的重要来源和渠道，同时也是国内外金融决策支持领域的研究者们在开展上市公司的风险分析、股票预测、业绩预测等课题所使用的重要文本数据资源之一。管理层讨论与分析部分的文本对于决策支持有着十分重要的作用，同时也是上市公司年报中最有价值及阅读量最大的部分之一（Humpherys et al., 2011; Tailab et al., 2018）。本书将管理层讨论与分析部分的文本作为上市公司破产预测的核心文本数据资源之一，并利用基于词典的情感分析方法对其进行处理，从而将其转化为定量的结构化数据。

本书利用 Python 程序设计语言对从美国证监会 EDGAR 系统中获取的上市公司 10-K 年报文件进行读取和解析，并通过字符串匹配的方法抽取其中的管理层讨论与分析部分的文本。美国上市公司管理层讨论与分析部分在正文之前往往有一段申明，如苹果公司 2019 年发布的 10-K 年报中管理层讨论与分析部分第一段中的 "This section and other parts of this Annual Report on Form 10-K（"Form 10-K"）contain forward-looking statements ..."。由于该段申明内容和管理层讨论与分析部分后续阐述的上市公司的财务状况、经营成果和未来展望等内容无关，因此本书将获得的管理层讨论与分析部分的文本数据中的该段申明内容进行了删除。

本书利用 Loughran 和 McDonald 等构建的英文金融情感词典——LM 情感词典来对经过数据清洗后的管理层讨论与分析部分的文本进行情感分析，计算出文本中每一类情感词出现的频次，从而完成文本数据的量化分析。LM 情感词典中的部分情感词如图 5.7 所示。

	A	B	C	D	E	F	G
1	Positive	Negative	Litigious	Constraining	Weak Modal	Moderate Modal	Strong Modal
2	ABLE	ABANDON	ABOVEMENTIONED	ABIDE	ALMOST	CAN	ALWAYS
3	ABUNDANCE	ABANDONED	ABROGATE	ABIDING	APPARENTLY	FREQUENTLY	BEST
4	ABUNDANT	ABANDONING	ABROGATED	BOUND	APPEARED	GENERALLY	CLEARLY
5	ACCLAIMED	ABANDONMENT	ABROGATES	BOUNDED	APPEARING	LIKELY	DEFINITELY
6	ACCOMPLISH	ABANDONMENTS	ABROGATING	COMMIT	APPEARS	OFTEN	DEFINITIVELY
7	ACCOMPLISHED	ABANDONS	ABROGATION	COMMITMENT	CONCEIVABLE	OUGHT	HIGHEST
8	ACCOMPLISHES	ABDICATED	ABROGATIONS	COMMITMENTS	COULD	PROBABLE	LOWEST
9	ACCOMPLISHING	ABDICATES	ABSOLVE	COMMITS	DEPEND	PROBABLY	MUST
10	ACCOMPLISHMENT	ABDICATING	ABSOLVED	COMMITTED	DEPENDED	RARELY	NEVER
11	ACCOMPLISHMENTS	ABDICATION	ABSOLVES	COMMITTING	DEPENDING	REGULARLY	STRONGLY
12	ACHIEVE	ABDICATIONS	ABSOLVING	COMPEL	DEPENDS	SHOULD	UNAMBIGUOUSLY
13	ACHIEVED	ABERRANT	ACCESSION	COMPELLED	MAY	TENDS	UNCOMPROMISING
14	ACHIEVEMENT	ABERRATION	ACCESSIONS	COMPELLING	MAYBE	USUALLY	UNDISPUTED
15	ACHIEVEMENTS	ABERRATIONAL	ACQUIREES	COMPELS	MIGHT	WOULD	UNDOUBTEDLY

图 5.7 LM 情感词典中的情感词（部分）

除此之外，本书还将独立注册会计师事务所的报告（Report of Independent

Registered Public Accounting Firm）部分的文本作为上市公司破产预测的重要数据资源：利用基于规则的方法来确定独立注册会计师事务所的报告文本中是否出现了审计师对上市公司的持续经营能力提出质疑的相关信息；由于独立注册会计师事务所的报告中对于上市公司的财报审计意见和内部控制意见已经被金融信息服务提供商进行了抽取和加工，因此本书直接从WRDS沃顿商学院数据库中获取相应的数据。

5.4 上市公司风险事件预测本体知识库的构建

5.4.1 本体知识库的构成

本书通过构建本体知识库来将领域知识（包括事实性知识和规则性知识）转化为计算机可识别、可理解、可处理和推理的形式，以实现领域知识的有序化组织。基于本体推理的上市公司风险事件智能预测模型中所要构建的本体知识库（Ontological Knowledge Base）是一个混合型的且功能相对完备的知识库，由领域本体（组织和存储事实性知识）和规则库（组织和存储规则性知识）两部分构成（Slota et al., 2015；唐晓波 等，2019）。因此，知识获取与知识组织模块包含两个子任务：上市公司风险事件预测领域本体的构建、上市公司风险事件预测规则库的构建。

本书以半自动的方式构建本体知识库：首先，通过知识工程师与领域专家沟通交流和研读有关研究文献，以手工的方式获取领域知识，借助于本体编辑和知识建模工具，构建上市公司风险事件预测领域本体；然后利用规则抽取算法从采集的数据资源中自动抽取出IF-THEN规则知识，基于构建的上市公司风险事件预测领域本体，将挖掘出的IF-THEN规则知识转换为以语义网规则语言（SWRL）的形式表达的规则知识，构建上市公司风险事件预测规则库。

本书将构建的平衡数据集（包含破产上市公司和配对的非破产上市公司各288家）随机划分为两部分：包含450家上市公司数据（破产上市公司和非破产上市公司各225家）的训练集，将其作为抽取上市公司破产预测的IF-THEN规则的数据资源；包含126家上市公司数据（破产上市公司和非破产上市公司各63家）的测试集，将其作为类的实例添加到本体知识库中，并通过本体知识推理来对这126家上市公司进行破产预测。

5.4.2 上市公司风险事件预测领域本体的构建

（1）本体描述语言

本体描述语言是用于对本体模型进行定义和描述的形式化语言，以实现领域知识的形式化描述和编码，从而便于计算机对知识的识别、理解和推理。可以将本体描述语言大致分为以下两类（Kalibatiene et al.，2011）：第一类是在特定本体项目和具体应用系统中所使用的传统本体描述语言，如OCML、KIF、CycL、Ontolingua、OKBC、GFP、F-Logic、LOOM等；第二类是以语义 Web 为背景，与 Web 标准兼容的本体描述语言，如 RDF、RDF-S、SHOE、XOL、OIL、DAML、DAML+OIL、OWL 等。当前，在人工智能、语义 Web、软件工程和信息系统等领域的学术研究和产业实践中应用最为广泛、影响最大的本体描述语言是 RDF、RDF-S 和 OWL。

1）RDF

RDF（Resource Description Framework）资源描述框架是万维网的重要国际标准组织万维网联盟（W3C）在 XML 的基础上提出的一种用于描述网络资源的内容与结构的通用数据模型和 Web 元数据标准。RDF 利用 URI 统一资源标识符(Uniform Resource Identifier)来对资源进行标识，并通过三元组结构〈资源，属性，属性值〉的 RDF 语句（Statements）来实现资源的描述和事实的陈述。例如，可以将 Eric Miller 博士的相关信息表示为图 5.8 所示的 RDF 图，然后可以利用基于 XML 的语法（RDF/XML）来对 RDF 图进行存储和交换。W3C 提出 RDF 的目标是以标准化的方式表示数据的语义，从而为 Web 添加形式化的语义提供数据模型和语法约定。

2）RDF-S

RDF 仅为资源描述定义了一个机制和数据模型，需要在基本的 RDF 模型的基础之上进行扩展补充，才能满足实际的应用。RDF Schema（RDF-S）在 RDF 的基础上定义了 rdfs：Resource、rdfs：Class、rdfs：Datatype、rdf：Property、rdfs：domain、rdfs：range、rdfs：subClassOf 和 rdfs：subPropertyOf 等建模原语，来实现类、属性和约束的定义和描述。RDF-S 为 RDF 模型提供了一个定义良好的数据建模词汇表，通过将外部制定的语义分配给特定的资源来扩展和丰富 RDF 模型，为 RDF 模型和 RDF 表达式的解释提供了一个基本的类型系统，增强了 RDF 模型对资源的语义描述能力。尽管如此，RDF-S 对于类之间的交叉关系和逻辑运算等更复杂和更精确的语义信息无法表达，其语义表达能力、语义推理能力及对语义关系的约束能力依旧十分有限。

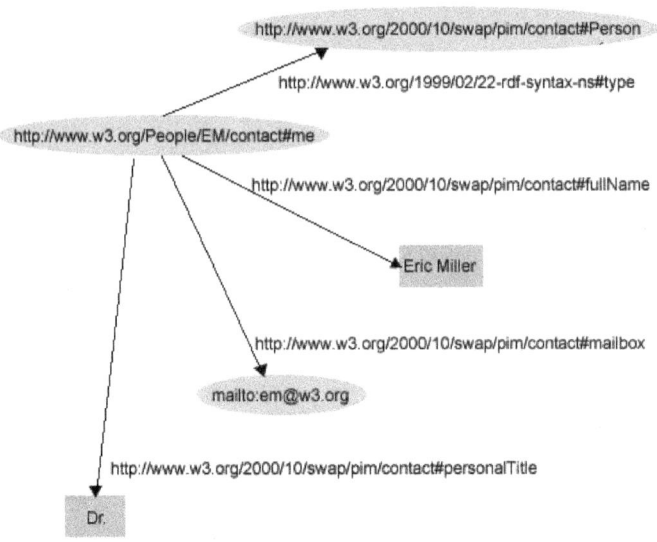

图 5.8 利用 RDF 模型描述资源的示例

3）OWL

OWL（Web Ontology Language）是由 W3C 本体工作组开发的用于支持语义 Web 的体系结构和本体建模的形式化语言，并于 2004 年成为 W3C 所推荐的标准本体语言。OWL 建立在 RDF、RDF-S 的基础之上，继承了 RDF 模型对基本事实的陈述能力及 RDF-S 对类和属性的构造能力，并在多个重要的方面对 RDF、RDF-S 进行了扩展，为本体描述和知识建模提供了更加强大的语义表达能力及更加完备的语义表达机制。OWL 包含了多达几十种的建模原语，如 owl：unionOf、owl：hasValue、owl：equivalentClass、owl：sameAs、owl：inverseOf、owl：complementOf、owl：disjointWith、owl：allValuesFrom、owl：intersectionOf、owl：cardinality 等。由于 OWL 是一种基于描述逻辑（Description Logics）的本体语言，因此 OWL 能够表达逻辑，并在此基础上进行知识推理。同时，OWL 还能够与 SHOE、DAML、OIL 和 DAML+OIL 等早期的本体语言相兼容。OWL 包含了 3 种表达能力和可判定性各不相同的语言变体（子语言）：OWL Lite、OWL DL 和 OWL Full。RDF、RDF-S 和 OWL 等本体语言在 W3C 本体语言栈中的位置和层次如图 5.9 所示，OWL 处于最顶层。

5 上市公司风险事件智能预测

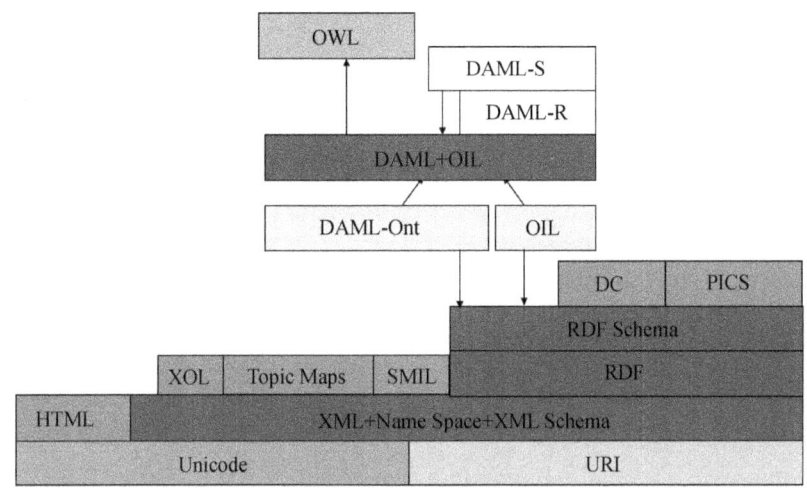

图 5.9 本体语言栈

（2）上市公司破产预测领域本体的构建

鉴于本体对于人工智能、语义网、信息系统、知识工程、信息检索和软件工程等领域的重要性，国内外的研究者们围绕着本体的构建、集成、演化、评价、推理和应用等问题开展了大量的研究；在此过程中，专家学者们提出了很多的本体构建方法，并研发了很多的本体构建工具：典型的本体构建方法如 IDEF5 法、七步法、TOVE 法、KACTUS 法、SENSUS 法、METHONTOLOGY 法、骨架法等；典型的本体构建工具如 Ontolingua、Protégé、KAON、OntoEdit、OntoSaurus、OILEd、WebOnto 等。这为上市公司风险事件预测领域本体的构建提供了良好的条件和基础。

知识工程师需要根据上市公司的破产预测、财务危机预测、信用违约预测等具体的风险事件预测场景的目标和需求，通过专家咨询、问卷调查、案例分析和研读相关研究文献等方式获取构建上市公司风险事件预测领域本体所需的领域知识；然后以成熟的领域本体构建方法为指导，利用优秀的本体构建工具来对领域知识进行建模，构建领域的本体模型，并借助应用广泛的本体语言对本体模型进行形式化描述和编码。

1）上市公司破产预测指标的确定

本书以如下两种方式获取与上市公司破产预测相关的领域知识：一方面，通过知识工程师与领域专家进行沟通交流，获取实现上市公司破产预测所要选取的重要指标；另一方面，从 Elsevier、Springer、Taylor & Francis、

Wiley、CNKI 和万方等数据库中下载近年来发表于 SCI/SSCI/CSSCI/CSCD 权威期刊上与上市公司破产预测、金融文本分析相关的研究文献，并通过知识工程师对这些文献进行研读，从而归纳出实现上市公司破产预测常用的指标，以及总结出针对不同的金融文本所应当设计和选取的相应的文本指标。

本书将知识工程师从领域专家和研究文献两个渠道获取的实现上市公司破产预测所常用的重要财务指标进行整合，最终本书选取了涵盖上市公司的流动性（Liquidity）、盈利能力（Profitability）、周转能力（Turnover）、营运能力（Activity）、财务结构（Financial Structure）和增长能力（Growth）等 6 个维度的财务指标共计 30 个，如表 5.1 所示。

表 5.1　上市公司破产预测的财务指标

财务维度	财务指标
流动性	CA/CL（流动资产/流动负债）
	CA/TA（流动资产/总资产）
	CH/TL（现金流/总负债）
	CH/CL（现金流/流动负债）
	CH/CA（现金流/流动资产）
盈利能力	EBITDA/TA（息税折旧及摊销前利润/总资产）
	NI/TA（净利润/总资产）
	OE/SALE（营业费用/销售收入）
	NI/TL（净利润/总负债）
	NI/CA（净利润/流动资产）
	EBITDA/TL（息税折旧及摊销前利润/总负债）
	NI/SALE（净利润/销售收入）
周转能力	WC/TL（营运资本/总负债）
	CA/SALE（流动资产/销售收入）
	CL/SALE（流动负债/销售收入）
	SALE/TA（销售收入/总资产）

续表

财务维度	财务指标
周转能力	REC/SALE（应收账款/销售收入）
营运能力	OANCF/TL（经营活动现金净流量/总负债）
	OANCF/TA（经营活动现金净流量/总资产）
	EBITDA/SALE（息税折旧及摊销前利润/销售收入）
	CH/SALE（现金流/销售收入）
	OANCF/SALE（经营活动现金净流量/销售收入）
财务结构	TL/TA（总负债/总资产）
	CL/TA（流动负债/总资产）
	LTD/TA（长期负债/总资产）
	CH/TA（现金流/总资产）
	CL/TL（流动负债/总负债）
增长能力	TAGR（总资产增长率）
	SGR（销售收入增长率）
	TLGR（总负债增长率）

本书通过知识工程师对国内外关于金融文本分析及应用的研读，总结文献中针对管理层讨论与分析部分的文本所选取和设计的文本指标；结合LM情感词典中的情感维度，最终本书确定了涵盖积极（Positive）、消极（Negative）、不确定（Uncertainty）、诉讼（Litigious）、模态（Modal）和约束性（Constraining）等6个维度的9个文本情感指标，如表5.2所示。

表5.2 上市公司破产预测的文本情感指标

情感维度	文本情感指标
积极	PositiveSentimentScore（积极词汇频数/六类情感词频数之和）
消极	NegativeSentimentScore（消极词汇频数/六类情感词频数之和）
不确定	UncertaintySentimentScore（不确定词汇频数/六类情感词频数之和）

续表

情感维度	文本情感指标
诉讼	LitigiousSentimentScore（诉讼词汇频数/六类情感词频数之和）
模态	TotalModalSentimentScore（模态词汇频数/六类情感词频数之和）
	StrongModalSentimentScore（强模态词汇频数/所有模态词频数之和）
	ModerateModalSentimentScore（中模态词汇频数/所有模态词频数之和）
	WeakModalSentimentScore（弱模态词汇频数/所有模态词频数之和）
约束性	ConstrainingSentimentScore（约束性词汇频数/六类情感词频数之和）

本书除了将财务指标和文本情感指标作为上市公司破产预测的重要指标以外，还根据以往的相关研究文献及领域专家的建议，选取了上市公司的财报审计意见、内部控制意见和持续经营意见3个维度的审计师意见指标，如表5.3所示。

表5.3 上市公司破产预测的审计师意见指标

审计师意见类型	审计师意见指标
财报审计意见	FinancialStatementsOpinion（0、1、2、3、4、5分别表示未经审计的报表、无保留意见、保留意见、无意见、具有额外条件的无保留意见、否定意见）
内部控制意见	InternalControlOpinion（0、1、2、3、4分别表示无审计报告、积极意见、存在重大缺陷、无法表达意见、延迟提交）
持续经营意见	GoingConcernOpinion（0、1分别表示审计师在独立注册会计师事务所的报告中对上市公司的持续经营能力未提出质疑和提出了质疑）

2）基于Protégé软件构建上市公司破产预测领域本体

上市公司破产预测的指标体系构建完成之后，本书在斯坦福大学提出的本体构建七步法的指导下，利用斯坦福大学研发的开源本体构建工具Protégé，基于OWL本体描述语言来构建上市公司破产预测领域本体。Protégé是一款基于Java程序语言开发的本体编辑与知识建模软件，该软件不仅操作简单且使用方便，拥有清晰的模块划分和友好的交互式图形界面；同时，

5 上市公司风险事件智能预测

Protégé 还有非常优秀的可扩展性，具有开放式的应用程序接口，并为本体可视化、本体推理、本体查询、本体合并、本体映射和本体管理等提供了大量可用性较高的插件。Protégé 软件的主界面如图 5.10 所示。

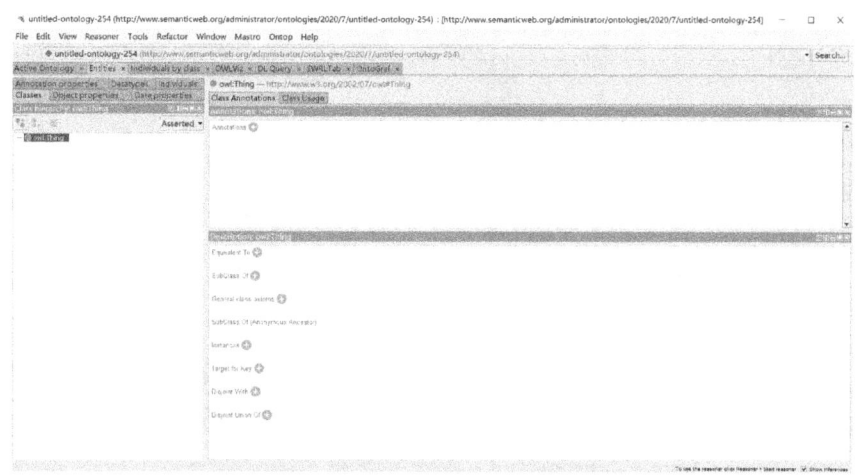

图 5.10　Protégé 软件的主界面

OWL 本体主要由类（Class）、属性（Property）和实例（Individual）3 部分构成（Horridge，2011）。因此，上市公司破产预测领域本体的构建主要包含以下 3 项子任务：类（描述领域中的概念）的定义、属性（描述领域中的关系）的定义、实例（概念类所指的具体实体）的添加。

类的定义。上市公司破产预测领域本体中共包含 Firm、FinancialRatio、MD&Asentiment 和 AuditorOpinion 4 个超类（Superclass），这 4 个超类分别用于描述上市公司、财务指标、管理层讨论与分析情感指标和审计师意见指标的概念。除了定义上述的 4 个超类以外，还需要对这 4 个超类下的层次结构更加具体的子类（Subclass）进行定义：对于 FinancialRatio、MD&Asentiment 和 AuditorOpinion 这 3 个超类，直接根据上文中确定的上市公司破产预测的财务指标、文本情感指标和审计师意见指标来定义相应的类和类的层次结构；对于 Firm 这个超类，本书参考 Barth 等（1998）根据美国上市公司的标准产业分类代码 SIC Code 来对公司进行分类的标准，将上市公司按照所属行业的不同划分为 16 个类别。完成类的定义后，本书使用 Protégé 中的 OntoGraf 插件来对本体中类和类的层级结构进行可视化呈现，如图 5.11 所示。

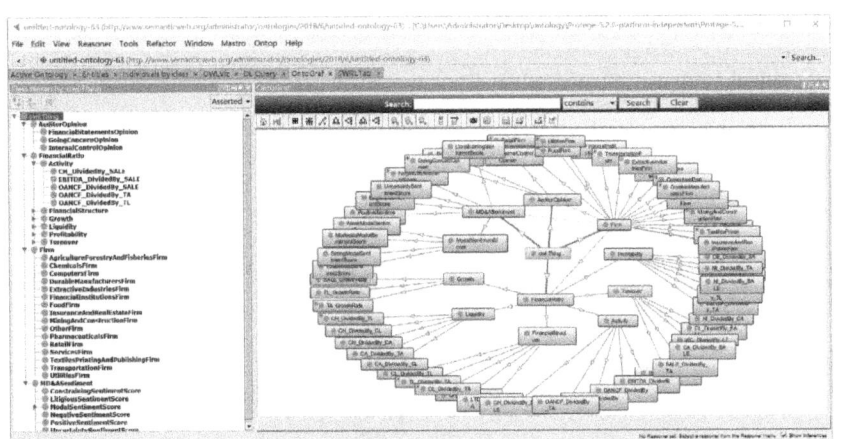

图 5.11　本体中类和类的层次结构的可视化呈现

属性的定义。OWL 属性用于表示领域中的关系，主要包含以下两种类型的属性：对象属性（Object Property），用于描述概念类的实例与实例之间的关系；数据属性（Datatype Property），用于描述概念类的实例与 XML Schema 数据类型（XML Schema Datatype）或者 RDF 文字（RDF Literal）之间的关系。上市公司破产预测领域本体中主要的对象属性和数据属性，以及对于这些属性的定义域（Domain）和值域（Range）的限制如表 5.4 所示。

表 5.4　本体中主要的对象属性和数据属性

属性名称	属性定义域	属性值域	属性类型
hasFinancialRatio	Firm	FinancialRatio	对象属性
hasMdaSentiment	Firm	MD&ASentiment	对象属性
hasAuditorOpinion	Firm	AuditorOpinion	对象属性
hasFinancialValue	FinancialRatio	xsd：float	数据属性
hasMdaSentimentValue	MD&ASentiment	xsd：float	数据属性
hasAuditorOpinionValue	AuditorOpinion	xsd：int	数据属性
hasPredictionResultAndReason	Firm	xsd：string	数据属性

实例的添加。类和属性定义完成之后，需要将测试集中的 126 家上市公司及其各个方面的指标作为实例（概念类下的具体实体）数据添加到本体中；

5 上市公司风险事件智能预测

在此过程中，需要设置实例所属的类、实例与实例之间的关系（对象属性）及实例的具体取值（数据属性）。上市公司破产预测领域本体中的实例如图5.12所示。

图 5.12 本体中的实例（部分）

完成了类的定义、属性的定义和实例的添加之后，OWL 本体则构建完成。为了确保构建的领域本体中不存在相互矛盾和相互冲突的知识，需要对本体进行一致性检测（Tang et al., 2017）。本书使用 Protégé 中的 Pellet 推理机对上市公司破产预测领域本体进行了一致性检测，Pellet 推理机的推理结果表明，本书构建的本体中的领域知识具有一致性。

5.4.3 上市公司风险事件预测规则库的构建

上市公司风险事件预测规则知识的基本形式为 IF P THEN Q：其中，P 为前提，即上市公司的各项指标所满足的取值条件；Q 为结论，即上市公司未来是否会出现破产、财务危机或者信用违约等风险事件。基于规则知识来实现上市公司的风险事件预测相较于人工神经网络、支持向量机、集成学习等黑箱模型在提升决策支持效果和降低潜在决策风险上有如下两个方面的优势：一方面，包含显式决策知识的 IF-THEN 规则具有良好的透明性、可理解性和可解释性，能够使决策者清楚地了解模型的判断机制和运行过程；另一方面，领域专家、情报分析人员和决策者还可以基于以往的实践经验和积累的领域知识来对规则的合理性进行验证和评估，并在此基础上实现规则知识的优化和改进（Hu et al.，2015；唐晓波 等，2020）。

知识工程和专家系统领域主要通过知识工程师以手工的方式获取构建规则库所需的 IF-THEN 规则知识。例如，Xidonas 等（2009）从领域专家处获取用于股票选择决策的企业财务分析规则知识；Fasanghari 等（2010）从领域专家处获得构建模糊专家系统所需的与股票投资组合推荐相关的规则知识；Rajput 等（2014）从巴基斯坦国家银行提供的反洗钱指南文件中获取用于识别和检测可疑交易的 IF-THEN 规则；唐晓波等（2019）从官方发布的关于高血压的防治、合理用药和患者教育的相关指南中获取高血压诊断、用药和保健等方面的规则知识。为了有效提高规则知识的获取效率、提升规则知识的客观性及增强规则知识的动态更新能力，本书利用知识发现技术来从数据集中自动抽取出上市公司风险事件预测的 IF-THEN 规则知识。可用于从数据资源中挖掘和抽取 IF-THEN 规则的知识发现算法主要包括遗传算法（Genetic Algorithm）、决策树算法（Decision Tree）、关联规则算法（Association Rule）和粗糙集算法（Rough Set）等。

1）决策树算法

本书利用决策树算法来从包含破产上市公司和非破产上市公司各 225 家的训练集数据中抽取上市公司破产预测的 IF-THEN 规则。决策树算法是数据挖掘和机器学习领域中经典的学习算法之一，已经被国内外的研究者们广泛地应用于各种分类和回归任务之中。决策树是一种由决策节点、分支和叶子结点所组成的树状结构。其中，决策节点代表了某一属性上的测试；决策节点上的分支代表在该属性下的测试输出；叶子结点则代表实例所属的类或者类分布。例如，根据是否下雨和温度是否适宜来决定是否在户外打球的一个简单的决策树示意，如图 5.13 所示。

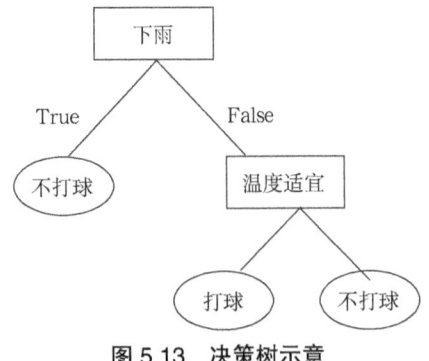

图 5.13　决策树示意

通过对从决策节点到叶子结点的路径依次进行遍历，可以将决策树结构转化为一组用于分类或者回归任务的直观易理解的 IF-THEN 规则，这也是能够利用决策树从给定数据集中抽取出潜在有用的规则知识的原因和关键。例如，图 5.13 所示的决策树结构可以转换成如下 3 条 IF-THEN 规则：IF 下雨 THEN 不打球；IF 不下雨 and 温度适宜 THEN 打球；IF 不下雨 and 温度不适宜 THEN 不打球。

起源于概念学习系统（Concept Learning System，CLS）的决策树算法是一种以实例为基础的归纳学习（Inductive Learning）算法，即从给定的正负实例集中归纳和总结出规则和规律，并将其用于目标问题的推理和求解。国内外的研究者们针对决策树算法开展了大量的研究，提出了很多的决策树算法，典型的如 ID3 算法、CART 算法、SLIQ 算法、C4.5 算法、CHAID 算法、PUBLIC 算法、ASSISTANT 算法、SPRINT 算法等；在这些决策树算法中，最为基础的算法是 Quinlan（1979）提出的著名的 ID3 算法。ID3 算法把信息论中衡量信息的不确定性和随机性的信息熵（Entropy）作为属性选择标准，将信息增益（Information Gain）最大的属性作为决策节点的分裂属性（测试属性）来生成决策树，因为该属性相较于其他属性能够为样本的分类提供更多的信息。

作为最经典的决策树算法，ID3 算法理论清晰且简单易懂，应用范围十分广泛，但是该算法也存在着一定的缺陷（Yang et al., 2018）：首先，ID3 算法不能处理数据集中属性值存在缺失的情况，并且只能对离散型属性处理，需要对连续性属性进行离散化处理后才能在此基础上生成决策树；其次，ID3 算法将信息增益作为决策节点的属性选择标准容易导致多值偏向问题，即可能忽略了当前真正的最佳分裂属性，而偏向于将取值较多的属性（输出分支较多的属性）作为决策树的分支节点。国内外的研究者们在 ID3 算法的基础上提出了很多更优的决策树算法，如基于信息增益率的 C4.5 算法、基于基尼指数的 CART 算法等。这些决策树算法不仅能够对缺失的属性值和连续型属性进行有效的处理，而且具有更高的分类准确率，克服了 ID3 算法在应用中存在的不足。

2）基于 CART 算法的抽取规则知识

本书利用 Breiman 等（1984）提出的可用于分类和回归两种数据挖掘任务的 CART 算法，来从训练集数据中抽取和挖掘出上市公司破产预测的规则知识。CART（Classification and Regression Tree）算法的核心思想是将基尼系数（Gini

Index）作为构建决策树的二叉递归划分过程中选择决策节点的最优分裂属性的标准。CART 算法具有容易理解且易于解释、所需的数据准备量小、可以处理高度倾斜的数据集及能够同时处理数值数据和分类数据等多个方面的优点（Fei et al., 2017; Chen et al., 2020）。CART 算法对于缺失数据的处理上也有着优秀的表现（Li et al., 2006）。除此之外，还可以基于 CART 算法来构建复杂的决策树以解决大数据集上的复杂问题（Pham et al., 2018）。

假设样本集合 D 中有 k 个类，数据集中的样本点属于第 i 个类的概率为 P_i（第 i 类的相对频率），则将 CART 算法衡量纯度的基尼指数 $Gini(D)$ 定义为：

$$Gini(D) = 1 - \sum_{i=1}^{k} P_i^2 \quad (5-1)$$

如果根据给定的属性 A（连续属性或者离散属性均可）可能的取值而将样本集合 D 划分为 D_1 和 D_2 两个子集，并将集合 D、D_1 和 D_2 中元素的数量分别表示为 $|D|$、$|D_1|$ 和 $|D_2|$；那么在属性 A 的条件下样本集合 D 的基尼指数为：

$$Gini(D, A) = \frac{|D_1|}{|D|} Gini(D_1) + \frac{|D_2|}{|D|} Gini(D_2) \quad (5-2)$$

在属性 A 上进行二元划分（Binary Split）而引起的不纯度降低（Impurity Reduction）可以表示为：

$$\Delta Gini(A) = Gini(D) - Gini(D, A) \quad (5-3)$$

CART 算法选择引起不纯度降低最大的属性（具有最小基尼指数的属性）作为决策节点的最佳分裂属性。

本书借助于开源的 Python 机器学习库 Scikit-Learn 来实现 CART 算法，并在训练集数据上生成决策树。本书利用 CART 算法在包含 450 家上市公司的训练集数据上生成的决策树如图 5.14 所示。在训练决策树模型的过程中，本书参考 Brezigar-Masten 等（2012）的做法，使用十折交叉验证（10-Fold Cross Validation）来确定决策树的最佳尺寸，以避免在训练集数据上出现过拟合（Over-Fitting）的问题。

决策树完成之后，需要将决策树结构转化为 IF-THEN 规则。本书对图 5.14 所示的决策树从决策节点到叶子结点的路径依次进行遍历，从而将其转化为图 5.15 所示的 9 条上市公司破产预测的 IF-THEN 规则。

5 上市公司风险事件智能预测

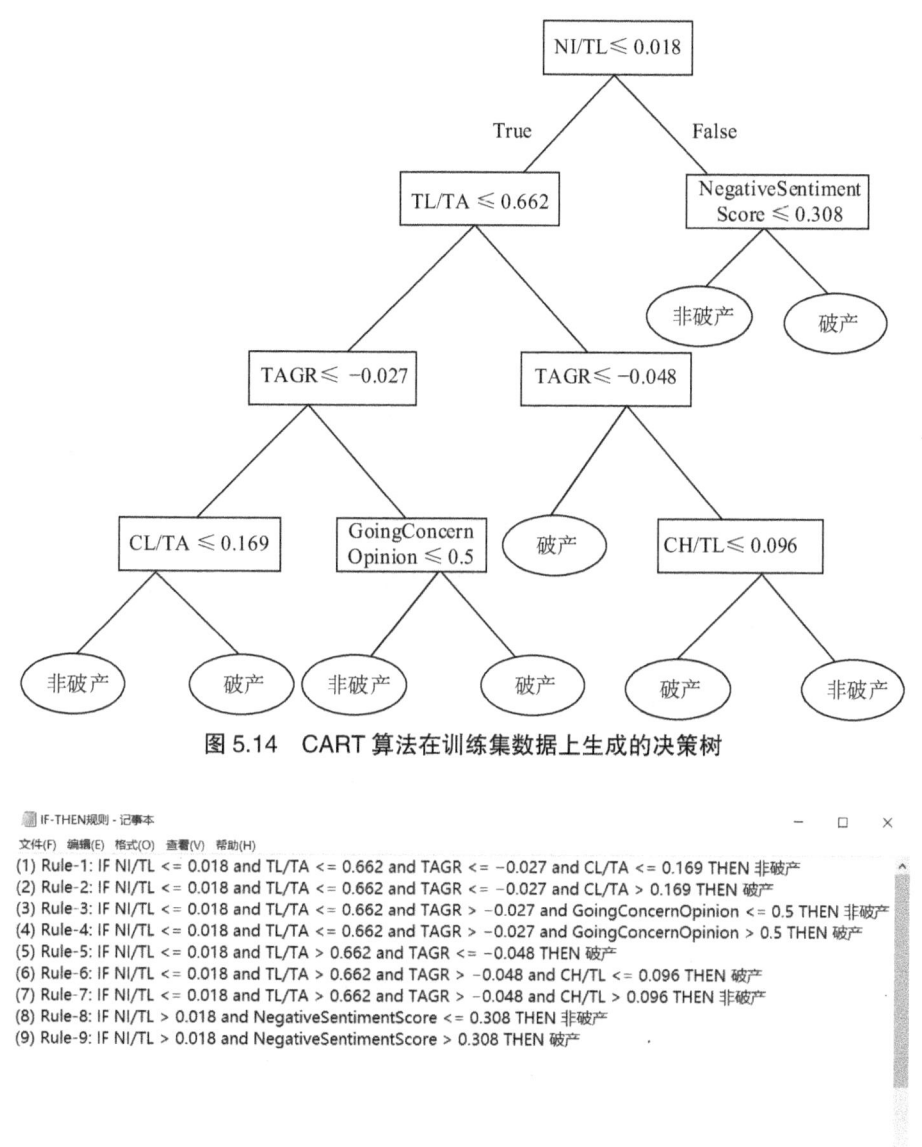

图5.14 CART算法在训练集数据上生成的决策树

图5.15 上市公司破产预测的IF-THEN规则

3）规则的转换与SWRL规则的添加

为了使从数据资源中抽取的IF-THEN规则知识能够与领域本体中的事实性知识进行有机关联与融合以形成本体知识库，以便后续能够在本体知识库的基础上进行知识推理以实现上市公司的风险事件预测，需要利用恰当的方法和工具对获取的 IF-THEN 规则知识进行有效的表示。W3C 推荐的标准本体语言 OWL 为构建领域的本体模型提供了优秀的语义描述能力和语义表达机制，对于知识工程师实现领域的知识建模及构建包含丰富语义关系的本体有着非常重要的作用；但是 OWL 语言为构建领域的本体模型所提供的建模元语对于推理规则的表达存在着明显的不足和局限（Tang et al., 2018）。W3C 提出的语义 Web 规则语言（SWRL）则极大地提高了 OWL 语言的推理规则表达能力和本体推理能力。

SWRL（Semantic Web Rule Language）是基于 OWL 和规则标记语言（RuleML）的规则语言，同时也是 W3C 组织所推荐的标准规则语言。SWRL 在语法、语义和推理 3 个层面将规则知识与 OWL 本体中的类、属性等知识元素进行关联，使得 OWL 能够包含 Horn-like 规则，实现 OWL 知识库与 SWRL 规则的融合和集成（Wang et al., 2012）。SWRL 提高了 OWL 的表达能力，使得 OWL 语言对更多类型的领域知识进行建模成为可能（Hu et al., 2012）。尤为重要的是，SWRL 极大地增强了 OWL 的规则推理能力，这有助于我们从 OWL 知识库中推理出潜在有价值的新知识。SWRL 的形式为前提 ⇒ 结果，其含义为：在前提条件满足的情况下所出现的推理结果。例如，在英语亲属称谓中，一个人父母的兄弟是其叔叔；这条规则可以用 SWRL 语言表示为：Person（?x）^Person（?y）^Person（?z）^hasParent（?x, ?y）^hasBrother（?y, ?z）⇒ hasUncle（?x, ?z）。

本书利用 SWRL 语言来对抽取的 IF-THEN 规则知识进行表示，从而将其转化为 SWRL 规则。如何将机器学习模型挖掘到的知识与领域专家的知识进行有效结合是开展上市公司风险智能识别研究中的一个重要问题（Zhou et al., 2017）。在进行规则转换的过程中，本书通过知识工程师协同领域专家对获取的 IF-THEN 规则进行逐条解释，然后将每条 IF-THEN 规则的解释（判断上市公司是否会出现风险事件的理由）添加到相应的 SWRL 规则中，从而形成 SWRL 规则库。知识工程师协同领域专家对本书利用 CART 算法从训练集数据中抽取的 9 条上市公司破产预测 IF-THEN 规则的解释如图 5.16 所示。

5 上市公司风险事件智能预测

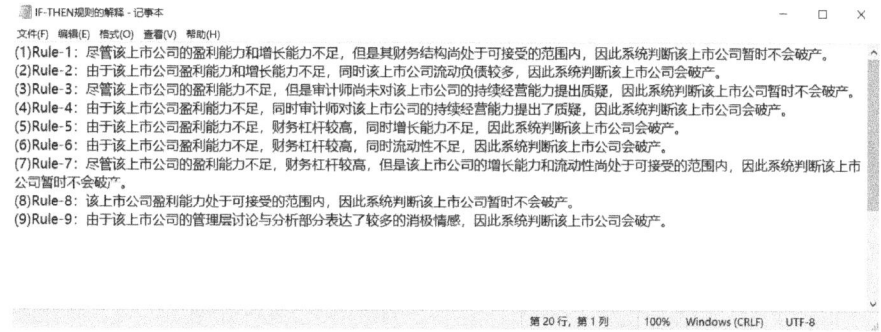

图 5.16　上市公司破产预测 IF-THEN 规则的解释

本书使用 Protégé 软件中的 SWRLTab 插件来编写 SWRL 规则，SWRL 规则的添加与编辑界面如图 5.17 所示。

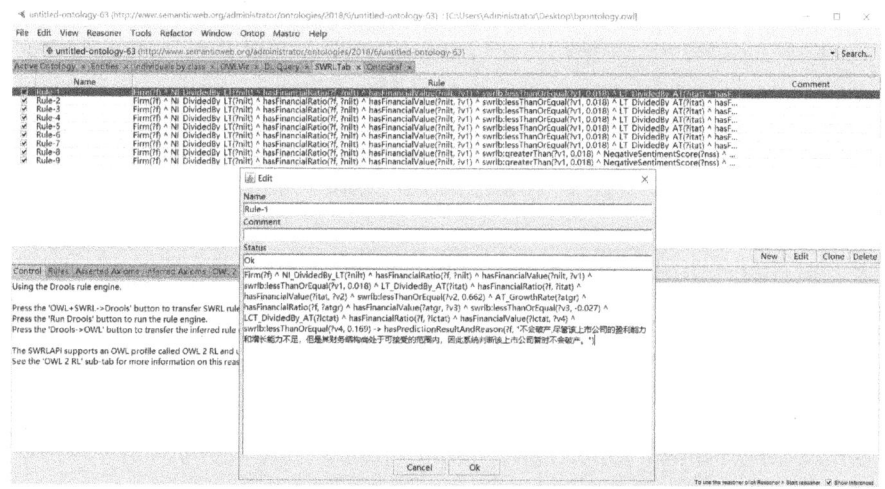

图 5.17　Protégé 软件中 SWRL 规则的添加与编辑界面

5.5　基于本体知识推理的上市公司风险事件预测

5.5.1　基于 Drools 的本体知识推理

推理引擎（Inference Engine）是指根据用户的需求和目标，恰当充分地运用知识库中存在的各种类型的知识，按照一定的推理方法和策略来求解问题的答案和得到相应的结果，从而辅助用户解决领域问题的计算机程序。推理引擎能够对知识库中的语义进行解释及基于知识库中的断言和公理推断出相应的逻辑结果（Dentler et al., 2011）。推理引擎是基于知识的系统（专家系统）中的核心部分之一，是知识推理的计算机实现，能够将知识库中的规则与事实关联，并进行推理以获得解决方案。推理引擎一方面能够用于从知识库中发现隐含的新知识；另一方面还可以用于知识库的一致性检测。目前，常用的推理引擎主要包括 Drools、Pellet、Jess、RacerPro、HermiT、JFact、TReasoner 和 FaCT++ 等。

上市公司风险事件预测本体知识库构建完成之后，需要利用推理引擎对本体知识库进行知识推理，以发现知识库中潜在有价值的隐含知识，获得目标上市公司的风险事件预测结果及相应预测结果的解释。本书利用在学术研究和产业实践中被广泛使用的开源规则推理引擎 Drools 来对上市公司破产预测本体知识库进行知识推理，以实现本体知识库中 126 家上市公司（测试集中的 126 家上市公司）的破产预测，然后对推理结果进行统计并展开讨论分析。Drools 基于 Java 程序语言开发，并对 Rete 模式匹配算法进行了扩展和优化，能够对知识库中大量的事实和规则进行处理，从而推出结论和发现隐含的新知识。

本书利用 Protégé 软件中集成的 Drools 规则推理引擎来执行本体知识库的知识推理，整个推理过程包括以下 3 个步骤：首先是 OWL+SWRL → Drools 步骤，将 OWL 知识库中的相关知识（包括事实性知识和规则性知识）加载到 Drools 中；其次是 Run Drools 步骤，运行推理引擎，基于 Drools 中的推理算法和策略来实现知识推理；最后是 Drools → OWL 步骤，将推理引擎的推理结果传递回 OWL 知识库中。本书利用 Drools 规则推理引擎来对上市公司破产预测本体知识库进行知识推理的过程如图 5.18 所示。

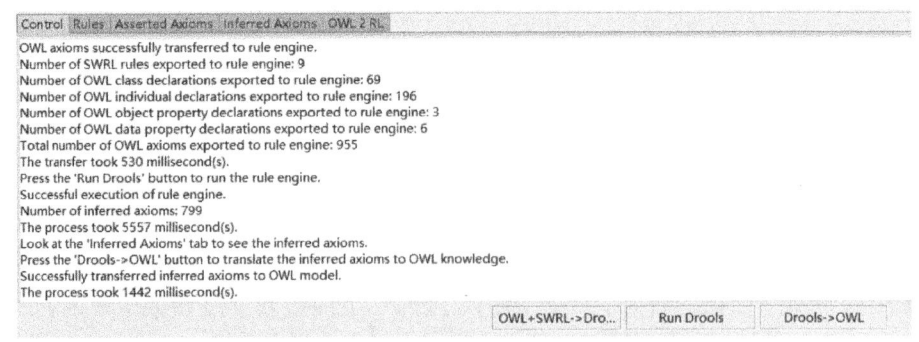

图 5.18　Drools 规则推理引擎的知识推理过程

Drools 规则推理引擎在本体知识库执行知识推理过程完成之后,可在本体知识库中上市公司的数据属性 hasPredictionResultAndReason 下查看相应的知识推理结果。以美国上市餐饮公司 LRI Holdings,Inc(CIK 码为:0001383875,SIC 码为:5812)为例,在 Drools 规则推理引擎执行知识推理之前,该上市公司的 hasPredictionResultAndReason 属性值为空值(Null);而完成知识推理之后,该上市公司的 hasPredictionResultAndReason 属性值则变成了"会破产:由于该上市公司盈利能力不足,财务杠杆较高,同时增长能力不足,因此系统判断该上市公司会破产。"预测结果也与 LRI Holdings,Inc 公司于 2016 年 8 月破产的实际事实相符合,同时还给出了对于预测结果的解释。LRI Holdings,Inc 公司的知识推理结果如图 5.19 所示。

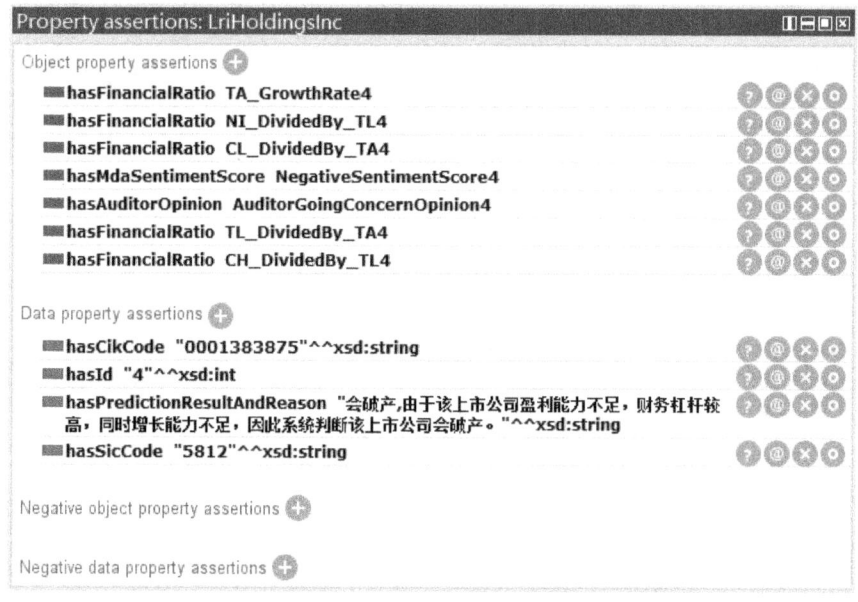

图 5.19　LRI Holdings,Inc 公司的知识推理结果

5.5.2　推理结果统计与对比分析

在本体知识库的基础上执行知识推理过程之后,查询本体知识库中各个上市公司的 hasPredictionResultAndReason 属性值,对本体知识库中所有上市公司(测试集中的 126 家上市公司)的破产预测结果进行统计。与此同时,为了分析非结构化文本数据(管理层讨论与分析部分的文本和独立注册会计师事务所的报告文本)在上市公司破产预测中的作用和效果,本书利用 CART

算法从只包含财务指标数据的训练集中抽取上市公司破产预测的 IF-THEN 规则，然后将其转化为相应的 SWRL 规则并替换掉本体知识库之前添加的规则，最后再一次启动 Drools 规则推理引擎对新形成的本体知识库进行知识推理，并重新统计所有上市公司的破产预测结果。在此之后，本书对这两种情况下的上市公司破产预测结果进行对比分析，并展开相应的讨论。

以往的有关破产预测的相关研究文献主要使用平均准确率（Average Accuracy）、第一类错误率（Type I Error）和第二类错误率（Type II Error）这3个评价指标来对破产预测模型的效果进行评估（Wang et al., 2014）；可以使用表 5.5 所示的混淆矩阵（Confusion Matrix）来对这3个评价指标进行定义。

表 5.5 混淆矩阵

	上市公司的实际情况（非破产）	上市公司的实际情况（破产）
上市公司的预测结果（非破产）	True Positive（TP）	False Positive（FP）
上市公司的预测结果（破产）	False Negative（FN）	True Negative（TN）

上市公司破产预测的平均准确率、第一类错误率和第二类错误率的定义如下：

$$平均准确率（Average\ Accuracy）= \frac{TP+TN}{TP+FP+FN+TN}; \quad (5-4)$$

$$第一类错误率（Type\ I\ Error）= \frac{FN}{TP+FN}; \quad (5-5)$$

$$第二类错误率（Type\ II\ Error）= \frac{FP}{FP+TN}。 \quad (5-6)$$

基于文本指标与财务指标来实现上市公司的破产预测，以及单独基于财务指标来实现上市公司的破产预测，这两种情形下上市公司破产预测的效果对比如图 5.20 所示。

首先，就平均准确率这一项评价指标而言，两种情形下的上市公司破产预测的平均准确率分别为 84.13%（基于文本指标与财务指标）和 81.75%（单独基于财务指标）；两种情形下的上市公司破产预测的平均准确率处于当前相

5 上市公司风险事件智能预测

关研究所得到的破产预测准确率的正常范围之内。Kirkos（2015）对破产预测的相关研究文献进行了综合分析与总结，发现大多数破产预测研究文献所得到的准确率位于81%～90%，而获得超过91%的破产预测准确率往往是在相当小的数据集上所得出的结果。

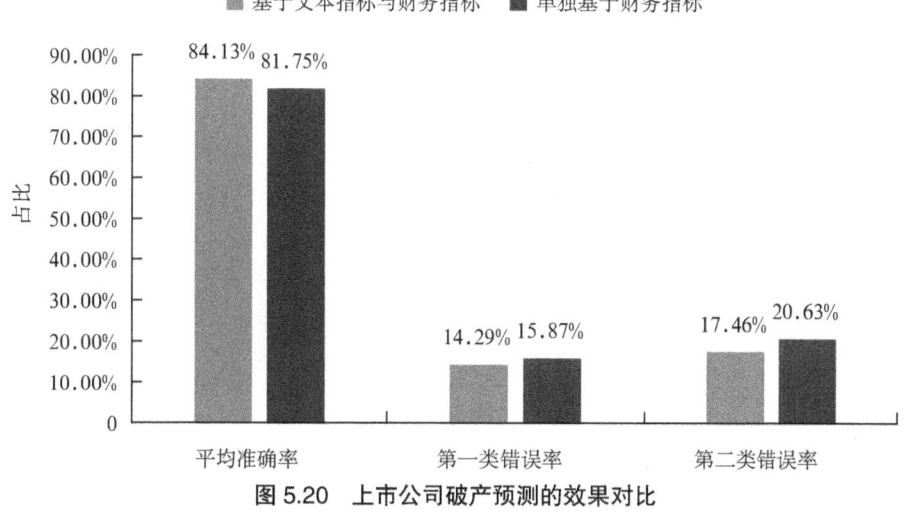

图5.20 上市公司破产预测的效果对比

基于财务指标和决策树算法来实现上市公司的破产预测所得到的81.75%的预测准确率也符合Alaka等（2018）的文献调研结论。Alaka等（2018）从Web of Science、Business Source Complete和Engineering Village等数据库中广泛收集近年来发表的有关破产预测的相关研究文献并对其进行系统的梳理，对研究文献中运用支持向量机（SVM）、神经网络（NN）、决策树（DT）、多元判别分析（MDA）和逻辑回归（LR）等常用的统计方法与人工智能方法所得到的破产预测准确率进行了平均计算，发现决策树算法的平均准确率位于80%～82%；值得注意的是，Alaka等（2018）收集的这些研究文献主要基于财务指标数据来实现破产预测。

单独基于财务指标数据来实现上市公司的破产预测能够取得较为不错的效果（平均准确率达到了80%以上），这也与Beaver、Altman等先驱所得出的结论相一致，即财务指标数据包含了与上市公司风险识别相关的有价值的信息。将文本指标（非结构化的文本数据）和财务指标（结构化的财务指标数据）相结合，一方面提高了上市公司破产预测的平均准确率；另一方面使得第一类错误率与第二类错误率都得到了不同程度的降低,这说明本书所使用的上市公司的管理层讨论与分析部分的文本和独立注册会计师事务所的报告文本能够为上市公司的破产预测提供有价值的增量信息(Incremental Information)。在今后的与上市公司风险识别相关的学术研究和产业实践中,除了纳入更加多维度和完备性的结构化信息以外,还应当将海量分散和多源异构的非结构化文本信息作为重要的数据资源。

5.5.3 知识推理原型系统的实现

本书在斯坦福大学开发的 Protégé 软件中完成了知识建模、规则编辑和知识推理等实验过程,但是投资者、债权人和政府监管机构往往并不具备使用 Protégé 软件所需的与计算机科学和知识工程相关的领域背景及专业知识,因此本书开发了一个知识推理原型系统以帮助决策者在产业实践中能够方便、快捷地实现上市公司的破产预测。

本书基于开源的语义 Web 开发与应用框架 Jena,使用 Java 程序设计语言、Java Web 技术和 Tomcat 服务器,采用 MVC 设计模式和 B/S 系统架构来对知识推理原型系统进行了实现。Jena 最初是由惠普实验室的研究人员开发的,并于 2009 年移交给了 Apache 软件基金会。以 Jena 框架为基础,可以实现 RDF 文件模型和 OWL 本体文件的读取、解析、查询和存储,以及创建规则库和实现本体推理等应用。本书开发的知识推理原型系统的主界面如图 5.21 所示。

序号	上市公司名称	SIC码	上市公司CIK代码	操作
1	TerraviaHoldingsInc	2860	0001311230	知识推理 图谱展示
2	PerfumaniaHoldingsInc	5900	0000880460	知识推理 图谱展示
3	IttEducationalServicesInc	8200	0000922475	知识推理 图谱展示
4	LrlHoldingsInc	5812	0001383875	知识推理 图谱展示
5	CAndJEnergyServicesLtd	1389	0001615817	知识推理 图谱展示
6	AtlasResourcePartnersLP	1381	0001532750	知识推理 图谱展示
7	HalconResourcesCorporation	1311	0001282648	知识推理 图谱展示
8	EpirusBiopharmaceuticalsInc	2834	0001135906	知识推理 图谱展示
9	SeventySevenEnergyInc	1389	0001532930	知识推理 图谱展示
10	TrianglePetroleumCorp	1311	0001201922	知识推理 图谱展示

图 5.21　知识推理原型系统的主界面

5 上市公司风险事件智能预测

本书利用开发的知识推理原型系统对美国上市餐饮公司 LRI Holdings，Inc 的破产预测和预测结果的解释如图 5.22 所示，所得到的结果与在 Protégé 软件中得到的结果完全一致。

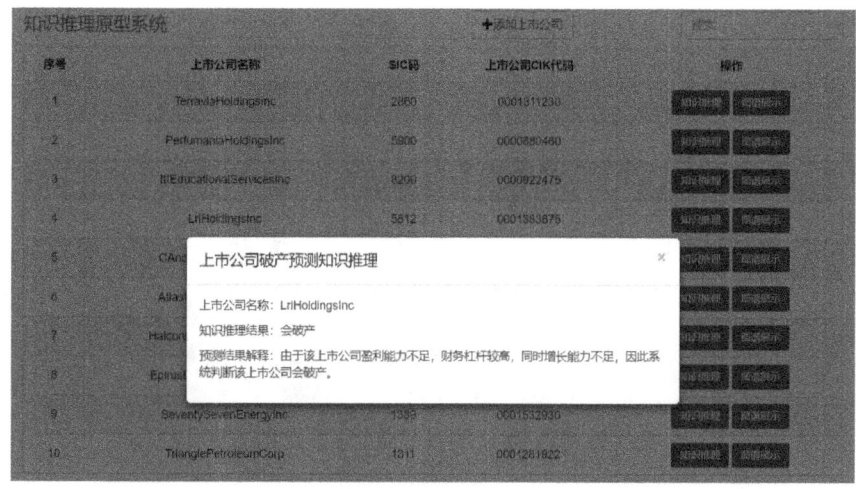

图 5.22　知识推理原型系统对 LRI Holdings，Inc 的破产预测

本书基于 Jena 开发框架实现本体知识推理功能的核心 Java 代码如图 5.23 所示，本书开发的知识推理原型系统所使用的推理引擎是 Jena 框架中所内嵌的 GenericRuleReasoner 引擎。

```
□ CompanyServiceImpl.java ⅹ
△240    public boolean findComByName(String name,String rurl) {
 241        //读owl
 242        OntModel ontmodel=ModelFactory.createOntologyModel(OntModelSpec.OWL_MEM);
 243        ontmodel.read(rurl+"owlfile/bpontology.owl","UTF-8");
 244        Individual indi = ontmodel.getIndividual("http://www.semanticweb.org/administrator/ontologies/2018/6/untitled-ontology-63#" +
 245        if(indi instanceof Individual) {
 246            return false;
 247        }
 248        return true;
 249    }
 250
△251    public void infer(String rurl) {
 252        //读owl
 253        OntModel ontmodel=ModelFactory.createOntologyModel(OntModelSpec.OWL_MEM);
 254        ontmodel.read(rurl+"owlfile/bpontology.owl","UTF-8");
 255        //读rule
 256        List<Rule> rules=Rule.rulesFromURL(rurl+"owlfile/read_rule.rules");
 257
 258        //推理查询
 259        Reasoner reasoner = new GenericRuleReasoner(rules);
 260        InfModel infmodel=ModelFactory.createInfModel(reasoner, ontmodel);
 261
 262        //输出推理后的本体模型为owl文件
 263        try {
 264            String filepath=rurl+"owlfile/infer_value.owl";
 265            infmodel.write(new FileOutputStream (new File (filepath)),"RDF/XML-ABBREV");
 266            System.out.println("已输出推理后的owl文件"+filepath);
 267        }
```

图 5.23　实现本体知识推理功能的核心 Java 代码

引入文本语义信息的上市公司风险智能识别

　　本书开发的知识推理原型系统还能对本体知识库中上市公司的基本信息、财务指标数据和文本指标数据等进行图谱可视化展示,以帮助决策者直观地掌握上市公司的基本状况,如图 5.24 所示。若决策者需要进行破产预测的上市公司并未存在于本体知识库中,可以通过知识推理原型系统主界面上的"添加上市公司"按钮来添加相应上市公司及其有关的信息,然后点击"知识推理"按钮以实现所关注的上市公司的破产预测。

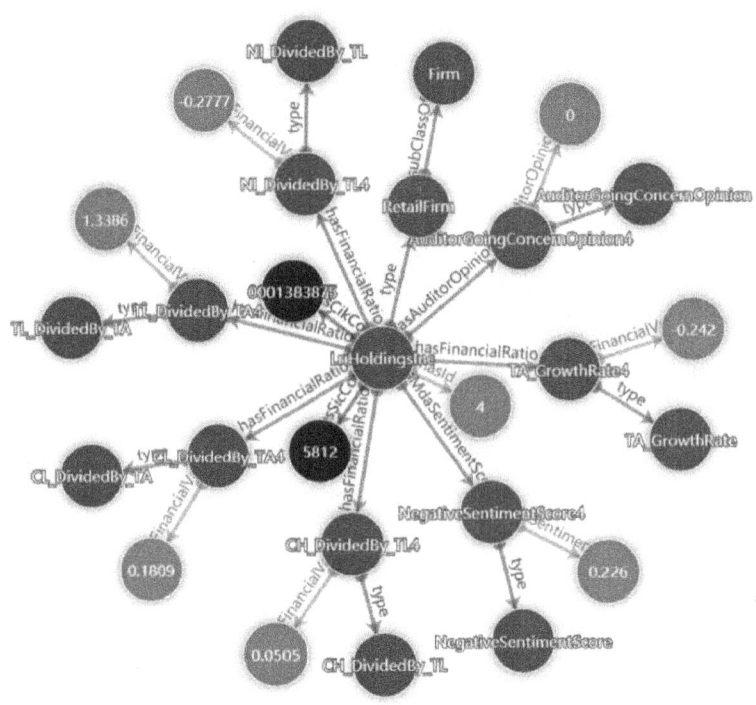

图 5.24　上市公司的图谱可视化展示

6 总结与展望

6.1 研究总结

上市公司风险识别对于投资者、债权人、供应商、银行、基金管理公司、证券公司、证券交易所和政府监管部门等主体的管理决策有着非常重要的意义，同时，对于防范化解系统性金融风险、增强金融防控风险能力和维护金融安全也有着十分重要的作用。本书对上市公司风险识别的相关研究文献进行了系统的梳理，分析了国内外现有研究的不足，构建了上市公司风险智能识别模型框架；将上市公司的年报、新闻报道、临时公告等多种非结构化的文本数据，以及数据挖掘、机器学习、深度学习、自然语言处理、语义网、信息抽取和知识工程等智能化的手段应用于上市公司风险识别中，并以多种知识服务形式为决策者提供智能化的决策支持。

本书的研究重点不在于改进和优化自然语言处理及与机器学习相关的算法和模型，而聚焦于有效地集成和融合多个学科及领域的方法与技术，以及引入文本语义信息来实现上市公司风险智能识别。当前，市面上存在着一些具有上市公司风险识别功能的软件和系统，这些软件和系统主要通过分析上市公司结构化的财务数据来识别其风险。本书研究和开发的原型系统相较于当前已存在的软件系统的特色和优势在于，将多源异构的文本数据应用于上市公司风险智能识别中，从而更加全面和有效地识别出上市公司的风险。本书的研究工作可以总结如下。

①构建了上市公司风险智能识别模型框架。本书阐述了数据驱动的管理决策和科学研究的第四范式的基本思想，对大数据环境下上市公司风险识别的数据资源及其特征进行了分析。本书以上市公司风险识别、人工智能、决策支持系统、知识组织和情报分析等领域的相关理论和方法为基础，以科学性原则、全面性原则、系统性原则、有效性原则和可操作性原则为指导，基于霍尔三维结构的系统思想构建了包含任务维、逻辑维和资源维的上市公司

风险智能识别模型框架，并对模型框架中涉及的核心任务和目标、关键过程和步骤、重要资源和支撑进行了详细的分析。为大数据和人工智能环境下的上市公司风险识别提供了整体系统的架构设计和切实可行的解决路径。

②实现了基于短语挖掘的上市公司风险因素智能感知。本书将短语作为基本的语义粒度来实现文本数据的分析、挖掘和利用，从而克服了以词语为语义粒度对文本数据进行分析、处理和可视化时存在的缺点。本书利用N-Gram算法、语言学规则、互信息、左右信息熵和C-value公式来从上市公司披露风险因素的文本信息中抽取和挖掘短语，构建可复用的短语知识库。然后以知识库中的短语为基础，利用K-Means聚类算法、共现分析和知识检索技术来实现文本数据的聚类挖掘、可视化分析和集成检索。本书使用中国A股医药制造类上市公司年报中披露的风险因素信息验证了模型的可行性和有效性，并开发了一个知识检索原型系统。

③实现了基于主题摘要的上市公司风险事件智能监测。本书通过生成文本主题摘要解决与风险事件相关的文本数据可能导致决策者陷入信息过载的问题。本书首先以半自动的方式构建面向金融领域的情感词典，然后利用构建的金融情感词典将与上市公司风险事件相关的临时公告和新闻报道提取出来。利用LDA模型和BERT模型两种语义分析模型来获取句子的语义特征，并将两种模型获得的句子语义特征进行融合。本书基于凝聚层次聚类算法来对句子进行聚类，并在选取句子生成各个类簇的文本主题摘要的过程中综合考虑了文本的情感特征和事件特征。本书使用与长生生物疫苗事件相关的临时公告和新闻报道数据来验证模型的可行性和有效性，并开发了一个知识推理原型系统。

④实现了基于本体推理的上市公司风险事件智能预测。本书利用本体来对领域知识进行表示和建模，以增强领域知识的复用性与共享性；通过本体知识推理和融合专家领域知识的方式来实现预测，以增强分析过程的透明性及为决策者提供直观可解释的决策依据。本书以半自动的方式构建本体知识库：首先由知识工程师手工构建领域本体，然后利用文本分析技术对文本数据进行量化，基于知识发现技术从数据资源中抽取出可解释的IF-THEN规则，并将抽取的规则与专家的领域知识进行有机融合。本书利用推理引擎对本体知识库进行知识推理，从而实现上市公司的风险事件预测，并获得与预测结果相对应的解释。本书使用美国破产上市公司数据来验证模型的可行性和有效性，并开发了一个知识推理系统。

6.2 研究展望

本书将多种非结构化的文本数据和智能化的手段应用于上市公司风险识别中，改进了上市公司风险识别过程，提高了上市公司风险识别的智能化水平，为情报工作者、金融信息服务提供商、银行、证券交易所、政府监管部门等开展上市公司风险识别提供了可借鉴的模型和方法。但是由于作者的时间、精力和水平有限，本书的研究还存在一些不足之处。需要利用领域专家的产业实践经验对生成的风险事件主题摘要进行评估，从而进一步验证智能监测模型的有效性；需要进一步探究上市公司风险因素和风险事件的关系。今后可以从如下几个方面展开更加深入的研究和探索。

①基于短语单元实现更加多元化的应用。本书从上市公司披露的年报文本中抽取出了短语，并以挖掘到的短语为基础来为决策者提供智能化的决策支持和知识服务，但是这些短语知识单元依然存在很大的应用空间。在后续的研究中，可以基于Word2Vec、Bert、Phrase2Vec等手段来更好地表示短语的语义，以及利用机器学习、自然语言处理和已有的知识库来对短语之间的语义关系进行识别、对齐和融合，从而为半自动或者自动构建包含细粒度和复杂语义的领域知识库奠定基础；另外，可以基于关联数据和自然语言处理等技术将知识库中的短语与百度百科、政策文件、新闻报道等数据进行链接及集成，从而为管理决策提供更加全面和智能的语义视图。

②构建包含情感词权重的金融情感词典。本书以半自动的方式构建了面向金融领域的中文情感词典，但是该情感词典中并没有包含各个情感词具体的权重。本书在利用构建的金融情感词典来对文本数据进行分析和处理时，将各个类别的情感词默认为同等的权重；但是实际上同一类别的情感词之间的情感强度可能存在着一定的差异，如"破产"与"亏损"同为消极情感词，但是情感强度就明显不同。当前，金融文本分析与挖掘领域的研究尚处于起始阶段，而产品评论挖掘领域的情感词典资源较为成熟和丰富，有很多情感词典包含了情感词具体的权重；在今后的研究中，可以基于产品评论挖掘领域的情感词典，结合金融领域的具体情况来确定金融情感词典中情感词的权重。后续的研究还可以基于构建的领域情感词典，结合深度神经网络模型来更好地提取与上市公司风险事件相关的文本数据。

③对抽取的规则知识进行进一步的优化。本书利用CART算法从数据资源中抽取IF-THEN规则知识。虽然其具有较好的可解释性和较高的预测准

率，但是这些规则知识在数量和预测准确率上依旧具有较大的提升空间。在后续的研究中，一方面，可以通过领域专家和情报分析人员对规则库中的规则知识进行进一步的扩充和优化，从而提高规则知识的质量、数量和预测准确率；另一方面，可以将与粗糙集和模糊集相关的理论和方法应用于规则知识的抽取中，以更好地实现不确定性知识的处理，还可以利用遗传算法、蚁群算法、粒子群算法、模拟退火算法和帝国竞争算法等优化算法来对规则库中的规则知识进行优化，从而形成更优的规则知识。

参考文献

[1] ALAKA H A, OYEDELE L O, OWOLABI H A, et al. Systematic review of bankruptcy prediction models: towards a framework for tool selection[J]. Expert systems with applications, 2018, 94: 164-184.

[2] ALHAWARI S, KARADSHEH L, TALET A N, et al. Knowledge-based risk management framework for information technology project[J]. International journal of information management, 2012, 32(1): 50-65.

[3] ALTMAN E I, HALDEMAN R G, NARAYANAN P. Zetatm analysis a new model to identify bankruptcy risk of corporations[J]. Journal of banking & finance, 1977, 1(1): 29-54.

[4] ALTMAN E I. Financial ratios, discriminant analysis and the prediction of corporate bankruptcy[J]. Journal of finance, 1968, 23(4): 589-609.

[5] AVEN T. On how to define, understand and describe risk[J]. Reliability engineering & system safety, 2010, 95(6): 623-631.

[6] BAO Y, DATTA A. Simultaneously discovering and quantifying risk types from textual risk disclosures[J]. Management science, 2014, 60(6): 1371-1391.

[7] BARBOZA F, KIMURA H, ALTMAN E. Machine learning models and bankruptcy prediction[J]. Expert systems with applications, 2017, 83: 405-417.

[8] BAUMANN S, ERBER I, GATTRINGER M. Selection of risk identification instruments[J]. ACRN oxford journal of finance and risk perspectives, 2016, 5(2): 27-41.

[9] BEATTIE V, MCINNES B, FEARNLEY S. A methodology for analysing and evaluating narratives in annual reports: a comprehensive descriptive profile and metrics for disclosure quality attributes[J]. Accounting forum, 2004, 28(3), 205 - 236.

[10] BEAVER W H. Financial ratios as predictors of failure [J]. Journal of accounting research, 1966, 4: 71-111.

[11] BENGIO Y, DUCHARME R, VINCENT P, et al. A neural probabilistic language model[J]. The journal of machine learning research, 2003, 3: 1137-1155.

[12] BIDGOLI H. Decision support systems: principles and practice[M]. New York: West Group,

1989.

[13] BLEI D M, NG A Y, JORDAN M I. Latent dirichlet allocation[J]. Journal of machine learning research, 2003, 3: 993-1022.

[14] BODNARUK A, LOUGHRAN T, MCDONALD B. Using 10-K text to gauge financial constraints[J]. Journal of financial and quantitative analysis, 2015, 50(4): 623-646.

[15] BONCZEK R H, HOLSAPPLE C W, WHINSTON A B. Foundations of decision support systems[M]. Boston: Academic Press, 1981.

[16] BREIMAN L, FRIEDMAN J H, OLSHEN R A, et al. Classification and regression trees[M]. Belmont: Wadsworth, 1984.

[17] BREZIGAR-MASTEN A, MASTEN I. CART-based selection of bankruptcy predictors for the logit model[J]. Expert systems with applications, 2012, 39(11): 10153-10159.

[18] BRYNJOLFSSON E, HITT L M, KIM H H. Strength in numbers: How does data-driven decisionmaking affect firm performance? [EB/OL].[2021-03-15]. https://papers.ssrn.com/sol3/papers.cfm?abstract_id=1819486.

[19] BUDIHARTO W, MEILIANA M. Prediction and analysis of Indonesia presidential election from Twitter using sentiment analysis[J]. Journal of big data, 2018, 5(1): 1-10.

[20] CAMPBELL J L, CHEN H, DHALIWAL D S, et al. The information content of mandatory risk factor disclosures in corporate filings[J]. Review of accounting studies, 2014, 19(1): 396-455.

[21] CAMPBELL J Y, HILSCHER J, SZILAGYI J. In search of distress risk[J]. The journal of finance, 2008, 63(6): 2899-2939.

[22] CAMPBELL S. Determining overall risk[J]. Journal of risk research, 2005, 8(7-8): 569-581.

[23] CAPUANO N, GRECO L, RITROVATO P, et al. Sentiment analysis for customer relationship management: an incremental learning approach[J]. Applied intelligence, 2020: 1-14.

[24] CARDOSO S D, DA SILVEIRA M, PRUSKI C. Construction and exploitation of an historical knowledge graph to deal with the evolution of ontologies[J]. Knowledge-based systems, 2020, 194: 1-10.

[25] CECCHINI M, AYTUG H, KOEHLER G J, et al. Making words work: using financial text as a predictor of financial events[J]. Decision support systems, 2010, 50(1): 164-175.

[26] CHARETTE R N. Managing the risks in information systems and technology[J]. Advances in computers, 1997, 44: 1-58.

[27] CHE W, LI Z, LIU T. Ltp: a chinese language technology platform[C]//Proceedings of the 23rd International Conference on Computational Linguistics. Stroudsburg: ACL, 2010: 13-16.

[28] CHEN D, MONTANO V, HUO L, et al. Detection of subsurface voids in concrete-filled steel tubular (CFST) structure using percussion approach[J]. Construction and building materials, 2020, 262: 1-10.

[29] CHEN H, DE P, HU Y J, et al. Wisdom of crowds: the value of stock opinions transmitted through social media[J]. The review of financial studies, 2014, 27(5): 1367-1403.

[30] CHEN M Y, CHEN C C, LIU J Y. Credit rating analysis with support vector machines and artificial bee colony algorithm[C]//International Conference on Industrial, Engineering and Other Applications of Applied Intelligent Systems. Berlin: Springer, 2013: 528-534.

[31] CHEN M Y. Bankruptcy prediction in firms with statistical and intelligent techniques and a comparison of evolutionary computation approaches[J]. Computers & mathematics with applications, 2011, 62(12): 4514-4524.

[32] CHEN N, RIBEIRO B, CHEN A. Financial credit risk assessment: a recent review[J]. Artificial intelligence review, 2016, 45(1): 1-23.

[33] CHENG C H, CHAN C P, SHEU Y J. A novel purity-based k nearest neighbors imputation method and its application in financial distress prediction[J]. Engineering applications of artificial intelligence, 2019, 81: 283-299.

[34] CHUANG C L. Application of hybrid case-based reasoning for enhanced performance in bankruptcy prediction[J]. Information sciences, 2013, 236: 174-185.

[35] CHUNG W. BizPro: extracting and categorizing business intelligence factors from textual news articles[J]. International journal of information management, 2014, 34(2): 272-284.

[36] CLEOFAS-SÁNCHEZ L, GARCÍA V, MARQUÉS A I, et al. Financial distress prediction using the hybrid associative memory with translation[J]. Applied soft computing, 2016, 44: 144-152.

[37] COLLOBERT R, WESTON J. A unified architecture for natural language processing: deep neural networks with multitask learning[C]//Proceedings of the 25th international conference on machine learning. New York: ACM, 2008: 160-167.

[38] COOPER D, CHAPMAN C. Risk analysis for large projects: models, methods, and cases[M]. Chichester: Wiley, 1987.

[39] CRICHTON D. The risk triangle[M]. London: Tudor Rose, 1999.

[40] DENTLER K, CORNET R, TEN TEIJE A, et al. Comparison of reasoners for large ontologies in the OWL 2 EL profile[J]. Semantic web, 2011, 2(2): 71-87.

[41] DEVLIN J, CHANG M W, LEE K, et al. Bert: pre-training of deep bidirectional transformers

for language understanding[C]//In proceedings of the 2019 conference of the north American chapter of the association for computational linguistics. Stroudsburg: ACL, 2019: 4171–4186.

[42] DINU A M. Modern methods of risk identification in risk management[J]. International journal of academic research in economics and management sciences, 2012, 1(6): 1–5.

[43] DOBRE C, XHAFA F. Intelligent services for big data science[J]. Future generation computer systems, 2014, 37: 267–281.

[44] DU JARDIN P. A two-stage classification technique for bankruptcy prediction[J]. European journal of operational research, 2016, 254(1): 236–252.

[45] DU JARDIN P. Dynamics of firm financial evolution and bankruptcy prediction[J]. Expert systems with applications, 2017, 75: 25–43.

[46] DU JARDIN P. Failure pattern-based ensembles applied to bankruptcy forecasting[J]. Decision support systems, 2018, 107: 64–77.

[47] ETZION D, ARAGON-CORREA J A. Big data, management, and sustainability: strategic opportunities ahead[J]. Organization & environment, 2016, 29 (2): 147–155.

[48] FARAHANI R Z, REZAPOUR S, KARDAR L. Logistics operations and management: concepts and models[M]. London: Elsevier, 2011.

[49] FASANGHARI M, MONTAZER G A. Design and implementation of fuzzy expert system for tehran stock exchange portfolio recommendation[J]. Expert systems with applications, 2010, 37(9): 6138–6147.

[50] FAYYAD U, PIATETSKY-SHAPIRO G, SMYTH P. From data mining to knowledge discovery in databases[J]. AI magazine, 1996, 17(3): 37.

[51] FEDOROVA E, GILENKO E, DOVZHENKO S. Bankruptcy prediction for Russian companies: application of combined classifiers[J]. Expert systems with applications, 2013, 40(18): 7285–7293.

[52] FEI Y, GAO K, HU J, et al. Predicting the incidence of portosplenomesenteric vein thrombosis in patients with acute pancreatitis using classification and regression tree algorithm[J]. Journal of critical care, 2017, 39: 124–130.

[53] FIEGENBAUM A, THOMAS H. Strategic risk and competitive advantage: an integrative perspective[J]. European management review, 2004, 1(1): 84–95.

[54] FISHER I E, GARNSEY M R, HUGHES M E. Natural language processing in accounting, auditing and finance: a synthesis of the literature with a roadmap for future research[J]. Intelligent systems in accounting, finance and management, 2016, 23(3): 157–214.

[55] FRANTZI K, ANANIADOU S, MIMA H. Automatic recognition of multi-word terms: the c-value/nc-value method[J]. International journal on digital libraries, 2000, 3(2): 115-130.

[56] GARVEY P R. Analytical methods for risk management: a systems engineering perspective[M]. Boca Raton: CRC Press, 2008.

[57] GORDINI N. A genetic algorithm approach for SMEs bankruptcy prediction: Empirical evidence from Italy[J]. Expert systems with applications, 2014, 41(14): 6433-6445.

[58] GÜNTHER W A, MEHRIZI M H, HUYSMAN M, et al. Debating big data: a literature review on realizing value from big data[J]. The journal of strategic information systems, 2017, 26(3): 191-209.

[59] GUO L, SHI F, TU J. Textual analysis and machine leaning: crack unstructured data in finance and accounting[J]. The journal of finance and data science, 2016, 2(3): 153-170.

[60] GUPTA A, SIMAAN M, ZAKI M J. Investigating bank failures using text mining[C]//2016 IEEE symposium series on computational intelligence. Piscataway: IEEE, 2016: 1-8.

[61] GUTMANN M U, HYVÄRINEN A. Noise-contrastive estimation of unnormalized statistical models, with applications to natural image statistics[J]. Journal of machine learning research, 2012, 13(2): 307-361.

[62] HÁJEK P, OLEJ V, MYSKOVA R. Forecasting corporate financial performance using sentiment in annual reports for stakeholders' decision-making[J]. Technological and economic development of economy, 2014, 20(4): 721-738.

[63] HÁJEK P. Combining bag-of-words and sentiment features of annual reports to predict abnormal stock returns[J]. Neural computing and applications, 2018, 29(7): 343-358.

[64] HALL A D. Three-dimensional morphology of systems engineering[M]//Contributions to a philosophy of technology. Dordrecht: Springer, 1969: 174-186.

[65] HAN S, HAO X, HUANG H. An event-extraction approach for business analysis from online Chinese news[J]. Electronic commerce research and applications, 2018, 28: 244-260.

[66] HARRINGTON S E, NIEHAUS G R. Risk management and insurance[M]. New York: McGraw-Hill, 1998.

[67] HARRIS Z S. Distributional structure[J]. Word, 1954, 10(2-3): 146-162.

[68] HASAN K S, NG V. Automatic keyphrase extraction: a survey of the state of the art[C]// Proceedings of the 52nd annual meeting of the association for computational linguistics. Stroudsburg: ACL, 2014: 1262-1273.

[69] HAYNES J. Risk as an economic factor[J]. The quarterly journal of economics, 1895, 9(4):

409-449.

[70] HEY T, TANSLEY S, TOLLE K M. The fourth paradigm: data-intensive scientific discovery[M]. Washington: Microsoft Research, 2009.

[71] HINTON G E. Learning distributed representations of concepts[C]//Proceedings of the eighth annual conference of the cognitive science society. Amherst: Lawrence Erlbaum Associates, 1986, 1-12.

[72] HJØRLAND B. What is knowledge organization (KO)?[J]. Knowledge organization, 2008, 35(2-3): 86-101.

[73] HOBERG G, PHILLIPS G. Product market synergies and competition in mergers and acquisitions: a text-based analysis[J]. The review of financial studies, 2010, 23(10): 3773-3811.

[74] HOBSON J L, MAYEW W J, VENKATACHALAM M. Analyzing speech to detect financial misreporting[J]. Journal of accounting research, 2012, 50(2): 349-392.

[75] HOLANDA O, ISOTANI S, BITTENCOURT I I, et al. Joint: java ontology integrated toolkit[J]. Expert systems with applications, 2013, 40(16): 6469-6477.

[76] HOSAKA T. Bankruptcy prediction using imaged financial ratios and convolutional neural networks[J]. Expert systems with applications, 2019, 117: 287-299.

[77] HU Y, LIU K, ZHANG X, et al. Application of evolutionary computation for rule discovery in stock algorithmic trading: a literature review[J]. Applied soft computing, 2015, 36: 534-551.

[78] HU Z, LI J S, ZHOU T S, et al. Ontology-based clinical pathways with semantic rules[J]. Journal of medical systems, 2012, 36(4): 2203-2212.

[79] HUANG K W, LI Z. A multilabel text classification algorithm for labeling risk factors in SEC form 10-K[J]. ACM transactions on management information systems (TMIS), 2008, 2(3): 1-19.

[80] HUANG X, TEOH S H, ZHANG Y. Tone management[J]. The accounting review, 2014, 89(3): 1083-1113.

[81] HUANG Y P, YEN M F. A new perspective of performance comparison among machine learning algorithms for financial distress prediction[J]. Applied soft computing, 2019, 83: 1-14.

[82] HUMPHERYS S L, MOFFITT K C, BURNS M B, et al. Identification of fraudulent financial statements using linguistic credibility analysis[J]. Decision support systems, 2011, 50(3): 585-594.

[83] HUR M, KANG P, CHO S. Box-office forecasting based on sentiments of movie reviews and Independent subspace method[J]. Information sciences, 2016, 372: 608-624.

参考文献

[84] HWANG R C, SIAO J S, CHUNG H, et al. Assessing bankruptcy prediction models via information content of technical inefficiency[J]. Journal of productivity analysis, 2011, 36(3): 263-273.

[85] ITURRIAGA F J L, SANZ I P. Bankruptcy visualization and prediction using neural networks: a study of US commercial banks[J]. Expert systems with applications, 2015, 42(6): 2857-2869.

[86] JACOBI C, VAN ATTEVELDT W, WELBERS K. Quantitative analysis of large amounts of journalistic texts using topic modelling[J]. Digital journalism, 2016, 4(1): 89-106.

[87] JIN X, WAH B W, CHENG X, et al. Significance and challenges of big data research[J]. Big data research, 2015, 2(2): 59-64.

[88] KAKLAUSKAS A. Biometric and intelligent decision making support[M]. Heidelberg: Springer, 2015.

[89] KALIBATIENE D, VASILECAS O. Survey on ontology languages[C]//International conference on business informatics research. Heidelberg: Springer, 2011: 124-141.

[90] KANG D, LEE J, CHOI S, et al. An ontology-based enterprise architecture[J]. Expert systems with applications, 2010, 37(2): 1456-1464.

[91] KASAP D, KAYMAK M. Risk identification step of the project risk management[C]// PICMET'07-2007 portland international conference on management of engineering & technology. Piscataway: IEEE, 2007: 2116-2120.

[92] KATSIKAS S K. Computer and information security handbook[M]. Waltham: Morgan Kaufmann, 2013.

[93] KEEN P G, SCOTT-MORTON M S. Decision support systems: an organizational perspective[M]. Massachusetts: Addison-Wesley, 1978.

[94] KIM M J, KANG D K, KIM H B. Geometric mean based boosting algorithm with over-sampling to resolve data imbalance problem for bankruptcy prediction[J]. Expert systems with applications, 2015, 42(3): 1074-1082.

[95] KIM M J, KANG D K. Classifiers selection in ensembles using genetic algorithms for bankruptcy prediction[J]. Expert systems with applications, 2012, 39(10): 9308-9314.

[96] KIRKOS E. Assessing methodologies for intelligent bankruptcy prediction[J]. Artificial intelligence review, 2015, 43(1): 83-123.

[97] KLOPTCHENKO A, EKLUND T, KARLSSON J, et al. Combining data and text mining techniques for analysing financial reports[J]. Intelligent systems in accounting, finance & management, 2004, 12(1): 29-41.

[98] KNIGHT F H. Risk, uncertainty and profit[M]. Boston: Houghton Mifflin, 1921.

[99] KODINARIYA T M, MAKWANA P R. Review on determining number of cluster in K-Means clustering[J]. International journal of advance research in computer science and management studies, 2013, 1(6): 90-95.

[100] KOGAN S, LEVIN D, ROUTLEDGE B R, et al. Predicting risk from financial reports with regression[C]//The 2009 annual conference of the north American chapter of the association for computational linguistics. Stroudsburg: ACL, 2009: 272-280.

[101] KOU G, CHAO X, PENG Y, et al. Machine learning methods for systemic risk analysis in financial sectors[J]. Technological and economic development of economy, 2019, 25(5): 716-742.

[102] KOZAKI K, YAMAGATA Y, MIZOGUCHI R, et al. Disease compass - a navigation system for disease knowledge based on ontology and linked data techniques[J]. Journal of biomedical semantics, 2017, 8(1): 1-18.

[103] KUSNER M, SUN Y, KOLKIN N, et al. From word embeddings to document distances[C]// International conference on machine learning. New York: PMLR, 2015: 957-966.

[104] LEE S, CHOI W S. A multi-industry bankruptcy prediction model using back-propagation neural network and multivariate discriminant analysis[J]. Expert systems with applications, 2013, 40(8): 2941-2946.

[105] LEGG S, HUTTER M. A collection of definitions of intelligence[J]. Frontiers in artificial intelligence and applications, 2007, 157: 17-24.

[106] LI F. Annual report readability, current earnings, and earnings persistence[J]. Journal of accounting and economics, 2008, 45(2-3): 221-247.

[107] LI Y. Predicting materials properties and behavior using classification and regression trees[J]. Materials science and engineering: a, 2006, 433(1-2): 261-268.

[108] LIANG D, TSAI C F, WU H T. The effect of feature selection on financial distress prediction[J]. Knowledge-based systems, 2015, 73: 289-297.

[109] LIN F, LIANG D, YEH C C, et al. Novel feature selection methods to financial distress prediction[J]. Expert systems with applications, 2014, 41(5): 2472-2483.

[110] LIU Y, LIU Z, CHUA T S, et al. Topical word embeddings[C]//Proceedings of the AAAI conference on artificial intelligence. San Francisco: AAAI, 2015: 2418-2424.

[111] LO K, RAMOS F, ROGO R. Earnings management and annual report readability[J]. Journal of accounting and economics, 2017, 63(1): 1-25.

[112] LOUGHRAN T, MCDONALD B, YUN H. A wolf in sheep's clothing: the use of ethics-related terms in 10-K reports[J]. Journal of business ethics, 2009, 89(1): 39-49.

[113] LOUGHRAN T, MCDONALD B. Textual analysis in accounting and finance: a survey[J]. Journal of accounting research, 2016, 54(4): 1187-1230.

[114] LOUGHRAN T, MCDONALD B. When is a liability not a liability? Textual analysis, dictionaries, and 10 - Ks[J]. The journal of finance, 2011, 66(1): 35-65.

[115] MA Y, LIU S, JIN B, et al. Inconsistent ontology revision based on ontology constructs[J]. Expert systems with applications, 2010, 37(10): 7269-7275.

[116] MANN R I, WATSON H J. A contingency model for user involvement in DSS development[J]. MIS quarterly, 1984: 27-38.

[117] MAYEW W J, SETHURAMAN M, VENKATACHALAM M. MD&A disclosure and the firm's ability to continue as a going concern[J]. The accounting review, 2015, 90(4): 1621-1651.

[118] MIHALOVIC M. Performance comparison of multiple discriminant analysis and logit models in bankruptcy prediction[J]. Economics & sociology, 2016, 9(4): 101-118.

[119] MIKOLOV T, KARAFIÁT M, BURGET L, et al. Recurrent neural network based language model[C]// Eleventh annual conference of the international speech communication association. Makuhari: ISCA, 2010: 1045-1048.

[120] MIKOLOV T, SUTSKEVER I, CHEN K, et al. Distributed representations of words and phrases and their compositionality[C]//Advances in neural information processing systems. Cambridge: MIT Press, 2013: 3111-3119.

[121] MINHAS S, HUSSAIN A. From spin to swindle: identifying falsification in financial text[J]. Cognitive computation, 2016, 8(4): 729-745.

[122] MNIH A, HINTON G. Three new graphical models for statistical language modelling[C]// Proceedings of the 24th international conference on Machine learning. New York: ACM, 2007: 641-648.

[123] MORIN F, BENGIO Y. Hierarchical probabilistic neural network language model[C]// Proceedings of the 10th International Workshop on Artificial Intelligence and Statistics. New York: PMLR, 2005: 246-252.

[124] MYŠKOVÁ R, HÁJEK P. Comprehensive assessment of firm financial performance using financial ratios and linguistic analysis of annual reports[J]. Journal of international studies, 2017, 10(4): 96-108.

[125] NINH B P V, DO THANH T, HONG D V. Financial distress and bankruptcy prediction: an appropriate model for listed firms in Vietnam[J]. Economic systems, 2018, 42(4): 616–624.

[126] OLSON D L, DELEN D, MENG Y. Comparative analysis of data mining methods for bankruptcy prediction[J]. Decision support systems, 2012, 52(2): 464–473.

[127] PETERS M E, NEUMANN M, IYYER M, et al. Deep contextualized word representations[C]// Proceedings of the 2018 conference of the north American chapter of the association for computational linguistics. Stroudsburg: ACL, 2018: 2227–2237.

[128] PHAM B T, PRAKASH I, BUI D T. Spatial prediction of landslides using a hybrid machine learning approach based on random subspace and classification and regression trees[J]. Geomorphology, 2018, 303: 256–270.

[129] PRÖLLOCHS N, FEUERRIEGEL S. Business analytics for strategic management: Identifying and assessing corporate challenges via topic modeling[J]. Information & management, 2020, 57(1): 1–13.

[130] PURDA L, SKILLICORN D. Accounting variables, deception, and a bag of words: assessing the tools of fraud detection[J]. Contemporary accounting research, 2015, 32(3): 1193–1223.

[131] QIAN Y, DENG X, YE Q, et al. On detecting business event from the headlines and leads of massive online news articles[J]. Information processing & management, 2019, 56(6): 1–15.

[132] QU C, LIU F, TAO M. Ontologies for the transactions on IoT[J]. International journal of distributed sensor networks, 2015, 11(3): 1–12.

[133] RADFORD A, NARASIMHAN K, SALIMANS T, et al. Improving language understanding with unsupervised learning[R]. San Francisco: OpenAI, 2018.

[134] RAJANI S, HANUMANTHAPPA M. Techniques of semantic analysis for natural language processing - a detailed survey[J]. International journal of advanced research in computer and communication engineering, 2016, 5(2): 146–149.

[135] RAJPUT Q, KHAN N S, LARIK A, et al. Ontology based expert-system for suspicious transactions detection[J]. Computer and information science, 2014, 7(1): 103–114.

[136] RÖNNQVIST S, SARLIN P. Bank distress in the news: describing events through deep learning[J]. Neurocomputing, 2017, 264: 57–70.

[137] SARTORI F, MAZZUCCHELLI A, DI GREGORIO A. Bankruptcy forecasting using case-based reasoning: the CRePERIE approach[J]. Expert systems with applications, 2016, 64: 400–411.

[138] SCOTT-MORTON M S. Management decision systems: computer-based support for decision

making division of research[M]. Boston: Harvard University Press, 1971.

[139] SERRANO-CINCA C, GUTIÉRREZ-NIETO B A. Partial least square discriminant analysis for bankruptcy prediction[J]. Decision support systems, 2013, 54(3): 1245-1255.

[140] SERRANO-GUERRERO J, OLIVAS J A, ROMERO F P, et al. Sentiment analysis: a review and comparative analysis of web services[J]. Information sciences, 2015, 311: 18-38.

[141] SHANG J, LIU J, JIANG M, et al. Automated phrase mining from massive text corpora[J]. IEEE transactions on knowledge and data engineering, 2018, 30(10): 1825-1837.

[142] SLOTA M, LEITE J, SWIFT T. On updates of hybrid knowledge bases composed of ontologies and rules[J]. Artificial intelligence, 2015, 229: 33-104.

[143] SMITH C L, BROOKS D J. Security science: the theory and practice of security[M]. Waltham: Butterworth-Heinemann, 2013.

[144] SPRAGUE J R H. A framework for the development of decision support systems[J]. MIS quarterly, 1980: 1-26.

[145] SPRAGUE R H, Watson H J. Decision support for management[M]. New Jersey: Prentice-Hall, 1996.

[146] STUDER R, BENJAMINS V R, FENSEL D. Knowledge engineering: principles and methods[J]. Data & knowledge engineering, 1998, 25(1-2): 161-197.

[147] SUN J, LI H, FUJITA H, et al. Class-imbalanced dynamic financial distress prediction based on adaboost-SVM ensemble combined with SMOTE and time weighting[J]. Information fusion, 2020, 54: 128-144.

[148] TAILAB M M, BURAK M J. Examining the effect of linguistic style in an MD&A on stock market reaction[J]. International journal of business communication, 2018, 3: 1-29.

[149] TANG X B, WEI W, LIU G C, et al. An inference model of medical insurance fraud detection: based on ontology and SWRL[J]. Knowledge organization, 2017, 44(2): 84-96.

[150] TANG X, XIAO M, HU B, et al. Exchanging knowledge for test-based diagnosis using OWL ontologies and SWRL rules[J]. Procedia computer science, 2018, 131: 847-854.

[151] TARIQ M I, TAYYABA S, ASHRAF M W, et al. Deep learning techniques for optimizing medical big data[M]. Massachusetts: Academic Press, 2020.

[152] TETLOCK P C, SAAR-TSECHANSKY M, MACSKASSY S. More than words: quantifying language to measure firms' fundamentals[J]. The journal of finance, 2008, 63(3): 1437-1467.

[153] TETLOCK P C. Giving content to investor sentiment: the role of media in the stock market[J]. The journal of finance, 2007, 62(3): 1139-1168.

[154] TINOCO M H, WILSON N. Financial distress and bankruptcy prediction among listed companies using accounting, market and macroeconomic variables[J]. International review of financial analysis, 2013, 30: 394-419.

[155] TSAI M F, WANG C J, CHIEN P C. Discovering finance keywords via continuous-space language models[J]. ACM transactions on management information systems, 2016, 7(3): 1-17.

[156] TURBAN E, RAINER R K, POTTER R E. Introduction to information technology[M]. New York: Wiley, 2005.

[157] TURNEY P D, LITTMAN M L. Measuring praise and criticism: inference of semantic orientation from association[J]. ACM transactions on information systems, 2003, 21(4): 315-346.

[158] UTHAYAKUMAR J, METAWA N, SHANKAR K, et al. Financial crisis prediction model using ant colony optimization[J]. International journal of information management, 2020, 50: 538-556.

[159] VAN D C T. Two multivariate generalizations of pointwise mutual information[C]// Proceedings of the workshop on distributional semantics and compositionality. Stroudsburg: ACL, 2011: 16-20.

[160] VOLKOV A, BENOIT D F, VAN D P D. Incorporating sequential information in bankruptcy prediction with predictors based on Markov for discrimination[J]. Decision support systems, 2017, 98: 59-68.

[161] WANG G, CHEN G, CHU Y. A new random subspace method incorporating sentiment and textual information for financial distress prediction[J]. Electronic commerce research and applications, 2018, 29: 30-49.

[162] WANG G, MA J, YANG S. An improved boosting based on feature selection for corporate bankruptcy prediction[J]. Expert systems with applications, 2014, 41(5): 2353-2361.

[163] WATSON D L, JONES A. Digital forensics processing and procedures[M]. Waltham: Elsevier, 2013.

[164] WEI L, LI G, ZHU X, et al. Developing a hierarchical system for energy corporate risk factors based on textual risk disclosures[J]. Energy economics, 2019, 80: 452-460.

[165] WILLETT A H. The economic theory of risk and insurance[M]. New York: The Columbia University Press, 1901.

[166] WILLIAMS C A, HEINS R M. Risk management and Insurance[M]. New York: McGraw-Hill, 1989.

参考文献

[167] WILLIS H H. Guiding resource allocations based on terrorism risk[J]. Risk analysis, 2007, 27(3): 597-606.

[168] WU T C, HSU M F. Credit risk assessment and decision making by a fusion approach[J]. Knowledge-based systems, 2012, 35: 102-110.

[169] XIAO Z, YANG X, PANG Y, et al. The prediction for listed companies' financial distress by using multiple prediction methods with rough set and Dempster – Shafer evidence theory[J]. Knowledge-based systems, 2012, 26: 196-206.

[170] XIDONAS P, ERGAZAKIS E, ERGAZAKIS K, et al. On the selection of equity securities: an expert systems methodology and an application on the Athens Stock Exchange[J]. Expert systems with applications, 2009, 36(9): 11966-11980.

[171] XU X, WANG Y. Financial failure prediction using efficiency as a predictor[J]. Expert systems with applications, 2009, 36(1): 366-373.

[172] YANG S, GUO J Z, JIN J W. An improved Id3 algorithm for medical data classification[J]. Computers & electrical engineering, 2018, 65: 474-487.

[173] YANG Z, YOU W, JI G. Using partial least squares and support vector machines for bankruptcy prediction[J]. Expert systems with applications, 2011, 38(7): 8336-8342.

[174] YATES J. Risk-taking behavior[M]. Manchester: John Wiley & Sons, 1992.

[175] YEH C C, CHI D J, HSU M F. A hybrid approach of DEA, rough set and support vector machines for business failure prediction[J]. Expert systems with applications, 2010, 37(2): 1535-1541.

[176] YEH C C, LIN F, HSU C Y. A hybrid KMV model, random forests and rough set theory approach for credit rating[J]. Knowledge-based systems, 2012, 33: 166-172.

[177] ZELENKOV Y, FEDOROVA E, CHEKRIZOV D. Two-step classification method based on genetic algorithm for bankruptcy forecasting[J]. Expert systems with applications, 2017, 88: 393-401.

[178] ZHANG F, TADIKAMALLA P R, SHANG J. Corporate credit-risk evaluation system: Integrating explicit and implicit financial performances[J]. International journal of production economics, 2016, 177: 77-100.

[179] ZHAO S, WANG Q, MASSUNG S, et al. Constructing and embedding abstract event causality networks from text snippets[C]//Proceedings of the tenth ACM international conference on web search and data mining. New York: ACM, 2017: 335-344.

[180] ZHOU L, LAI K K, YEN J. Empirical models based on features ranking techniques for

corporate financial distress prediction[J]. Computers & mathematics with applications, 2012, 64(8): 2484-2496.

[181] ZHOU L, LU D, FUJITA H. The performance of corporate financial distress prediction models with features selection guided by domain knowledge and data mining approaches[J]. Knowledge-based systems, 2015, 85: 52-61.

[182] ZHOU L, SI Y W, FUJITA H. Predicting the listing statuses of Chinese-listed companies using decision trees combined with an improved filter feature selection method[J]. Knowledge-based systems, 2017, 128: 93-101.

[183] ZHOU Q, LEYDESDORFF L. The normalization of occurrence and Co-occurrence matrices in bibliometrics using Cosine similarities and O chiai coefficients[J]. Journal of the association for information science and technology, 2016, 67(11): 2805-2814.

[184] ZHU L, HUA G, ZAFAR S, et al. Fundamental ideas and mathematical basis of ontology learning algorithm[J]. Journal of intelligent & fuzzy systems, 2018, 35(4): 4503-4516.

[185] ZHU X, YANG S Y, MOAZENI S. Firm risk identification through topic analysis of textual financial disclosures[C]//2016 IEEE Symposium Series on Computational Intelligence. Piscataway: IEEE, 2016: 1-8.

[186] ZIĘBA M, TOMCZAK S K, TOMCZAK J M. Ensemble boosted trees with synthetic features generation in application to bankruptcy prediction[J]. Expert systems with applications, 2016, 58: 93-101.

[187] 边海容, 万常选, 刘德喜, 等. 考虑 Web 金融信息的上市企业财务危机预测模型研究[J]. 计算机科学, 2013, 40(11): 295-298.

[188] 边海容, 万常选, 万建香. 网络金融信息与上市公司财务状况的关系研究[J]. 江西财经大学学报, 2013, (3): 37-44.

[189] 部寒. 中美上市公司年报话语质量对资本市场反应的影响对比研究[D]. 北京：对外经济贸易大学, 2019.

[190] 岑慧. 创业板上市公司财务危机预警模型研究[D]. 厦门：集美大学, 2018.

[191] 曾庆生, 周波, 张程, 等. 年报语调与内部人交易："表里如一"还是"口是心非"?[J]. 管理世界, 2018, 34(9): 143-160.

[192] 曾子明, 王婧. 基于 LDA 和随机森林的微博谣言识别研究：以 2016 年雾霾谣言为例[J]. 情报学报, 2019, 38(1): 89-96.

[193] 常娥, 夏婧. 多种知识组织方法比较[J]. 图书馆论坛, 2016, 36(8): 1-6.

[194] 陈辰. VANET 系统安全的关键问题研究[D]. 上海：复旦大学, 2011.

[195] 陈娟. 能源互联网背景下的区域分布式能源系统规划研究[D]. 北京：华北电力大学，2017.

[196] 陈文伟，陈晟. 知识工程与知识管理[M]. 2版. 北京：清华大学出版社，2016.

[197] 陈文伟. 决策支持系统教程[M]. 3版. 北京：清华大学出版社，2017.

[198] 陈潇澜. 基于机器学习的上市公司信用风险预警研究[D]. 长沙：湖南师范大学，2018.

[199] 崔天媛. 引入非财务信息的上市公司信用风险实证研究[J]. 时代金融，2012(27): 213-214.

[200] 邓苏，张维明，黄宏斌. 决策支持系统[M]. 北京：电子工业出版社，2009.

[201] 董礼. 引入文本信息的制造业上市公司信用风险评估研究[D]. 贵阳：贵州财经大学，2019.

[202] 段黎萍，曹燕，齐娜. 面向创新的科技情报服务与支撑：以新能源汽车为例[J]. 情报工程，2016, 2(6): 109-116.

[203] 方匡南，范新妍，马双鸽. 基于网络结构Logistic模型的企业信用风险预警[J]. 统计研究，2016, 33(4): 50-55.

[204] 高小雪. 基于多元概率比回归模型的上市公司财务危机预警分析[J]. 企业经济，2015(4): 188-192.

[205] 郭晓亭，蒲勇健，林略. 风险概念及其数量刻画[J]. 数量经济技术经济研究，2004(2): 111-115.

[206] 韩红旗，朱东华，汪雪锋. 专利技术术语的抽取方法[J]. 情报学报，2011, 30(12): 1280-1285.

[207] 侯敬文，程功勋. 大数据时代我国金融数据的服务创新[J]. 财经科学，2015(10): 26-35.

[208] 胡爱荣，陈清云. 创业板上市公司风险分析与预警[J]. 山西财经大学学报，2012, 34(S3): 143-145.

[209] 胡家珩，岑咏华，吴承尧. 基于深度学习的领域情感词典自动构建：以金融领域为例[J]. 数据分析与知识发现，2018, 2(10): 95-102.

[210] 胡小荣，姚长青，高影繁. 基于风险短语自动抽取的上市公司风险识别方法及可视化研究[J]. 情报学报，2017, 36(7): 663-668.

[211] 黄微，刘熠，孙悦. 多媒体网络舆情语义识别的关键技术分析[J]. 情报理论与实践，2019, 42(1): 134-140.

[212] 黄志敏. 基于行业特征的旅游上市公司财务危机预警分析[J]. 财会通讯，2014(29):

109-111.

[213] 纪忠贤. 基于注意力机制的机器阅读理解方法研究 [D]. 哈尔滨：哈尔滨工业大学，2019.

[214] 季闯. 基于计算实验方法的重大工程社会风险评估与治理研究 [D]. 南京：东南大学，2016.

[215] 季翔. 美国上市公司风险披露借鉴与启示 [J]. 财会通讯，2016(22): 102-104.

[216] 贾明，阮宏飞，张喆. 公司澄清能制约媒体传谣吗：基于 A 股上市公司的经验证据 [J]. 管理工程学报，2018, 32(2): 107-118.

[217] 蒋永福，李景正. 论知识组织方法 [J]. 中国图书馆学报，2001(1): 3-7.

[218] 蒋彧，高瑜. 基于 KMV 模型的中国上市公司信用风险评估研究 [J]. 中央财经大学学报，2015(9): 38-45.

[219] 李秉成，苗霞，聂梓. MD&A 前瞻性信息能提升财务危机预测能力吗：基于信号传递和言语有效理论视角的实证分析 [J]. 山西财经大学学报，2019, 41(5): 108-124.

[220] 李丹. 特定领域中文术语抽取 [D]. 大连：大连理工大学，2011.

[221] 李德毅，于剑. 人工智能导论 [M]. 北京：中国科学技术出版社，2018.

[222] 李菲雅，邓翔. 等距特征映射的支持向量机模型在上市公司信用风险评估中的应用 [J]. 河北大学学报 (哲学社会科学版)，2013, 38(1): 102-107.

[223] 李雯. 岩溶地区铁路选线风险评估研究 [D]. 成都：西南交通大学，2014.

[224] 李雪. 创业板上市公司退市风险预警研究 [D]. 哈尔滨：东北农业大学，2015.

[225] 梁明江，庄宇. 集成学习方法在企业财务危机预警中的应用 [J]. 软科学，2012, 26(4): 114-117.

[226] 梁娜，姚长青，王峥，等. 基于三重维度的企业风险信息抽取方法研究 [J]. 情报学报，2019, 38(12): 1241-1249.

[227] 梁展凡. 投资建设项目群链式风险分析、评估及其仿真研究 [D]. 武汉：武汉大学，2010.

[228] 林钟高，杨雨馨. 风险提示信息与银行信贷决策：基于 A 股上市公司年报文本信息的研究 [J]. 安徽师范大学学报 (人文社会科学版)，2017, 45(2): 245-255.

[229] 刘博元，范文慧，肖田元. 决策支持系统研究现状分析 [J]. 系统仿真学报，2011, 23(S1): 241-244.

[230] 刘鹭. 我国房地产业上市公司信用风险评估模型研究 [D]. 长春：吉林大学，2019.

[231] 刘彤，倪维健，柳梅. 面向搜索引擎查询日志的领域术语自动识别方法 [J]. 现代图书情报技术，2016(2): 25-33.

[232] 刘文琦. 引入公司内部治理的财务危机预警研究 [J]. 江西社会科学, 2012, 32(8): 56-60.

[233] 刘雪林. 基于深度学习的我国上市公司财务预警模型研究 [D]. 天津：天津大学, 2018.

[234] 刘逸爽, 陈艺云. 管理层语调与上市公司信用风险预警：基于公司年报文本内容分析的研究 [J]. 金融经济学研究, 2018, 33(4): 46-54.

[235] 刘玉敏, 申李莹, 任广乾. 基于 PCA-PSO-SVM 的上市公司财务危机预警 [J]. 管理现代化, 2017, 37(3): 12-14.

[236] 罗明, 黄海量. 基于词汇—语义模式的金融事件信息抽取方法 [J]. 计算机应用, 2018, 38(1): 84-90.

[237] 罗茜. M 公司工程建设项目招投标审计优化研究 [D]. 重庆：重庆理工大学, 2019.

[238] 马旭辉. 基于机器学习的上市公司财务风险智能识别研究 [D]. 南京：南京大学, 2019.

[239] 孟庆斌, 杨俊华, 鲁冰. 管理层讨论与分析披露的信息含量与股价崩盘风险：基于文本向量化方法的研究 [J]. 中国工业经济, 2017(12): 132-150.

[240] 苗霞. 管理层语调、媒体报道与企业财务危机预测：基于年报前瞻性信息的分析 [J]. 财会通讯, 2019(27): 17-21.

[241] 聂丽洁, 赵艳芳, 高一帆. 基于现金流的财务危机预警指标体系构建研究：基于我国制造业上市公司数据 [J]. 经济问题, 2011(3): 108-112.

[242] 乔晓东, 朱礼军, 李颖, 等. 大数据时代的技术情报工程 [J]. 情报学报, 2014, 33(12): 1255.

[243] 瞿翔. 中国农业上市公司投资风险问题研究 [D]. 武汉：华中农业大学, 2010.

[244] 荣垂田, 李银银, 王琰. 中文关键短语自动提取方法研究 [J]. 计算机科学与探索, 2019, 13(9): 1481-1492.

[245] 邵辉, 赵庆贤, 林娜. 风险管理原理与方法 [M]. 北京：中国石化出版社, 2010.

[246] 沈开涛. 风险识别 [M]. 北京：北京大学出版社, 2015.

[247] 史忠植. 高级人工智能 [M]. 3 版. 北京：科学出版社, 2011.

[248] 宋彪, 朱建明, 李煦. 基于大数据的企业财务预警研究 [J]. 中央财经大学学报, 2015(6): 55-64.

[249] 孙琦. 基于卷积神经网络的中小企业信用风险预测模型研究 [D]. 北京：北京交通大学, 2019.

[250] 谭跃进, 陈英武, 罗鹏程, 等. 系统工程原理 [M]. 2 版. 北京：科学出版社, 2017.

[251] 谭跃进, 黄金才, 朱承. 决策支持系统 [M]. 2 版. 北京: 电子工业出版社, 2015.

[252] 唐晓波, 谭明亮, 胡潇然, 等. 面向金融决策支持的知识获取研究综述 [J]. 信息资源管理学报, 2020, 10(3): 27–35.

[253] 唐晓波, 谭明亮, 李诗轩, 等. 企业破产预测系统模型构建及实现研究 [J]. 情报学报, 2019, 38(10): 1051–1065.

[254] 唐晓波, 郑杜, 谭明亮. 慢性病健康教育知识服务系统模型构建研究 [J]. 情报科学, 2019, 37(1): 134–140.

[255] 万常选, 江腾蛟, 钟敏娟, 等. 基于词性标注和依存句法的 Web 金融信息情感计算 [J]. 计算机研究与发展, 2013, 50(12): 2554–2569.

[256] 汪应洛. 系统工程简明教程 [M]. 4 版. 北京: 高等教育出版社, 2017.

[257] 王婧. 煤炭企业风险评估与控制研究 [D]. 成都: 西南财经大学, 2013.

[258] 王利娜. 企业破产预测实证模型评述 [J]. 河北经贸大学学报, 2012, 33(3): 51–54.

[259] 王鲁, 吴冲. 基于自组织映射和模糊隶属度的财务危机预警研究 [J]. 运筹与管理, 2017, 26(12): 119–125.

[260] 王清刚, 林小飞. 内部控制与风险管理: 理论、实践与案例 [M]. 北京: 北京大学出版社, 2016.

[261] 王万良. 人工智能导论 [M]. 4 版. 北京: 高等教育出版社, 2017.

[262] 王新浩. 基于事故隐患大数据分析的风险预警方法研究 [D]. 北京: 中国地质大学, 2019.

[263] 王雄元, 李岩琼, 肖忞. 年报风险信息披露有助于提高分析师预测准确度吗? [J]. 会计研究, 2017(10): 37–43.

[264] 王艳霞. 网络环境下中国农业信息服务系统研究 [D]. 保定: 河北农业大学, 2007.

[265] 吴冲, 刘佳明, 郭志达. 基于改进粒子群算法的模糊聚类—概率神经网络模型的企业财务危机预警模型研究 [J]. 运筹与管理, 2018, 27(2): 106–114.

[266] 吴同性. 基于文化塑造的煤矿本质安全管理研究 [D]. 武汉: 中国地质大学, 2012.

[267] 吴骁远, 庞庆华. 我国上市光伏企业的 EPFOW 竞争情报分析模型构建 [J]. 情报杂志, 2017, 36(3): 137–141.

[268] 吴卓然. 企业年报管理层讨论与分析语调与绩效关系研究 [D]. 北京: 北京邮电大学, 2018.

[269] 武井勳. リスク・マネジメントの技術 [J]. 研究年, 1983 (8): 73–110.

[270] 武艳, 张晓峰, 张静. 风险管理原理与方法 [M]. 2 版. 北京: 清华大学出版社, 2016.

[271] 肖浩, 詹雷, 王征. 国外会计文本信息实证研究述评与展望 [J]. 外国经济与管理,

2016, 38(9): 93-112.

[272] 谢德仁, 林乐. 管理层语调能预示公司未来业绩吗?: 基于我国上市公司年度业绩说明会的文本分析 [J]. 会计研究, 2015(2): 20-27.

[273] 谢非. 风险管理原理与方法 [M]. 重庆: 重庆大学出版社, 2013.

[274] 谢靖, 钱爱兵, 韩普, 等. 面向知识服务的知识组织工具: 现状与未来 [J]. 现代图书情报技术, 2013(9): 8-14.

[275] 谢科范. 企业风险管理 [M]. 武汉: 武汉理工大学出版社, 2004.

[276] 熊涛. 基于贝叶斯网络的我国上市公司信用风险预警研究 [D]. 金华: 浙江师范大学, 2013.

[277] 许伟, 梁循, 杨小平. 金融数据挖掘: 基于大数据视角的展望 [M]. 北京: 知识产权出版社, 2013.

[278] 薛晓源, 周战超. 全球化与风险社会 [M]. 北京: 社会科学文献出版社, 2005.

[279] 颜端武, 李兰彬, 曲美娟. 基于 N-gram 复合分词的领域概念自动获取方法研究 [J]. 情报理论与实践, 2014, 37(2): 122-126.

[280] 姚颐, 赵梅. 中国式风险披露、披露水平与市场反应 [J]. 经济研究, 2016, 51(7): 158-172.

[281] 游家兴, 吴静. 沉默的螺旋: 媒体情绪与资产误定价 [J]. 经济研究, 2012, 47(7): 141-152.

[282] 俞琰, 赵乃瑄. 融入术语知识的专利主题发现方法 [J]. 图书情报工作, 2018, 62(21): 118-126.

[283] 张纯, 吴明明. 媒体在资本市场中的角色: 信息解释还是信息挖掘?[J]. 财经研究, 2015, 41(12): 72-83.

[284] 张津挺. 中文财务情绪字典建构与其在财务新闻分析之应用 [D]. 台北: 台北市立大学, 2015.

[285] 张文宇, 薛惠锋, 薛昱, 等. 知识发现与智能决策 [M]. 北京: 科学出版社, 2015.

[286] 张亚男, 刘人境, 陈慧灵. 基于粒子群算法和核极限学习机的财务危机预测模型 [J]. 统计与决策, 2019, 35(9): 67-71.

[287] 张仰森, 黄改娟. 人工智能教程 [M]. 北京: 高等教育出版社, 2008.

[288] 张友棠, 黄阳. 基于行业环境风险识别的企业财务预警控制系统研究 [J]. 会计研究, 2011(3): 41-48.

[289] 赵鑫. 哈佛分析框架在 A 上市公司（制造业）的应用研究 [D]. 重庆: 重庆理工大学, 2019.

[290] 赵一鸣,张进.文本主题可视化及其在上市公司风险分析中的应用[J].图书情报工作,2014,58(2): 102–108.

[291] 赵智繁,曹倩.基于数据包络和数据挖掘的财务危机预测模型研究[J].计算机科学,2016,43(S2): 461–465.

[292] 郑立.基于RS-LSSVM制造业上市公司财务危机预警模型[J].工业技术经济,2019,38(7): 108–113.

[293] 钟义信.信息科学原理[M].北京:北京邮电大学出版社,2013.

[294] 周首华,杨济华,王平.论财务危机的预警分析:F分数模式[J].会计研究,1996(8): 8–11.

[295] 周双文.基于领域本体的创业板公司年报风险信息抽取方法研究[D].长沙:湖南大学,2013.

[296] 周颖,张舒明.基于等截距变换雷达图的退市风险预警模型[J].科研管理,2019,40(9): 241–251.

[297] 朱江.基于金融本体库的热点分析研究[D].北京:北京工商大学,2012.

[298] 朱彤.基于BIM的地铁车站施工安全风险识别与评估[D].大连:大连理工大学,2020.

附录　本书形成的可复用的知识资源

附录 A　短语知识单元

不利影响，公司经营，经营业绩，生产经营，公司产品，新产品，行业政策，新药研发，生产企业，医保控费，管理风险，产品研发，政策风险，研发风险，药品生产，药品研发，政策变化，药品价格，盈利能力，药品质量，价格波动，药品降价，原材料价格，未来发展，行业竞争，生产过程，药品招标，制药企业，应收账款，盈利水平，国家政策，环保风险，减值风险，公司发展，商誉减值，更高要求，生产销售，医保支付，新产品研发，质量控制，政策影响，行业政策风险，价格波动风险，市场环境，二次议价，产品生产，招标采购，公司规模，药品降价风险，分级诊疗，原材料价格波动，原材料采购，市场风险，市场竞争加剧，重大影响，市场竞争风险，政策变化风险，环保标准，相关政策，高新技术企业，公司业务，安全生产，商誉减值风险，新产品开发，药品集中采购，汇率波动，研发失败，竞争加剧，营业收入，招标降价，GMP 认证，国家监管，核心竞争力，主要原材料，体外诊断行业，投资项目，竞争激烈，管理人才，药品生产企业，公司产品销售，公立医院改革，医药市场，医药卫生体制改革，技术研发，监管政策，经营管理，中药材价格，产品质量风险，公司产品质量，公司管理，公司经营规模，医药产品，发展战略，快速发展，投入大，核心技术人员，公司主要产品，周期延长，特殊商品，研发投入，行业政策变化风险，要求高，不可预测因素，产品质量问题，制药行业，原材料价格波动风险，行业监管，规模扩张，销售模式，不达预期，医疗改革，医药生产，原材料供应，环保政策，生产质量，重大变化，产品市场，公司主导产品，操作不当，政府定价，流通环节，研发成功，质量安全，质量风险，项目实施，公司未来发展，医药生产企业，国家监管法规，审评审批，市场开拓，市场接受，正常生产经营，注册法规严格，研发周期，竞争优势，重大不利影响，生产管理，研发过程，规模扩大，辅助用药，业务发展，业务拓展，企业所得税，募集资金投资项目实施，原料血浆，市场竞争加剧风险，政策影响较大，政策调整，整合风险，新药开发，核心技术人员流失，注册审批，研发生产，经营活动，质量管理体系，产品质量控制，产品销售价格，产生废水，公司规模扩张，医疗体制改革，医疗服务，医疗保险制度，医疗卫生体制改革，工艺复杂，市场格局，投入大量资金，新版医保目录，甾体药物，相关规定，经营成本，药品招投标，补偿义务人，不利变化，企业合并，医保目录调整，医药行业发展，医药行业未来发展，固定资产折旧，市场价格，市场竞争力，成本上涨，投资大，环境变化，管理团队，经营发展，药品研发风险，行业竞争加剧，采购成本，高投入，高端市场，一致性评价工作，业务规模，产品结构，人力资源管理，公司业绩，公司收入，减值测试，医改政策，医药行业政策，医药行业监管，周期较长，并购整合，快速扩张，技术人才，投资风险，持续发展，推行两票制，改革措施，政策实施，新建项目，未达预期，生产流程长，生命健康，监管要求，药品质量安全，行业集中度，质量控制风险，质量问题，项目建设，POCT产品，一定不确定性，业绩增长，业绩承诺，临床试验报批，产品毛利率，产品注册，人民币汇率，企业经营，公司主营业务，公司利润，公司新药，制剂生产，医药制造，固有风险，实现收益，报批投产周期长，新技术，标的资产，汇率波动风险，潜在风险，疫苗产品，相关政策法规，研发能力，药品一致性评价，药品采购，质量监管，采购价格，重要因素，销售渠道，预期收益，风险高，主营业务收入，产品销售，使用过程，供给侧结构性改革，公司生产成本，制剂产品，前期研发，医药商业，十三五，原料采购，原料药生产，国家药品价格，多个环节，多种因素影响，扩张业务，政策措施实施，新产品开发风险，标的公司，毛利率下降，环保要求，研发产品，研发周期延长风险，研发失败风险，税收优惠政策，竞争加剧风险，组织结构，经营业绩下滑，肝素制剂，药品价格下降，药品审评，药品生产经营，要求提高，资产规模，较大不确定性，运营成本，运输过程，采购招标，销售规模，难度大，CMO业务，一系列政策，严格监管，中药注射剂，产品研发成功，产品质量，产品质量控制风险，人才储备，企业竞争，健康发展，公司核心竞争力，公司资产，公司运营，内部控制，减值准备，制备技术，募集资金，医药政策，医药行业竞争，国家医疗改革，外延式，市场情况，市场规模，市场竞争激烈，常态化，技术优势，技术要求，投资并购，收购标的，政策出台，效益实现，新标准，新增产能，新药上市，新药注册，新药研发风险，污染性排放物，激烈市场竞争，环保事故，环保监管，相关法律法规，研发项目，确认商誉，第一类精神药品，经营状况，经营过程，药品招标采购，药品销售，获准生产，规模化生产，质量管理，达不到预期，重点发展，预期效益，上游原料，不确定因素，不确定性风险，业绩下滑风险，中药制药企业，主要原材料价格，产品生产过程，产品盈利能力，产品竞争，人力资源风险，企业产品，企业发展，企业文化，全国联动，公司客户，公司快速发展，公司未来盈利，净资产收益率，制剂生产企业，前期投入回收，医联体，医疗保险制度改革，医药医疗，医药流通，危险化学品，可辨认净资产公允价值，国家医改，客户需求，市场竞争格局，批准上市，技术风险，招标限价，控股子公司，政策法规，标的资产形成商誉，环保压力，现有产品，生产审批阶段，盈利空间，监管政策变化，研发周期长，研发新药，税收优惠，竞争日趋激烈，管理难度，组织模式，经营环境，经营管理风险，药品安全，药品招标降价，药品质量风险，行业准入，行业竞争加剧风险，规模不断扩大，诊断产品，质量管控，风险较大，上涨趋势，专业人才储备，产品上市，产品研制，产品研发风险，产品降价风险，人民群众，公司发展需求，公司品牌经营，公司战略，公司收购，公司规模扩大，公开发行股票，医药改革，合并成本，国家医疗卫生体制改革，国家政策影响较大，地方政府，坏账风险，增长放缓，多方面因素影响，大健康，大幅度波动，存储运输过程，安全环保，对外投资，市场开发，市场拓展，带量采购，成本控制，招标降价风险，收购标的资产，政策变化带来风险，新政策，新环保法，新要求，新版中国药典，新药研发存在不确定性，标准要求，核心技术失密，核心技术泄密，正式生产，汇率风险，污染物排放，环保工作，生产要素，生产规模，甾体药物原料，疫苗行业，盈利能力下降，监管日趋严格，监管程度较高，省级医保目录，研发费用，管理能力，药品审批，药品生产工艺，药品监管，药品监管部门，血液制品生产，行业竞争激烈，规模快速扩张，资产减值，门槛高，降价压力，项目投资，高附加值特点，GSP认证，一致性评价风险，下游行业，业务合作，业绩波动风险，两票制实施，中标价格下降，中药制药企业生产成本，临床应用，产品质量因素，产地分布，人才管理，人才缺乏风险，供应紧张，供给侧改革，保证产品质量，信息不对称，健康人血浆，公司产能，公司净利润，公司固定资产，公司并购，公司核心技术，公司管理层，净资产公允价值份额，利润空间，加大投入，募集资金投资项目实施风险，医保支付方式，医疗市场，医疗保险制度改革深入，医药分开，医药制造业，医药管理体制，医药企业未来发展，医院终端，原材料价格上涨，原材料涨价，国内医药企业，国家医疗保险药品目录，国家环保政策，国家有关部门，增速放缓，多个环节审批，安全生产事故，安全生产风险，完成一致性评价，宏观经济形势，实现产业化，实验研究，市场声誉，并购企业，应收账款余额，开发周期长，成本上升风险，成长能力，战略执行推进，抗菌药物，政策发生变化，政策变动风险，政策推进，政策环境，整体经营，新产品研发注册，新一轮招标，新药适应市场需求，模式转变，汇兑损益，法律法规政策，法规政策，海外市场，环保安全，环保治理，环保设施，环保费用，生产标准，生产要素成本，申报注册，监管风险，相关标准，研发支出，竞争压力，经营业绩下滑风险，经营成本上升，经营目标，经营规模持续增长，肝素粗品，药品GMP，药品上市，药品价格改革，药品审评审批，药品流通，药品监督管理部门，药品集中采购招标，营销模式，行业政策法规，行业监管政策，行业风险，规模迅速扩张，诊断试剂，质量一致性评价，资本市场，运营管理，长周期，降价政策，预期效果，风险因素，食品药品监督管理部门，高新技术企业认定，一致性评价政策，上市销售，不良反应风险，业绩补偿，中标价格，中药材价格波动，中药材贸易，产业发展，产品价格下降，产品安全性，产品市场竞争，产品开发，产品技术，产品新工艺，产品标准，产品需求，产品开发研制，人免疫球蛋白，人民生命健康，健康产业，公司合作，公司成本，公司未来经营发展，公司股权，分级诊疗制度，利润下降风险，利润水平，利润率下降，医保基金，医保控费大背景，医保支付标准，医保目录药品，医疗改革持续深入，医疗费用，医疗卫生体制改革不断推进，医疗机构药品采购，医药体制改革不断深入，医药市场格局，医药监管，原料供应，原料药价格，原材料供应不足风险，原材料采购风险，原辅材料价格，发展速度，发生安全事故，合作关系，国内经济，国家GMP认证，国家相关部门，基层医疗卫生机构，外部环境变化，市场供给，市场波动，市场竞争，市场销售，市场份额下降，并购重组，并购项目，废渣污染物，开发成功，技术投入，技术服务，技术泄密，折旧摊销，招标价格，招标方案，摊销处理，政府指导价，政策密集出台，整合过程，新产品研发成功，新兽药，新医改，新变化，新挑战，新增固定资产折旧，新版医保目录调整，新药产品，新药开发起点高，新药研发失败，无法达到预期，明显地域性，替代产品，最高零售价格，机遇挑战，条件限制，核心技术人员流失风险，深化医药卫生体制改革,环保意识增强,环保标准规范,环保法律法规,环保部门监管力度,生产流通,生产经营活动,生产设备,监管力度不断加强,研发上市,研发团队,研发成果,研究开发,种植户,种植面积,管控风险,终端客户,经营效益,经营资质,经销模式,综合医改试点,药品价格继续下调,药品价格调控政策,药品价格调整,药品制造企业,药品市场,药品招标政策,药品购销,药品集中招标采购,药用空心胶囊,营业收入比例,行业政策变动,质量安全风险,转型升级,辅助用药目录,运营能力,违法违规,重大不利变化,限抗政策,非公开发行股票,项目实施过程,预期目标,风险管控,GMP飞行检查,不可预见因素,专业技术,专有技术,业务整合,两票制政策,严重不良反应,中药材多为自然生长,临床前基础工作,临床核查,临床自查,主要原料,主要原材料价格波动,产品供应,产品招标,产品流通,产品生产销售,产品生产流程,产品研发失败,产品研发技术创新,产品研究,产品配方,产品集中风险,产品质量安全,产能扩大,产能扩张,人力资源成本,人员素质要求高,人才短缺,人才需求,人民币升值,价格不断上涨,价格变动,仿制药品一致性评价,仿制药质量,企业数量,企业竞争激烈,企业经济效益,优先审评审批,保持稳定增长,健全运营体系,储藏环境,储藏过程,免疫产品,全资子公司,公司上市,公司产品毛利,公司产品价格,公司产品成本,公司产品种类,公司信誉,公司商誉,公司当期利润,公司投资,公司未来业绩,公司未来盈利能力,公司竞争力,公司管理水平,公司经营规模扩张,兽药产品,内控制度,净资产收益率下降风险,出口业务,创新药研发,制剂企业,制药公司,医疗诊断,医疗器械生产,医药制造企业,医药环境,医药行业管理力度,医药行业规范健康发展,医院药品招投标采购,原料血浆供应,原料药制剂,原材料价格大幅上涨,原材料价格上涨风险,参股公司,取消药品加成,受控状态,可行性论证,合同执行,商誉将会减值风险,国家产业政策,国家医保,国家医疗体制改革,国家医疗改革深入,国家卫计委,国家环保要求,国家药品生产标准,地方环保部门,埃克替尼,增补目录,大环境,天然麝香,失密风险,子公司数量,季节采集,安全环保风险,实现预期收益,实验室阶段,审批制度,市场供求,市场供求关系,市场供需,市场发展,市场变化,市场政策风险,市场格局正在发生变化,市场环境变化,市场环境竞争,市场空间,市场调节价,市场竞争不断加剧,市场竞争格局变化,市场竞争进一步加剧,并购标的,并购风险,异常反应,强制性约束力，当期损益，影响因素，技术密集型行业，技术进步，投资力度，投资回报，招标风险，指导意见，挤压公司盈利空间，推广模式，改革试点城市，政府制定药品价格，政策不确定性，政策市场，政策限制，政策频出，政策性风险，新市场，新常态，新环境保护法，新药品，新药临床研究审批，新药生产审批，有毒物质，未来经营业绩，未知病原体，核心技术外泄，正常经营，毛利率水平，污染防治，法人治理结构，注册分类，注册周期，注册审评，注册证书，流通企业，涨价风险，激烈竞争，灵芝孢子粉，物流成本，独家品种，环保税，环境发生重大变化，现有药品深度开发，生产制造，生产经营过程，生化诊断，畜牧养殖业，疫苗研发，监管力度提高，监管加强，知识密集，研发技术，研发阶段，社会公众健康，竞争状况，竞争环境，竞争力下降，管理力度不断加大，管理经验，管理跨度，经济发展，经营决策，经营情况，经营模式，经营状况恶化，经销商管理，自主研发，药品价格体制，药品研发投入，药品质量控制，药品降价趋势，药物生产，血浆采集，血液制品业务，血液制品生产企业，行业发展，行业平均利润率，行业政策调整风险，行业整合，行业竞争新局面，行业竞争格局，补偿义务，要求不断提高，要求严格，要求提升，设备老化，账面价值，质量保证体系，质量规范，购买方合并成本，费用支出，运行模式，适应市场，采购成本攀升，销售价格下降风险，销售状况，长远发展，降低风险，限制适应证，集中度高，集团经营，零加成，项目建设完成，预期水平，GMP要求，一致性评价办法，上市各个环节，不规范，不良事件，业务模式，业务盈利，业务结构，业绩未达预期风险，两票制推行，严格标准要求，中医药行业，中药原材料，中药材种植，临床用药，临床试验批件，主导产品集中风险，主营业务收入比重，二次议价愈演愈烈，产业整合，产业政策变化，产品投产，产品收入，产品毛利率下降，产品注册证，产品竞争格局，产品价格波动，产品开发失败，产品质量控制能力，产成品出厂，人力成本，人工种植，人才流失风险，人民币汇率波动，价格大幅波动，价格风险，企业规模，体制改革正式启动，体外诊断产业，体外诊断产品，供应价格，保护核心技术，保持优势，信息披露违法违规，信息技术系统，停产风险，儿童药，全生产过程，公司主营产品，公司净资产，公司声誉，公司文化，公司稳定，公司经销商，公司销售收入，公司预期，公立医疗机构药品采购，减值迹象，出口收入，出口销售，刚性上涨，创新风险，利润增长点，制剂原料药，制剂市场，制订相关政策法规，前期投资大，前期研发投入，前期资金，募集资金投资项目建成投产，募集资金投资项目建设，募集资金投资项目风险，化学制剂，医保支付压力，医保支付方式改革，医保目录乙类品种，医疗终端，医疗资源，医疗领域，医疗卫生保障体制，医药产品质量，医药商业业务，医药商业公司，医药政策措施陆续出台，医药经销，医药领域，医药卫生体制，医药行业增速，医药行业政策风险，医药行业新产品，协调能力，原料成本，原料血浆供应量，原料药产品，原材物料，原材料进厂，发展基础，发展策略，各级地方药品监管部门，合作模式，合并资产负债表，同行业公司，商誉减值准备，固定资产投资，固定资产折旧增加，国家医疗保障，国家医药政策，国家环保政策变化，国家相关政策，国家规定，国家有关部门处罚，国民经济发展，国际跨国公司，基层医疗机构，外延式发展，子公司管理，安全有效，完成收购，定制研发生产，实现规模化，实际执行，审批周期长，审批风险，审评标准，家禽牲畜，市场不断变化，市场地位，市场容量，市场机遇，市场推广方面，市场竞争变化，市场需求变化，并购交易，应收账款发生坏账，开展一致性评价，异常波动，强化医保控费，当期营业收入，心脑血管疾病，成功实现产业化，成本上涨风险，成本存在上升风险，成本波动，战略布局，技术投入较大，技术人员签署保密协议，技术含量高，技术开发风险，技术难度大，投入回报，投资项目实施，招标压价，招标政策变化，持续投入，指导价格，收入盈利水平，改进生产工艺，改革政策，政府主导，政策实施推进，政策市场风险，政策文件，政策法规深刻影响，政策监管，政策落地，政策规定，政策法规体系，整体经营业绩，新业务，新产品研究，新竞争者加入，新规定，新一轮招标加速，新品研发，新工艺开发，新版药品GMP，新版GMP认证，新药产品开发，新药注册审批，新药研发项目，新药证书，更高标准，有效整合，有效管理，有效期届满时，未来市场，未来经营状况，未能研发成功，标准制定，核心人员流失，核心技术泄密风险，检测技术，正式投产，毛利率下降风险，汇兑损失，沙坦类原料药，法律法规政策影响较大，注册审批阶段，流动性风险，流通领域两票制，深化医改，环保投入，环保标准不断提高，环保法规，环保规定标准，环境保护费用，环境保护风险，生产制剂，生产批文，生产操作，生产环节，生产经营企业，生产设施，生产质量管理，生产车间，生产销售状况，生产工艺复杂，生命健康安全，生态环境保护，生活水平提高，用药安全，甾体药物生产企业，疫苗销售，盈利能力下降风险，盈利风险，相关法规，相关部门处罚，相对垄断地位，知识产权保护，研发人员，研发创新，研发投资，研发注册风险，研发药品，社会环境保护意识，税收优惠政策发生变化，符合国家相关标准，精准医疗，约束机制，组织构架，组织架构，细分行业，终端价格，终端医疗机构，终端市场，终端结构，经济回报，经济增长，经济形势，经济效益实现，经营业务，经营业绩增长，经营盈利，经营能力，经营计划，经营规模不断扩大，经营规模扩大，结构单一风险，维护措施不到位，美元结算，肝病诊断，肝素原料药，肝素钠原料药，自主知识产权，药包材标准，药品中标，药品前期研发，药品功效，药品安全事件，药品实际交易价格，药品实验研究，药品成分，药品招标采购机制，药品政府定价，药品政策性降价，药品研发失败风险，药品研发投入收益，药品经营，药品质量安全风险，药品质量疗效，药品采购机制，药品降价压力，药品集中采购模式，药品注册周期延长，药物研发，药监部门，营业收入主要来源，营业收入比重，营销拓展，落地执行，血液制品企业，血液制品市场，血液制品行业，行业增长，行业政策变动风险，行业整合趋势加剧，行业法律法规，行业监管政策变化，行业监管部门，行业资源整合，行业集中度低，议价政策，设备老化失修，诉讼风险，诊断领域，诸多不确定性，财务风险，责令关闭停产，账面净资产，质量管控体系，质量管理工作，质量要求，质量标准提高，购销秩序，贮存使用过程，费用增长幅度，超募资金，较大商誉，较大改变，较大竞争，较大经济损失，迅速发展，运行成本，适应公司规模，采购药品，重点监控，重要作用，重要影响，重要组成部分，销售区域，销售推广，销售服务，销售流通，销售环节，销售面临较大压力，销售风险，降价措施，限制辅助用药，雄二烯二酮，集团生产经营，非专利技术，项目投产，预期收益风险，预期效益风险，领先优势，风险增加，风险大，首次公开发行股票上市，高新技术企业认证，国家基本药物目录，医保目录，企业会计准则，中国药典，中华人民共和国药品管理法，化学原料药，药品审评中心，国家食药监总局，cGMP，GCP，GMP，新版 GMP，GSP，体外诊断，MAH，OTC，POCT，重大资产重组，创新药，专利药，单采血浆站，国家发改委，仿制药，一致性评价，飞行检查，分子诊断，精神药品，两票制，临床前研究，临床研究，临床试验，募集资金投资项目，人社部，生产批件，特色原料药，体外诊断试剂，不良反应，药品注册，药品注册批件，药用辅料，医药中间体，中药饮片，首次公开发行股票，第二类疫苗，控股股东，公司股东大会，工信部，实际控制人，临床阶段，学术推广。

附录 B 金融情感词典

附录 B1：积极情感词

保证，报酬，超越，称赞，成功，成绩，成就，充分，创新，创意，慈善，地位，第一，独家，独特，发明，繁荣，反弹，丰富，改进，高兴，革命，革新，更好，鼓励，好转，合作，恢复，辉煌，活力，获得，获利，机会，积极，加强，奖励，解决，进步，进展，惊喜，精通，可靠，快乐，乐观，礼貌，联盟，灵感，领先，流行，满意，满足，模范，青睐，取得，确保，荣幸，荣誉，擅长，上扬，上涨，深刻，声望，实现，收藏，受益，熟练，顺利，突破，推进，完美，完善，伟大，稳定，享受，兴奋，赢得，优势，优于，友好，有利，有效，有益，愉快，圆满，赞誉，增强，著名，壮观，卓越，自信，最大，最好，蓬勃发展，回暖，走高，发行，攀升，利好，回购，认购，定增，大涨，涨停，飙涨，回升，强劲，增持，飙升，增发，拉升，走强，入主，暴涨，大增，看上，重仓，翻番，创出，富贵，创造力，创造性，可靠性，吸引力，完整性，得天独厚，有利可图，有利于，有效性，发明家，稳健性，透明度，革命性，鼓舞人心，回报，赶超，感动，战绩，拼搏，准确，金融创新，时尚，公益，话语权，第一位，携手，独有，著作，高速发展，多样，不断完善，开心，变革，好，引导，转好，战略合作，恢复正常，传奇，潜能，获，赢利，良机，积极主动，强化，抽奖，彻底解决，不断进步，成效，好运，完备，乐趣，看好，诚恳，领袖，香味，领跑，盛行，妥当，适应，劳动模范，追捧，荣幸，称号，熟悉，大幅上涨，真切，商业价值，做到，藏品，受惠，娴熟，比较顺利，冲破，深化，美好，健全，光荣，比较稳定，享有，激动，博得，竞争优势，强于，环境友好，有力，借鉴，圆满成功，好评，进一步增强，知名，门庭若市，财智，勤奋，最强，最佳，转暖，发售，利多，正回购，申购，定向增发，涨停板，强势，加仓，拉涨，持续走强，联姻，疯涨，激增，相中，大盘蓝筹，翻倍，创下，福寿，人文，准确性，魅力，先发，相对安全，有助于，科学性，稳健，透明性，颠覆性，生猛，可以保证，超额收益，远超，亲切，顺利完成，优异成绩，业务创新，气质，爱心，优势地位，首届，鲜明，栩栩如生，大幅反弹，不断丰富，细化，技术创新，高质量，扶持，业务合作，趋稳，奇迹，得到，获利盘，机遇，全力，不断加强，回馈，解决问题，新进展，收获，善于，可信，愉悦，谨慎，友善，创作，领先地位，时髦，符合，荣誉称号，投资者青睐，维护，殊荣，透彻，世界冠军，完成，投资收藏，获益，功底，上破，推行，从容，信仰，均衡，享用，自豪，资源优势，好于，资源节约型，成功经验，舒服，预祝，高度评价，提升，顶尖，热闹，秉承，最具，最合适，飞速发展，走升，发行量，攀高，重大利好，认购资金，募资，封住涨停，稳固，增仓，融资计划，扬升，入驻，猛增，看中，翻了一番，再创，吉祥，使命感，能动性，时效性，投资价值，真实性，深厚，有价值，利于，安全性，可信度，引人瞩目，保障，报酬率，远远超过，赞许，取得成功，清晰，创新性，情怀，捐赠，一席之地，领跑者，欣欣向荣，回调，多样化，不断改进，爽快，融合，能够帮助，促进，合作中，生命力，契机，大力，切实加强，奖品，根治，工作进展，牢靠，甜蜜，明朗，幽默，前列，热门，欣慰，贴合，最佳雇主，青睐，感谢，深切，首金，收藏品，得益，站稳，对外开放，激情，逐步完善，灵魂，平稳，充分享受，羡慕，奉献，价格优势，远好，务实，看重，切实，探索，祝愿，充分肯定，有名，生机勃勃，尊贵，佩服，迅猛发展，发行规模，升高，利好刺激，投标，新股申购，急升，翻红，猛涨，回稳，温和，拟发行，冲高，走坚，赴港上市，剧增，选中，蓝筹股，相当可观，刷新，福享，胸怀，广大党员，公正性，保值功能，及时性，好时机，有助，长期性，令人振奋，兼顾，净收益，跃升，敬佩，公益事业，独到，崛起，大众化，产品开发，深刻理解，得当，积极支持，有所改善，合作项目，佳绩，竞争力，获得收益，时机，加紧，建立健全，奖金，妥善解决，最新进展，欣喜，高深，惬意，平静，客气，火花，稳居，炙手可热，满足用户，获得者，欢迎，谈得来，奖项，专注，大幅上扬，小幅上涨，深远，代表作，顺利实现，收藏者，直接受益，勤快，顺畅，升破，大力推进，美妙，稳定性，尽享，笑容，赢取，业务优势，高于，新颖，化解风险，隆重，积极响应，明显增强，顶级，人山人海，独具，上佳，共发行，上升，提振，募集，募集资金，高开，企稳，旺盛，注资，上冲，获批，暴增，连创，吉祥如意，磨砺，开拓创新，潜力，压倒性，风险更小，效能，兼备，巨大变革，令人鼓舞，充分保证，薪金，远超过，感激，明显成效，

附录 本书形成的可复用的知识资源

果实，全面，精致，捐助，与众不同，出现反弹，多元化，制度建设，科学家，良好，提倡，明显好转，开展合作，趋于稳定，令人瞩目，生机，低买高卖，发展机遇，应积极，继续加强，抽奖活动，化解，发展，重大进展，好礼，通畅，悠闲，手艺，位居，畅销，喜爱，高效，表彰，专长，感悟，凝聚力，努力实现，集藏，受益者，得心应手，顺利进行，一举突破，深化改革，个性，平衡，享，心动，打动，优点，远高于，简洁，行之有效，积极探索，感言，大腕，自得，先锋，成就感，恰当，蓬勃，新发，利多因素，网上申购，新股，集体涨停，狂飙，坚挺，跳涨，首次公开发行，再度走强，成功上市，明显增加，成倍增长，不断刷新，安康，战斗力，弘扬，影响力，客观性，品牌优势，最佳时机，这有利于，执行力，飞跃，振奋人心，保护，遥遥领先，赞叹，巨大成就，认真，公益活动，定价权，特有，短期反弹，有特色，知足，尽可能，明显改善，有合作，完全恢复，生产力，拿到，盈利，套利机会，非常积极，加大，补贴，逐步解决，现代化，磋商，幸运，敬业，懂行，一流，优厚，充分考虑，推崇，以获取，有序，有幸，荣获，敏锐，获选，全面实现，藏家，得益于，精细，向上突破，积极推动，骄傲，稳定增长，聆听，公平，明智，合理，颁奖仪式，出名，感人，信诚，发行计划，打新，大幅高开，抬升，抢眼，发行股票，拉高，有所增加，大幅增长，美满，协同发展，灵活性，翔实，优越，优质资产，针对性，惹人眼，足额，热心，创新型，捐款，市场繁荣，止跌，更为丰富，商业模式，提供更多，金融合作，光辉，新动力，审慎，补助，迎刃而解，长足，喜悦，欣赏，安全可靠，幸福生活，领头羊，受欢迎，放心，契合，市场追捧，达成，务求，了不起，中国最佳，感兴趣，涨，畅销书，获取，珍品，如期，有望突破，扎实推进，理顺，向往，独享，特色，明显好于，荣誉证书，不断提高，杰出，朴素，最优，回暖迹象，成功发行，竞标，领涨，飞涨，跳升，募股，上攻，大幅度上涨，创，福满，修养，充分调动，积极意义，公平性，前瞻性，营利性，划时代，跻身，问候，成绩单，不懈，足够，慈善事业，主导地位，极具，强势反弹，优化，践行，最大化，允许，改善，合作协议，闪耀，新鲜血液，有可能获得，难得，奖学金，克服，达成一致，大礼，实用，美好生活，前三甲，理想，相匹配，垂青，拥有，有名气，先进集体，收藏界，风险降低，严谨，完毕，击破，推进改革，流畅，规范，青春，保持稳定，可享，寄予，品牌效应，好于预期，公正，乐见，强有力，广阔，庆典，善举，进一步提高，名人，创新力，沉稳, 不错, 复苏, 上行, 发行债券, 创出新高, 喜人, 再融资, 增加, 屡创, 福禄, 亲和力, 精干, 专业性, 合规性, 地利, 这有助于, 着力, 退可守, 透明, 雄踞, 爱戴, 轻松, 举世瞩目, 不断创新, 控制力, 极强, 亢奋, 塑造, 号召, 加强合作, 神话, 坐享, 绝佳, 积极参与, 解决办法, 改观, 高手, 安全, 浪漫, 领先水平, 吃香, 厚道, 满足需要, 真切感, 创造, 防范风险, 金牌, 喜欢, 清醒, 构建, 爱好者, 非常简单, 尽快, 冲上, 加快, 梦想, 榜样, 免交, 抢占, 资金优势, 通俗易懂, 强健, 最优化, 胜利, 倡议, 提高, 之称, 毅力, 高速成长, 计划发行, 资金申购, 高歌猛进, 迅猛, 公开发行, 表现强势, 持续上升, 刷新纪录, 盛世, 包容, 八方支援, 热情, 网络资源, 良性, 独立性, 参与度, 日新月异, 显著成绩, 精准, 援建, 经济繁荣, 涨势, 贴近, 高科技, 多方位, 优势互补, 难忘, 创新能力, 所获, 抓住机会, 大礼包, 缓解, 成果, 商讨, 欢乐, 新鲜, 个性化, 瞩目, 卓著, 力求, 金奖, 开阔, 收藏价值, 归功于, 简便, 攻克, 简政放权, 经典, 可持续性, 获赠, 好处, 衷心希望, 普遍认可, 明显提高, 被誉为, 勇气, 合适, 稳步发展, 走稳, 继续走高, 投资金额, 扶摇直上, 连续上涨, 骤增, 冲至, 安享, 核心技术, 规范性, 防御性, 履约, 纯朴, 夺冠, 业绩, 荣耀, 大爱, 公信力, 多样性, 触底反弹, 成熟, 深入研究, 资产增值, 倡导, 合作伙伴, 巅峰, 动力, 获得理想, 商机, 主动, 上市计划, 有用, 前茅, 最热, 谋求, 智慧, 助推, 守稳, 逐步推进, 恰到好处, 连续性, 协同效应, 诚信为本, 得以, 新途径, 开幕, 隆重推出, 坚韧, 风起云涌, 趋好, 通过发行, 增资, 频创, 优享, 艰苦奋斗, 可操作性, 肥沃, 脱胎换骨, 超越大盘, 热泪盈眶, 宝贵, 充足, 募捐, 举足轻重, 独特性, 展开反弹, 转型, 更多地, 自主创新, 合作开发, 整体实力, 赚取, 协同, 切实做好, 中奖, 稳妥, 温暖, 兴起, 自由选择, 合理安排, 奖杯, 达到, 推升, 顺利开展, 上探, 专享, 凝聚, 增大, 尊享, 聪明, 首发, 高歌, 狂涨, 涨至, 金彩, 制度化, 合理性, 无可比拟, 认可度, 全新, 可以保障, 由衷, 优秀, 第一名, 信念, 细致, 跨界, 扶贫, 健康发展, 止跌企稳, 风险监控, 新一代, 扶植, 合作方, 灿烂, 根基, 实际行动, 赠送, 满足感, 老大, 融入, 巩固, 严密, 先进个人, 同时实现, 涨幅居前, 钻研, 顺利推出, 活泼, 富有, 宽裕, 超值, 占得, 规模效应, 积极进取, 科学合理, 热烈欢迎, 较强, 优选, 渗透, 明显回升, 债券发行, 转强, 胸襟, 操作性, 近水楼台先得月, 重视程度, 承诺, 股改, 骄人, 希望工程，强大，进行规范，崭新，更佳，合作伙伴关系，潜力股，科技进步，福音，勤劳，跃居，热衷，努力提高，非常高兴，励志，涨幅，驱动力，擅于，贯彻，精彩，更稳定，礼遇，客户资源，长效，多层次，高度肯定，激发，全能，重要组成部分，持续走高，即将发行，屡攀，无忧，学识，爱岗敬业，风险防范，获得成功，详尽，中华慈善总会，孵化，符合条件，加速增长，战略伙伴，竞争能力，短线机会，获奖，发展空间，祝福，雄厚，新潮，争取，评为，带动，漂亮，规范化，市场稳定，畅打，长处，恒久，从无到有，招标发行，蹿升，攀至，双喜，荣誉感，领导力，资源配置，幸运地，阶段性成果，正确，培育，宽广，生态圈，大力发展，业务合作关系，后劲，抓紧，春意，走俏，建立，优秀员工，实现目标，贯彻落实，透明化，意义重大，深耕，屡破，长足发展，完整，专业化，特质，对接，适时，大力加强，稳当，名列前茅，典范，扭亏为盈，体制改革，畅享，打造，发展壮大，连续突破，充满活力，及时，初衷，整合，致力于，配合，文明，踏实，确立，比较完善，稳，尝试，方兴未艾，朝气，联手，有利条件，着手，充裕，突飞猛进，增长点。

附录 B2：诉讼情感词

上诉，上诉人，仲裁，仲裁员，作证，侵吞，侵吞公款，侵权，保释，候审，取保候审，伪证，传唤，传票，债务人，债权，债权人，公诉，公证，再审，刑事，刑事责任，判刑，判决，判处，勾结，原告，反垄断，反托拉斯，反诉，立案，不合法，吊销，囚禁，失职，定罪，审判，审理，审结，审讯，对簿公堂，扣押，抗辩，抵押，拘留所，指控，挪用，撤销，担保，担保人，案件，条例，检察官，死者，没收，法令，法官，法定，法庭，法律，法规，法警，法院，清偿，清算，滞纳金，滥用职权，无罪，犯罪，当事人，注销，盗用公款，监守自盗，监禁，禁令，禁制令，禁止令，立法，立法机关，索偿，索赔，缓刑，罪，罪犯，罪行，罢免，举报人，处以，亏空，被告，被告人，裁定，裁决，违约，触犯，讯问，诉状，诉讼，诽谤，调停，调停人，调解，调解人，证人，证据，证词，赔偿，赔偿金，赔款，质押，起诉，起诉书，辩护，追偿，逃犯，连带责任，违反，违反规定，违规，遣散，遗嘱，遗赠，重审，陪审，陪审员，非法，高利贷，涉嫌，违法，嫌疑人，下落不明，代位，令状，但书，判例，剥夺，受理，受让人，受赠人，司法，合并，合同，合法，合法化，合法性，合约，呈请，和解，失效，委托，委托人，干预，废止，废除，强迫，律师，征用，宪法，承包，投诉，招标，推翻，损害，撤回，拥有者，支配，收购人，文书，检察，欠款，归还，无效，争论，异议，监督，监管，监管者，监管部门，禁止，章程，终止，声明，背书，补偿，复审，要约，规例，规定，规章，规管，规约，解约，解除，请愿，议员，议定书，买主，轻罪，转让，转让方，辩解，违宪，开脱，预审，颁布，信用证，休庭，公投，判定，动产，反驳，否决，故意，更正，申请，申请人，管辖，管辖权，裁判，订立，问询，无罪释放，宣判，判罚，反腐，证明，共同犯罪，共同被告，强制执行，证据确凿，审问，共同诉讼，陪审团，专利权人，质权人，出质人，量刑，查封，保证人，买受人，揭发，目击者，受托人，口供，关押，侵犯，追索权，整改，修订，修正，诉诸，二审，侵权人，侵占，民事，刑拘，批准逮捕，职务侵占，终审，受益权，抗诉，公证处，人民法院，司法机关，依法追究，提起公诉，一审判决，有期徒刑，串通，执法，驳回，公安机关，停业整顿，追究，一审，嫌犯，胜诉，免责，抵押物，检方，有权，赔案，管理条例，认定书，有关规定，法律法规，偿还，清算组，罚息，受贿，拘留，诈骗，作废，包庇，被判，制裁，安监，控告，拒赔，非法经营，免职，罚款，欠下，终审判决，偿付，刑法，抓获归案，民事诉讼，检举，警员，法律依据，赔付，理赔金，质押贷款，告上，判决书，先行赔付，追逃，担保责任，擅自，遗产，放高利贷，挪用资金，抓获，求偿，核发，承继，分立，保险合同，合规性，期货合约，过期，全权，阻止，公司章程，强制，律师事务所，使用证，公司法，经营权，信访，投标，侵害，撤出，掠夺，支配权，重整，意见书，经侦，卡债，解除合同，争议，提出异议，监察，监管机构，明令禁止，中止，会议纪要，评议，格式合同，明确规定，行政性，退回，共和党，达成谅解，卖主，受让，委托方，撤诉，隐瞒事实，复核，颁布实施，保函，选举，举证，物权，国会，骗保，贷款申请，申请者，移送，签订，举报，开庭，整治，证明文件，事实清楚，出庭，警官，派出所，羁押，承兑人，清查，草案，不服，漏告，骗取，批捕，窝藏，起诉状，收益权，债券持有人，检察院，公证书，追究其，冒充，诉讼请求，美国司法部，违背，吊销其，违法违纪，经侦大队，败诉，查获，抵押贷款，被控，挪作他用，拒付，抵押担保，案情，司法解释，公诉人，肇事，退赔，证券法，代理律师，强制性，政策法规，违约金，贪污，犯罪团伙，案发后，工商总局，理赔，诈骗罪，犯罪事

附录 本书形成的可复用的知识资源

实,并处,资不抵债,盗窃罪,履约,到案,鉴定结论,无证据,全额赔付,赔偿款,质押物,庭审,驳斥,通缉,情节严重,违规行为,继承人,洗钱,借钱,因涉嫌,违法行为,团伙,逮捕,政治权利,审批,受益人,重组,买卖合同,售假,期权合约,停火协议,受托,出资人,干涉,法定程序,事务所律师,集体土地,合同法,农村土地,中标,撤走,资产处置,公安厅,还款,还清,非议,当庭,金融监管,严禁,修正案,清盘,纪要,信用担保,补偿金,初审,认购协议,退还,续签,参议员,买家,交易双方,施行,承兑,议会,承担责任,所有权,澄清,美国国会,嫌疑,提出申请,借款人,签订,质询,纪检监察,身份证明,追诉,乙方,到庭,托管人,双规,名誉权,正当理由,查处,起草,原审,扣划,责任法,民二庭,诉至,检察机关,司法部门,构成犯罪,拘役,内外勾结,立案侦查,责令,审查起诉,抓捕,旧法,合同纠纷,商业银行法,交警,判,主管机关,税法,信托法,受贿罪,作案,法案,部门规章,赔偿法,刑事诉讼,处罚金,罪名,故意杀人罪,贪污罪,申诉,追捕,连带保证,违规操作,传销,借贷,另案处理,无责,合法财产,可受理,处置权,改制,协议书,权力,和约,委托代理,信托合同,操纵,报备,个人所得税法,使用税,宅基地,处理结果,招标发行,指认,受损,撤离,实际控制人,纪委,透支额,纷争,反洗钱,监管政策,相关部门,赎回权,会议记录,民政部门,明文规定,惩罚,达成协议,民主党,卖家,受让方,自查报告,下发,托收,议会选举,纵容,申领,贷款人,派出机构,签订合同,进行调查,税单,行为人,职务侵占罪,追讨,出警,抓捕归案,出票人,严肃处理,损害赔偿,北京市公安局,共同财产,合谋,许可证,追缴,新法,套取,担保措施,受害人,主审,赡养人,被扣,行贿,中级人民法院,犯罪活动,获刑,协助执行,罚金,破产,官司,枪杀,调查取证,警察,损失赔偿,不可撤销,处分,违纪,收买,赌博,捣毁,自赔,权利,办理,请求权,私有化,认购书,授权,劳动法,签章,交割,复效,信托财产,上位法,户籍制度,出让金,国有土地,价格招标,投诉无门,破坏,遣返,剥离,公章,省公安厅,偿清,解除权,惩戒,条文,行使,银行担保,补充协议,新规定,规章制度,结清,众议院,出让,验收,发布实施,转贷,维持原判,政党,查清,房屋产权,参议院,更改,申请表,举证责任,具有法律效力,请示,开庭审理,出具,刑事犯罪,甲方,开枪,知情权,抽查,刑事拘留,包庇罪,赠予,诱骗,涉嫌犯罪,合同诈骗,借款方,犯罪案件,民警,致残,反洗钱法,偿还债务,逾期,挪用公款,违法犯罪,权利义务,明令,最高院,提出诉讼,缓期,拘捕,信用危机,拘,证言,批示,缉拿,卷款,窝点,已受理,入主,依法,规制,认购期权,谈判,生效,提请,保护法,庭长,承租,维权,招投标,危害,解冻,基金托管人,公安局,信用卡透支,付清,法律效力,督促,银行监管,职责,政府部门,不得,决议,全额退保,交涉,审核,辟谣,美国众议院,复查,申办人,核查,开具,表见代理,恶意透支,追索,违约责任,案犯,抵押合同,问责,民事判决,收受,移送起诉,债主,继承权,判令,职务犯罪,投案自首,被捕,案子,伤者,关系人,贷款本息,犯罪行为,供认不讳,事故责任,判处死刑,行政处罚,严惩,合法权利,抚恤金,保险金,委托贷款,答辩状,越权,弄虚作假,不法,潜逃,违纪行为,落网,整体上市,协议,合法经营,行权价,征迁,条约,报案,公开招标,严重危害,冻结,私分,刑侦,透支,市场监管,反垄断法,赎回,联合声明,执政党,代持,转报,基金法,承租人,推卸责任,报警,审查,签订协议,证件,逃逸,基金管理人,履行义务,督查,实施细则,冒领,开除党籍,审判监督,无期徒刑,执业资格,开除,论处,告到,公开审理,拖欠,无权,侦破,物权法,所欠,高额利息,驳回上诉,不当得利,权益保护法,死刑,罚,故意伤害,取证,结案,律师函,放贷人,警方,按揭贷款合同,认沽期权,原被告,年检,双轨制,律师团,增发,严重破坏,外逃,无力偿还,监督管理,上级部门,赎回条款,国情咨文,房地产权,基金合同,按规定,规程,退款,议长,暂行条例,信用贷款,篡改,信用卡申请,民法,签署,查验,触犯刑律,逃走,隐私权,保理商,中院,执行逮捕,深圳市公安局,房产证,法律责任,公安分局,改判,条款,私吞,诈骗案,副庭长,法理,账外经营,经济犯罪,民法通则,调处,公安部门,误工费,事故,认罪,民事裁定,押解,严查,不法行为,赌债,惩处,免赔,民事纠纷,不负责任,增资,合同条款,营业执照,股指期货合约,销户,经办人,持有人,福利制度,信访件,威胁,逃离,司法局,稽核,兑取,无担保,回执,签下,抢劫罪,刑警,委托收款,实施方案,被害人,受审,民事责任,担责,侦办,北京市第一中级人民法院,担保方,重大案件,办案,身亡,收受贿赂,受贿案,犯罪分子,勒令,继承法,产生纠纷,徒刑,自首,改正,兑付,玩忽职守,赔偿额,出险,赔偿损失,主犯,有违,定向增发,交割日,报经,国有农场,纠纷,严重损

附录 本书形成的可复用的知识资源

失，书面材料，高级人民法院，欠债，舆论监督，发文，医疗费，相关条款，党魁，转让给，政治部，申请材料，签了，刑事案件，整改措施，管理办法，委托书，立案查处，追责，人民检察院，抽逃，为抵押，隐匿，骗贷，获赔，丧葬费，出质，虚假，婚姻关系，处罚，入股，承诺书，审议，开征，消协，职权，贷款本金，监督机制，主管部门，承兑汇票，投资协议，交付，自由民主党，注册登记，权属，下台，办理手续，资信证明，侵占罪，追回，对质，合法利益，严厉查处，实施办法，假冒，企业法人，追债，住房抵押贷款，涉案人员，最高人民法院，下令，行政复议，商标局，通报批评，质押品，承诺函，资产重组，合同书，诉，司法部，加强监督，汇票，送达，使用权，新政府，签发，民事案件，失信，通报，入狱，暂扣，依规，抵押品，虚增，交通事故，扣留，禁止性，提前偿还，银行卡诈骗，侵权行为，诉讼法，两罪，人民调解，抚慰金，状告，全责，同伙，转制，合同文本，缔约，财产权利，授权书，支付利息，保险人，处理意见，明文禁止，行权，票据，契约，履行合同，出售，登记手续，申请单，有罪，证明书，信托机构，因犯，伪造，破案，贷出，经济制裁，死缓，记过，连带，或涉，劳动合同，取缔，误导，合同规定，代签，行业标准，复议，个人财产，生效日，违约行为，仲裁委，从轻，赃款，抵押率，纠纷案件，保险索赔，监护人，严厉打击，被告席上，本合同，欺骗，补交，维持费，谁举证，要件，适用法律，保险法，伙同，依法注销，一中院，借款，大案，开审，刑期，诉讼费，公安人员，严肃查处，纠纷案，个人所有，证据不足，仲裁委员会，诉请，集资款，疑犯，保险单，所有者，约定，商业秘密，撤职，屡禁不止，处罚力度，意向书，履行，银行承兑汇票，修订稿，侦查，乱收费，投保单，伪卡，一案，专案组，民事法律，贷款协议。

附录 C　上市公司破产预测的 SWRL 规则

① Rule 1：Firm（? f）^ NI_DividedBy_TL（? nilt）^ hasFinancialRatio（? f, ? nilt）^ hasFinancialValue（? nilt, ? v1）^ swrlb: lessThanOrEqual（? v1, 0.018）^ TL_DividedBy_TA（? itat）^ hasFinancialRatio（? f, ? itat）^ hasFinancialValue（? itat, ? v2）^ swrlb: lessThanOrEqual（? v2, 0.662）^ TA_GrowthRate（? atgr）^ hasFinancialRatio（? f, ? atgr）^ hasFinancialValue（? atgr, ? v3）^ swrlb: lessThanOrEqual（? v3, −0.027）^ CL_DividedBy_TA（? lctat）^ hasFinancialRatio（? f, ? lctat）^ hasFinancialValue（? lctat, ? v4）^ swrlb: lessThanOrEqual（? v4, 0.169）- > hasPredictionResultAndReason（? f, "不会破产，尽管该上市公司的盈利能力和增长能力不足，但是其财务结构尚处于可接受的范围内，因此系统判断该上市公司暂时不会破产。"）

② Rule 2：Firm（? f）^ NI_DividedBy_TL（? nilt）^ hasFinancialRatio（? f, ? nilt）^ hasFinancialValue（? nilt, ? v1）^ swrlb: lessThanOrEqual（? v1, 0.018）^ TL_DividedBy_TA（? itat）^ hasFinancialRatio（? f, ? itat）^ hasFinancialValue（? itat, ? v2）^ swrlb: lessThanOrEqual（? v2, 0.662）^ TA_GrowthRate（? atgr）^ hasFinancialRatio（? f, ? atgr）^ hasFinancialValue（? atgr, ? v3）^ swrlb: lessThanOrEqual（? v3, −0.027）^ CL_DividedBy_TA（? lctat）^ hasFinancialRatio（? f, ? lctat）^ hasFinancialValue（? lctat, ? v4）^ swrlb: greaterThan（? v4, 0.169）- > hasPredictionResultAndReason（? f, "会破产，由于该上市公司盈利能力和增长能力不足，同时该上市公司流动负债较多，因此系统判断该上市公司可能会破产。"）

③ Rule 3：Firm（? f）^ NI_DividedBy_TL（? nilt）^ hasFinancialRatio（? f, ? nilt）^ hasFinancialValue（? nilt, ? v1）^ swrlb: lessThanOrEqual（? v1, 0.018）^ TL_DividedBy_TA（? itat）^ hasFinancialRatio（? f, ? itat）^ hasFinancialValue（? itat, ? v2）^ swrlb: lessThanOrEqual（? v2, 0.662）^ TA_GrowthRate（? atgr）^ hasFinancialRatio（? f, ? atgr）^ hasFinancialValue（? atgr, ? v3）^ swrlb: greaterThan（? v3, −0.027）^ AuditorGoingConcernOpinion（? agco）^ hasAuditorOpinion（? f, ? agco）^

hasAuditorOpinionValue（? agco, ? v4）^swrlb: lessThanOrEqual（? v4, 0.5）->hasPredictionResultAndReason（? f, "不会破产，尽管该上市公司的盈利能力不足，但是审计师尚未对该上市公司表达不可持续意见，因此系统判断该上市公司暂时不会破产。"）

④ Rule 4：Firm（? f）^ NI_DividedBy_TL（? nilt）^ hasFinancialRatio（? f, ? nilt）^ hasFinancialValue（? nilt, ? v1）^ swrlb: lessThanOrEqual（? v1, 0.018）^ TL_DividedBy_TA（? itat）^ hasFinancialRatio（? f, ? itat）^ hasFinancialValue（? itat, ? v2）^ swrlb: lessThanOrEqual（? v2, 0.662）^ TA_GrowthRate（? atgr）^ hasFinancialRatio（? f, ? atgr）^ hasFinancialValue（? atgr, ? v3）^ swrlb: greaterThan（? v3, -0.027）^ AuditorGoingConcernOpinion（? agco）^ hasAuditorOpinion（? f, ? agco）^ hasAuditorOpinionValue（? agco, ? v4）^ swrlb: greaterThan（? v4, 0.5）->hasPredictionResultAndReason（? f, "会破产，由于该上市公司盈利能力不足，同时审计师表达了不可持续意见，因此系统判断该上市公司可能会破产。"）

⑤ Rule 5：Firm（? f）^NI_DividedBy_TL（? nilt）^hasFinancialRatio（? f, ? nilt）^ hasFinancialValue（? nilt, ? v1）^ swrlb: lessThanOrEqual（? v1, 0.018）^ TL_DividedBy_TA（? itat）^ hasFinancialRatio（? f, ? itat）^ hasFinancialValue（? itat, ? v2）^ swrlb: greaterThan（? v2, 0.662）^ TA_GrowthRate（? atgr）^ hasFinancialRatio（? f, ? atgr）^ hasFinancialValue（? atgr, ? v3）^ swrlb: lessThanOrEqual（? v3, -0.048）-> hasPredictionResultAndReason（? f, "会破产，由于该上市公司盈利能力不足，财务杠杆较高，同时增长能力不足，因此系统判断该上市公司可能会破产。"）

⑥ Rule 6：Firm（? f）^ NI_DividedBy_TL（? nilt）^ hasFinancialRatio（? f, ? nilt）^ hasFinancialValue（? nilt, ? v1）^ swrlb: lessThanOrEqual（? v1, 0.018）^ TL_DividedBy_TA（? itat）^ hasFinancialRatio（? f, ? itat）^ hasFinancialValue（? itat, ? v2）^ swrlb: greaterThan（? v2, 0.662）^ TA_GrowthRate（? atgr）^ hasFinancialRatio（? f, ? atgr）^ hasFinancialValue（? atgr, ? v3）^swrlb: greaterThan（? v3, -0.048）^CH_DividedBy_TL（? chlt）^ hasFinancialRatio（? f, ? chlt）^ hasFinancialValue（? chlt, ? v4）^ swrlb: lessThanOrEqual（? v4, 0.096）-> hasPredictionResultAndReason（? f, "会破产，由于该上市公司盈利能力不足，财务杠杆较高，同时流动性不足，

因此系统判断该上市公司可能会破产。")

⑦ Rule 7：Firm（? f）^ NI_DividedBy_TL（? nilt）^ hasFinancialRatio（? f，? nilt）^ hasFinancialValue（? nilt，? v1）^ swrlb: lessThanOrEqual（? v1，0.018）^ TL_DividedBy_TA（? itat）^ hasFinancialRatio（? f，? itat）^ hasFinancialValue（? itat，? v2）^ swrlb: greaterThan（? v2，0.662）^ TA_GrowthRate（? atgr）^ hasFinancialRatio（? f，? atgr）^ hasFinancialValue（? atgr，? v3）^ swrlb: greaterThan（? v3，−0.048）^ CH_DividedBy_TL（? chlt）^ hasFinancialRatio（? f，? chlt）^ hasFinancialValue（? chlt，? v4）^ swrlb: greaterThan（? v4，0.069）- > hasPredictionResultAndReason（? f，"不会破产，尽管该上市公司的盈利能力不足，财务杠杆较高，但是该上市公司的增长能力和流动性尚处于可接受的范围内，因此系统判断该上市公司暂时不会破产。"）

⑧ Rule 8：Firm（? f）^ NI_DividedBy_TL（? nilt）^ hasFinancialRatio（? f，? nilt）^ hasFinancialValue（? nilt，? v1）^ swrlb: greaterThan（? v1，0.018）^ NegativeSentimentScore（? nss）^ hasMdaSentimentScore（? f，? nss）^ hasMdaSentimentValue（? nss，? v2）^ swrlb: lessThanOrEqual（? v2，0.308）- > hasPredictionResultAndReason（? f，"不会破产，该上市公司盈利能力处于可接受的范围内，因此系统判断该上市公司暂时不会破产。"）

⑨ Rule 9：Firm（? f）^ NI_DividedBy_TL（? nilt）^ hasFinancialRatio（? f，? nilt）^ hasFinancialValue（? nilt，? v1）^ swrlb: greaterThan（? v1，0.018）^ NegativeSentimentScore（? nss）^ hasMdaSentimentScore（? f，? nss）^ hasMdaSentimentScore（? nss，? v2）^ swrlb: greaterThan（? v2，0.308）- > hasPredictionResultAndReason（? f，"会破产，由于该上市公司的管理层讨论与分析部分表达了较多的消极情感，因此系统判断该上市公司可能会破产。"）